ネイティブアメリカンの植物学者が語る

10代からの環境哲学

ロビン・ウォール・キマラー
Robin Wall Kimmerer

モニーク・グレイ・スミス 翻案
ニコル・ナイトハルト 絵
三木直子 訳

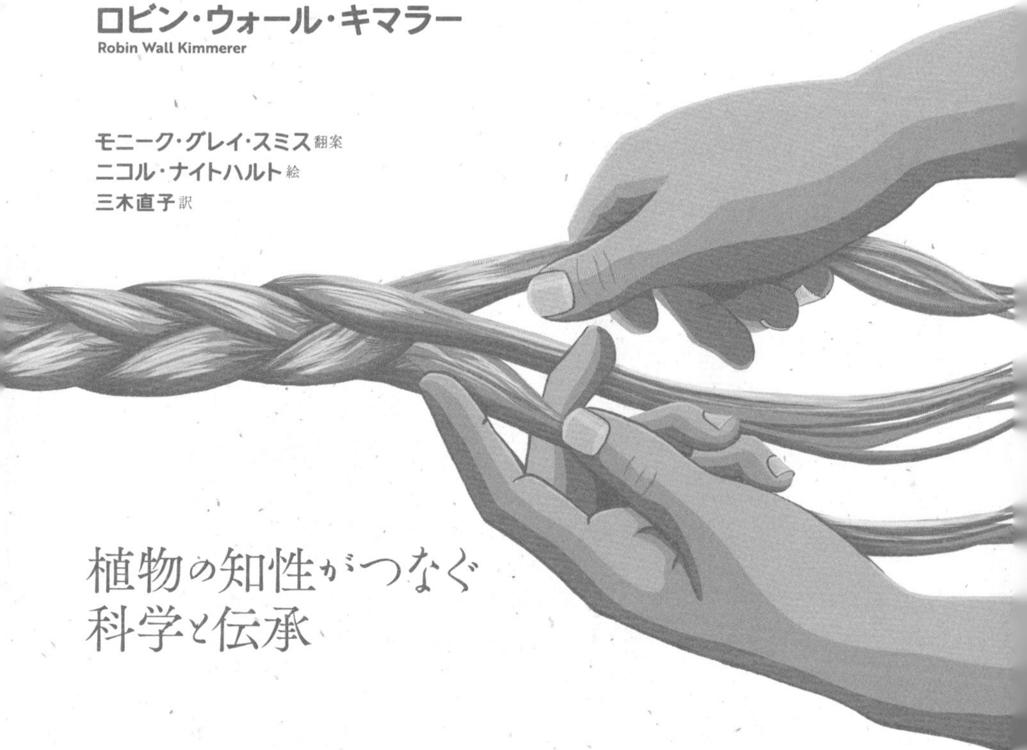

植物の知性がつなぐ
科学と伝承

築地書館

Braiding Sweetgrass for Young Adults:
Indigenous Wisdom, Scientific Knowledge and the Teachings of Plants

Adapted from
Braiding Sweetgrass:
Indigenous Wisdom, Scientific Knowledge and the Teachings of Plants

Published by Milkweed Editions, Minneapolis, MN

Published by arrangement with Zest Books™, a division of Lerner Publishing Group, Inc.,
241 First Avenue North, Minneapolis, Minnesota 55401, U.S.A.
Japanese translation rights arranged with Lerner Publishing Group, Inc.,
through Japan Foreign-Rights Centre.

Japanese translation by Naoko Miki
Published in Japan by Tsukiji Shokan Publishing Co., Ltd., Tokyo

ディオ、ベン、そしてノラに。
——ロビン・ウォール・キマラー

私たち姉妹に土地を愛することを教えてくれた両親、
エドとシャーリー・スミスに。
そして私の子どもであるセイディとジャクソン、
あなたたちは私がこれまで授かった中で
最も素晴らしい贈り物です。
——モニーク・グレイ・スミス

繁栄する先住民族の未来に。
私たちがこの本に込めた愛が、
私たちが生きたいと望む世界を動かし続けますように。
——ニコル・ナイトハルト

もくじ

スイートグラスと出逢う

スイートグラスを植える

スイートグラスを育てる

スイートグラスの収穫

スイートグラスを編む

スイートグラスを燃やす

スイートグラスと出逢う

まだ若いあなたたちは、大人が忘れてしまったことも覚えているはず。あなたが人生で出逢う人間だけではなくて、植物や、動物や、地球そのものとつながっていたときのことを思い出してごらん。もしかしたらあなたはそのつながりを、一度も忘れたことがないかもしれない。それがわかったら私はとてもうれしい。

思い出してごらん

私たちは今、私の祖先であるアニシナアベ［訳注：北米大陸東北部、アメリカ合衆国とカナダの国境一帯に暮らすネイティブアメリカンのグループで、オダワ族、オジブワ族、ポタワトミ族、クリー族、ミシサガ族、チペワ族、アルゴンキン族などが含まれる］の人びとが予言した、7番目の火の時代に生きています。それは、私たちがともに「思い出す」ことで世界が変わる、神聖な時代です。暗黒の時代でもあり、光に満ちあふれた時代でもあります。暗闇の中で生きるのか、それとも光の中で生きるのか、それを選ぶのは私たちです。よく引用される、虐げられた人びとのこんな抵抗の言葉があります——「彼らは私たちを葬ろうとした——私たちが種であることも知らずに」。

だから、この世界に存在する別の形を思い出してごらんなさい——つながりの中で生きる方法、私たちの親戚である、生きとし生けるすべてのものとの関係性の中で生きる方法を。西欧社会では、親戚というのは人間だけだと考えられがちですが、先住民族のものの見方によれば、私たちの親戚には植物や動物も含まれます。世界にあふれる雑音や、自然を商品にしてしまったことで私たちが忘れてしまったかもしれないこと、それを思い出してごらんなさい。あなたはこの世界を癒やす薬になれると知っていた、そのことを思い出すのです。そして願わくば、あなたには（あなたしかもっていない）贈り物があり、世界の幸せのためにどうやったらそれを分かち合えるのかを、思い出し、理解してほしいのです。

自然こそが真の教師です。生徒である私たちはただ、今、ここで起こっていることに意識を集中しさえすればいいのです。意識を集中させる、というのは、生きている地球との**レシプロシティー**のひとつのあり方であり、自然が教えてくれることを、目と、頭と、心を開いて受け取る、ということです。

レシプロシティー：双方にとって、そしてすべてのものにとって有益になるような、互いに与え合い、依存し合う関係のこと。ただしそこには互いの互いに対する責任も含まれる。

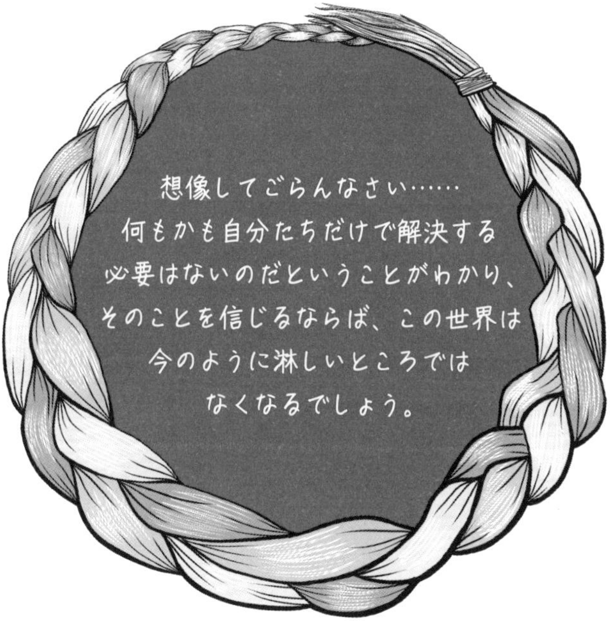
想像してごらんなさい……
何もかも自分たちだけで解決する
必要はないのだということがわかり、
そのことを信じるならば、この世界は
今のように淋しいところでは
なくなるでしょう。

私は部族のエルダー［訳注：ネイティブアメリカンの年長者の中で特に知識や経験が豊富で、人びとの尊敬を集める者のこと。単に年長者を意味する場合もある］たちが「スタンディング・ピープル（立っている人びと［訳注：木のこと］）のところに行きなさい」とか「ディア・ピープル（鹿の人びと）と一緒にしばらく過ごすといい」などとアドバイスをするのを聞いたことがあります。植物や動物も、私たちの面倒を見たり、私たちを癒やしたり、私たちの教師や導き手となったりすることができること。人間以外にも知性をもつものはいるということを、彼らは思い出させてくれるのです。想像してごらんなさい……何もかも自分たちだけで解決する必要はないのだということがわかり、そのことを信じるならば、この世界は今のように淋しいところではなくなるでしょう。

はじめに

生命あるもののための文法

「物」のことばかり考えている文化にはふさわしいようにも思えますが、英語というのは名詞を中心とした言語です。英語では、友だちや家族のことを指すときに「それ」とはけっして言いません。親友が試験勉強をしているのを見て、「それは勉強中です」と言ったらどうでしょう？　失礼ですね。でも私たちは、植物や動物、そして地球のことをそう呼びます。

そう、間違いありません。英語というのは**資本主義**のための言語であり、「物」についての言葉です。それが間接的に（あるいは直接的に、かもしれません）私たちに、この世界は私たちの持ち物で、どんなふうに扱ってもかまわない、と思わせます。地球は、私たちが思いやりをもって大切に接するものの範囲の外側に置かれてしまいます——なぜなら、それはただの「物」なのですから。

資本主義：製品を製造するための資源や手段を民間企業が所有し、品物の価格や生産・流通がおもに自由市場での企業間の競争によって決まる経済システム。

ポタワトミ族をはじめ、多くの先住民族の言語は、生きているものを「それ」と呼ぶことができません。もちろん、物を指す言葉はあります。机、トラクター、電話。でもそれらは生き物を指す言葉ではありません。人間がつくった「物」は生きてはいないからです。先住民族の言語には、特有の、尊敬の気持ちを示す文法があります。私はそれを「生命あるもののための文法」と呼びます。私たち先住民族は、自然界を指すのに家族を指すのと同じ言葉を使います。だって生きているものはすべて、私たちの家族なのですから。

多くの人は、生きている自然界を「それ」と呼ぶことをとても不快に感じますが、その代わりに使える言葉には「彼」「彼女」「彼ら」しかありません。英語にも、生命あるものすべてのための言葉を取り入れることができないだろうか、と私は考えるようになりました。私はポタワトミ語の先生にそのことを訊いてみました——ポタワトミ語には、生命あるものを指す言葉がありますか？　物、ではなくて、生命をもった存在を？　先生は答えました。「ああ、bimaadizi akiという美しい言葉があるよ。地上の生命、地球に生きるもの、という意味だ」。bimaadizi akiという言葉をそのまま英語に取り入れるのは難しいけれど、kiというのは「生きた存在」という意味です。後ろにnをつければ複数になって、「親族」「同類」を意味する**kin**という言葉になります。

kin：親族。生命あるすべてのもの。

だから、雁が空を飛んでいくのを見たら「Kinが冬を越すために南に飛んでいく。すぐに戻ってくるよ」と言えばいいのです。自然界の話をするたびにこういう呼び方をすれば、そこには私たちと自然界の関係ができます――私たちと自然のつながりが。

ポタワトミ語の言葉を英語の一部として使うことにはちょっとためらいもあります――**文化盗用**にはけっして加担したくないからです。でも、kiという言葉を新しい代名詞として使ってはどうかと私は思うのです。私たちは地球、そして生命あるものすべてとつながっていて、彼らに対して果たすべき責任があるのだということを忘れないために。

文化盗用：ある文化やアイデンティティーの一部を、その文化やアイデンティティーに属さない人が、尊敬の念を欠いた形で無断で借用すること。

kiという言葉は世界中のさまざまな言語の中で広く使われています。それは生命のエネルギーを指していることが多く、生命力を示すchiという言葉の代わりになることもあります。フランス語のquiは「誰」という意味です。スペイン語ではquienですね。

「生命あるもののための文法」が当てはめられるのは、生物学で学ぶ生き物だけではありません。たとえば、kiには、岩、山、水、そして火も含まれます。神聖な薬やドラムのように、魂が宿っているものもその一部です。物語にさえ生命はあります。

「生命あるもののための文法」は私たちに、この世界で生きていくまったく新しい形を教えてくれます。すべての生物が平等で、ひとつの生き物が支配するのではない世界。それは人間が、水や狼と、そしてお互いに、つながり合い、責任を果たし合う世界であり、自分たち以外の生き物の重要性を理解する世界です。すべては代名詞が決めるのです。

先住民族の言語の扱いについて

ポタワトミ族とアニシナアベ族の言語は、自然と人間の関係を映し出しています。それは、長い歴史の中で比較的近年になるまで書き記されることなく、口から口へと伝わってきた、生きた伝統なのです。表記を標準化するための筆記システムがいくつも考案されていますが、この生き生きとした大きな言語にはさまざまなつづりのバリエーションがあって、そのうちのどれが一番正しいかについてははっきりとした合意がありません。ポタワトミ族のエルダーで、ポタワトミ語を流暢に話し、教師でもあるスチュワート・キングは、私の片言のポタワトミ語の間違いを整理し、言葉の意味を確認して、一貫したつづりや使い方ができるようにアドバイスをくれました。言語と文化について理解するために、彼の手引きほどありがたいものはありません。チャールズ・フィエロが考案した二重母音体系は、アニシナアベの言語を話す人びとの多くに使われています。ただし、ポタワトミ族のほとんどは「母音を発音しない」ことで知られていて、フィエロ式の表記を使いません。このように、この言語の話し手と教え手の考え方の違いは尊重しつつ、この本では、私が最初に教わった通りの言葉の使い方をするよう心がけました。

先住民族の物語について

私は物語を聞くのが好きで、私の周りで語られる物語の数々に耳を傾けるようになってからもうずいぶん長い月日がたちました。私は、私に伝えられた物語を語り継ぐことで、それを私に聞かせてくれた先人たちに敬意を払うつもりです。そしてその物語がどこから、誰によって伝えられたのかを、できるだけ明らかにしようと努めました。

物語は生き物であり、成長し、発達し、記憶し、その本質は変わらないけれどまとっている衣は変わることもある、と私たちは教わりました。それは、自然、文化、語り手によって共有され、形づくられていきます。ひとつの物語が、さまざまに違った形で語られる場合もあります。目的によって、断片的に、物語がもついろいろな側面のうちのひとつの側面だけが語られることもあります。この本でお話しする物語もそうです。

伝統的な物語は私たちみんなが共有する宝物であり、何かひとつの文献をその原典として特定することはできません。公に共有してはいけないものもあり、そういうものはこの本では紹介していませんが、広く世界で役に立てるよう、自由に広めてよいものもたくさんあります。そういった物語にはさまざまなバージョンがあり、参考文献としては出版されている原典を選んでいますが、同時に、この本で紹介するバージョンは、いろいろな場で何度も聞いたことでより深いものになっているということも事実です。中には、口承で伝えられ、出版された原典がわからないものもあります。物語の語り部に感謝します。

植物の名前について

人名は最初の文字を大文字で表記する、ということには誰も疑問をもちません。ジョージ・ワシントンの名前を「george washington」と書いたのでは、彼の人間としての特別な地位を奪うことになってしまいます。飛ぶ蚊を「Mosquito」と書けば笑われますが、それがボートのブランド名ならそれが正しいのです。

言葉の最初を大文字で書くと、それはある種の差別化になり、さまざまな生き物の序列の中で、人間や人間がつくったものに他よりも高い地位が与えられます。生物学者たちの間には一般に、植物を指す一般名詞は、その中に人名や正式な地名が含まれていないかぎりは小文字で表記する、という慣習があります。そのため、春の森で最初に咲く花、赤根草はbloodrootと小文字で書きますし、カリフォルニア州の森林に咲くピンク色の百合はKellogg's tiger lilyと書くのです。些細なことのように思えるこの文法的な規則ですが、これはじつは、人間は周りの生き物とは違っているばかりか、より優れている、という、深く根ざした人間の思い込みを表しています。一方、先住民族の考え方では、すべての生き物を「人」と捉え、縦の序列ではなく円を描く、すべて同等に大切な存在であると認識します。

そこでこの本では、私の普段のやり方と同様に、このような文法的な目くらましを避け、それが人間であろうとなかろうと具体的な「人」を指すときにはMaple（メープル）、Heron（鷺（サギ））、Wally（ウォリー）、分類上の区分や概念を指すときにはmaple、heron、human（人間）と書くことにします［訳注：この日本語版ではあまり関係のない話だが、英語を学ぶ上では大切な視点］。

生きているものすべてと自分がつながっている、とはじめて感じたときのことを覚えていますか？

落ちてきたスカイウーマン

ホーデノショーニーとアニシナアベの物語がともに語ること

冬、緑の地が雪の毛布をかぶって眠っているこの季節は、物語を語る季節。語り手はまず、私たちにその物語を伝えてくれた先人に呼びかける。なぜなら私たちはメッセンジャーにすぎないのだから。

はじめにスカイワールドがあった。

その人はメープルの種のように、
秋の風にくるくると回転しながら落ちていった。

手に何かをしっかりと握りしめてスカイワールドから落ちていく
スカイウーマンの通り道を一筋の光が照らし出した。
落ちていくその人には、下方の暗い水しか見えなかった。

けれどもその何もない空間にはたくさんの目があって、
突然現れた一筋の光と何か小さなものを見上げていた。
近づくにつれて、それはひとりの女性であることがわかった。

雁たちは水面から飛び立ち、墜落を止めようとその人の下を飛んだ。

雁たちは長い時間その人を支えていることができなかったので、仲間を呼び集めてどうするか決めることにした。雁の羽の上に横たわったその人には、動物たちがみな集まってくるのが見えた——水鳥、カワウソ、白鳥、ビーバー、それにあらゆる種類の魚たち。その真ん中に大きな亀が浮かんできて、その人が休めるよう背中を差し出した。その人は感謝して、雁の羽の上から亀の甲羅の上に移った。

他の動物たちは、その人には家を建てる陸地が必要であることを知っており、どうしたらそれができるかと話し合った。水に深く潜れる動物たちは、海の底に泥というものがあるというのを聞いたことがあり、行って探してこようと申し出た。1匹、また1匹と動物たちは水に潜ったものの、その深さと暗さ、それに水圧は大きすぎた。そのとき、誰よりも泳ぎが下手なマスクラットが、自分も潜ろうと申し出た。動物たちは長いこと待ちつづけた。長い時間がたち、やがて、一筋の水泡が水面に見え、それとともに、小さな手にひとつかみの泥をぎゅっと握りしめたマスクラットの、ぐったりとした小さな体が浮かんできた。

「私の背中にそれを乗せなさい、私がそれをしっかり持っていてあげよう」と亀が言った。スカイウーマンは亀の甲羅にその泥を塗り広げた。

動物たちからの贈り物に感謝するため、
スカイウーマンは、歌を歌い、踊った。
亀の背中に乗ったひとつかみの泥から陸地が
できはじめ、まもなくそれは
大地となった。

落ちるときにスカイウーマンは、「生命の木」から、さまざまな植物の枝、果実、種子をつかんだ。スカイウーマンがそれらを丁寧に地面に散らすと、スカイワールドに開いた穴から太陽の光が差し込み、種子は元気に育った。それはスカイウーマンがひとりでしたことではなく、すべての動物たちからの贈り物とスカイウーマンの深い感謝が生んだ魔法だった。彼らは力を合わせて、今日私たちが「タートルアイランド（亀の島）」と呼ぶ、私たちの故郷をつくったのだ。

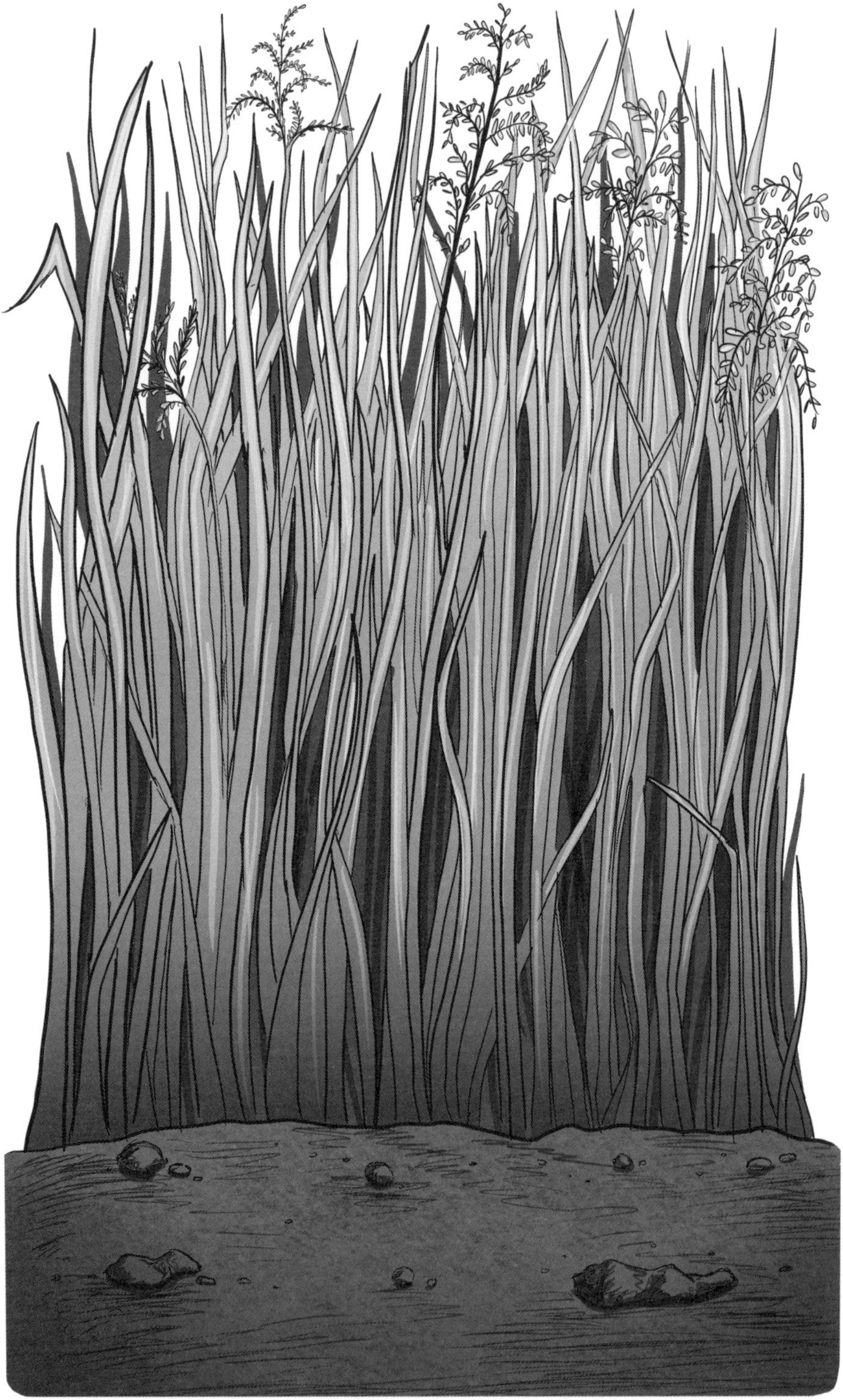

ウィンガシュク

あなたに会えたなら、摘んだばかりのスイートグラスをその手のひらに乗せてあげましょう。サラサラと流れるような、先の方は金色がかった緑色、根元の方は紫色と白のスイートグラス。その束を鼻に近づけて、香りを嗅いでごらんなさい。その香りはどんな言葉で表したらいいでしょう？　あなたを抱きしめるお母さんの、洗いたての髪のような香り。秋が近づく夏の、名残惜しい香り。それとも、目をつぶり、少しの間そのままでいたくなるような思い出の香り？　その香りを吸い込めば、忘れてしまっていたことさえ知らなかったことを思い出すことでしょう。

スイートグラスの芳しい香りを表す言葉はたくさんあります。私にとってそれは、川の水と黒い土の香りの上に、甘いバニラが重なった香り。この芳しい香りから学名がついたのかもしれません——*Hierochloe odorata*。芳醇な、聖なる草。私たちポタワトミ族の言葉でそれは、ウィンガシュク（wiingaashk）。「甘い香りがする母なる地球（マザー・アース）の髪」という意味です。

薬と親戚

私たちポタワトミ族に伝わる物語によれば、ウィンガシュクは地上に最初に生えた植物であり、その香りはなつかしいスカイウーマンの手の香りです。だからこそスイートグラスは、私たちにとって、そして多くの先住民族にとって、4つの神聖な植物のうちのひとつなのです。エルダーたちは、儀式というものは私たちが「思い出すことを思い出す」ためにあると言い、そのためスイートグラスは、ネイティブア

薬：西欧的な考え方では、薬とは医者が処方するものだけを指すことが多いが、先住民族の考え方では、薬とは大地が与えてくれるもの。

4つの神聖な植物：スイートグラス（左上）、タバコ（右上）、シーダー（左下）、セージ（右下）

メリカンの部族の多くによって、儀式のためのパワフルな植物として大切にされています。スイートグラスを使って、**薬**や美しい籠をつくるのです。スイートグラスは薬であり私たちの親戚でもあって、その価値は物質的なものであると同時に精神的なものでもあります。

スイートグラスの育ち方

私の池のほとりでスイートグラスの花が咲きはじめました――最初に花をつける野草です。ずっと前にここに植えたスイートグラスが、うれしいことにこんなにも増え広がったのです。スイートグラスの種には奇妙なところがあります。スイートグラスは6月のはじめに茎の先に花を咲かせますが、できた種が発芽することはめったにありません。100粒の種を蒔いても、運がよければ1本育つ程度です。スイートグラスには特有の増え方があるのです。地上に伸びているつやつやした緑の茎の一本一本からは、白くて細い**地下茎**がくねくねと地中に伸びてい地下茎：地下で成長する植物の太い茎。そこから芽と根が生える。

ます。地下茎にはずらりと芽が並んでいて、そこから芽生えた茎が太陽の下に顔を出します。スイートグラスの地下茎は元の茎から何メートルも伸び、川の岸に沿って自由に移動するのです。自然が豊かだったころは、これはいいやり方でした。

でも、白くてやわらかい地下茎には、高速道路や駐車場を横切ることはできません。スイートグラスの塊が掘り返されてしまえば、種から再び育つこともできません。スイートグラスばかりが一面に生えた草原というのはめったにありません。そうではなくてスイートグラスは、他の、もっと大きい植物に寄り添って、淡々と、粘り強く育つのです。スイートグラスの、そんな静かで反抗的な態度が私は大好きです。

スイートグラスは誰にも頼ることなく新しいすみかを見つけ、その輝きと魅力的な香りであなたを引き寄せ、あなたの意識の隅の方をつつきます——まるであなたが、かつては知っていたけれど忘れてしまった、もう一度思い出したい記憶のように。あなたを立ち止まらせ、もっと落ち着いて、新しい目で草原を見てごらん、と誘（いざな）うのです。あなたを待っていたものに目をやってごらんなさい。必要なのは、注意深くなることだけです。

静かで反抗的な
スイートグラスの態度が
私は大好きです。

スイートグラス（*Hierochloe odorata*）の花。スイートグラスは、マナ・グラス、バニラ・グラス、ホーリー・グラス、またはメアリーズ・グラスと呼ばれることもある。

スイートグラスを編む

スイートグラスはマザー・アースの髪であり、昔から、
その健康と幸福へのいたわりを示すために編まれてきました。

スイートグラスの束を根元で結わえて3つに分け、三つ編みにする準備をします。なめらかでつやつやとした、贈り物にもできる三つ編みをつくるためには、ある程度しっかりと引っ張る必要があります。片方の端を椅子に結びつけたり、歯でくわえて逆向きに、自分から遠ざかる方向に編んでいけば、ひとりでも三つ編みはできます。

でも一番楽しいのは、誰かに片端を持ってもらって、お互いに優しく引っ張り合いながら編むこと――その間ずっと、頭と頭がくっつくように前かがみになり、おしゃべりし、笑い、お互いの手を見つめながら。ひとりはしっかりと端を握り、もうひとりは細いスイートグラスの束を順番に交差させていきます。

スイートグラスでつながっているふたりの間には、レシプロシティーがあります。スイートグラスでつながったふたりは、端を持っている人も編んでいる人と同じだけ重要です。三つ編みは先に行くにしたがって細く、薄くなっていき、やがてスイートグラス1本ずつを編むようになります。そうしたら先を結んでおしまいにします。スイートグラスの三つ編みは、優しさと思いやり、そして感謝を

表すための贈り物にされます。

私の祖母の背中に垂れる三つ編みのような、太くてつやつやしたスイートグラスの三つ編みを、私からあなたに手渡すことはできます。でもそれは私のものではないし、あなたもそれを自分のものにはできません。ウィンガシュクは誰のものでもないのです。

だからその代わりに私はあなたに、この世界と私たちの関係を癒やすための物語を、三つ編みにして差し出そうと思います。アニシナアベの科学者である私はこの本で、ネイティブアメリカンに伝わる考え方と科学的な知識、そして植物がもっている叡智、という3本の糸を1本の三つ編みにしようと努めました。科学とスピリット、そして物語が絡まり合っているのです。薬である植物の物語には癒やしの力があると信じるからです。この本には、人と土地がお互いにとってのよい薬であるような、今とは違う関係のあり方を想像させてくれる、癒やしの物語が詰まっています。

物語はどんなふうに私たちを癒やしてくれるでしょう？

スイートグラスを植える

スイートグラスは、種ではなく、根を直接植えるのが一番いい。そうやって、手から土へ、それから時代と世代をこえて別の手へとスイートグラスは伝わっていく。スイートグラスは、日当たりがよく、十分な水のある草原を好む。攪乱（かくらん）された土地の端っこでは特に元気に育つ。

ピーカンの忠告

1895年9月

私の祖父とその弟がピーカンの木立ちを見つけたのは、釣りをしているときでした。熟しはじめた実が地面に落ちていました。オクラホマの居留地にはそのとき食べるものがなかったので、ふたりはその実を集めて持ち帰ることにしました。ピーカンの実はおいしいのですが運ぶのが大変です。まるでテニスのボールのように、拾えば拾うほど、手からこぼれ落ちてしまうのです。

祖父と弟はズボンをぬいで裾（すそ）を縛り、その中にピーカンの実を詰めたそうです。私はこのお話が大好きです。下着姿の兄弟が、ピーカンでいっぱいになったズボンを肩にかついで家に走るところが目に浮かびます。

物語は私たちを、外側と内側の世界に誘います。内側に目をやって、その物語が自分と自分の生活にどんなふうに関係しているか考えたり、外側に目をやって、その物語の忠告に従ってどんな行動をとるべきかと考えたり。それは、私たち自身の幸福や、すべての生き物——私たちの親戚——の繁栄につながる教訓です。

祖父の物語は、ピーカンという言葉と、私たちの部族の歴史について考えるための扉を開いてくれます。それはまた、植物、中でもナッツをつける木々がどうやって私たちの面倒を見てくれるのかについて考えるきっかけにもなります。

ナッツというのは、森の木や低木になる堅い実のことです。ピーカン（pecan）は、ヒッコリーの木（*Carya illinoinensis*）の実です。木の実全般を指すpiganという言葉もあります。

・・・

白人入植者たちは、ミシガン湖を囲む私たちの土地を欲しがりました。私たち死の道：アメリカ合衆国軍は1838年、ポタワトミ族の人びとを、イリノイにある先祖伝来の土地から強制的に立ち退かせ、カンザス州東部の居留地まで徒歩で移動させた。61日かかった1,062キロメートルに及ぶ移動中、42人が亡くなった。その大部分は、子どもや、部族の中でも弱い立場の人びとだった。

の部族は長い列をつくり、兵士に囲まれ、銃を突きつけられながら、やがて「**死の道**」と呼ばれるようになった道のりを歩かされたのです。白人たちは私たちを、湖からも森からも遠く離れた見知らぬ土地に連れて行きました。わずか20年ほどの間に、私の祖先たちは3度、自分たちの土地から「排除」されています。ウィスコンシンからカンザスへ。その中間の土地へ。それからオクラホマへ。

彼らが辿った道筋にはたくさんのものが散り散りに残されました。半数の人びとの墓。言葉。知識。名前。兵士や宣教師が発音できない名前を使うことは許されず、「吹き渡る風」という意味のSha-noteという名前だった私のひいおばあちゃんは、シャーロットと改名させられました。

カンザスに着いた彼らは、川に沿って木の実のなる木が生えているのを見てホッとしたことでしょう。それは彼らが知らない種類の木の実でしたが、おいしかったし、たくさんありました。この新しい食べ物には名前がなかったので、彼らは単に「木の実」を意味するpiganと呼び、それが英語のpecan（ピーカン）に

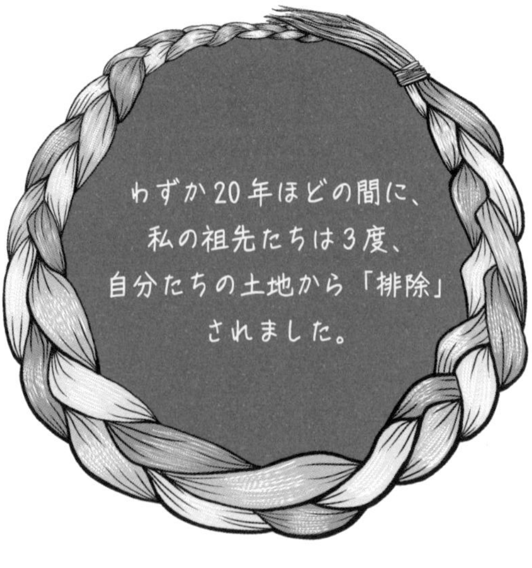
わずか20年ほどの間に、
私の祖先たちは3度、
自分たちの土地から「排除」
されました。

なりました。

アメリカ連邦政府によるインディアン移住政策は、多くのネイティブアメリカンから故郷を奪い、昔から伝わる知識や暮らし方、土地や水を私たちから取り上げ、先祖たちの墓からも、代々私たちを支えてくれた植物からも私たちを引き離しました。1830年にはアンドリュー・ジャクソン大統領によってネイティブアメリカンの人びとをその故郷から居留地に強制的に移住させる「インディアン強制移住法」が制定されました。次に連邦政府は、そうやって取り上げた先祖伝来の土地を取引したり売り払ったりしたのです。それでも、こうした政策や移住には、先住民族としてのアイデンティティーや強さを私たちから取り上げることはできませんでした。そこで彼らは、新しいやり方を試すことにしました。子どもたちを遠方のインディアン寄宿学校に送り、家族やその文化から切り離したのです——長期間そうしておけば、自分が何者であるかを忘れてくれる、と期待して。

1860年から1978年まで、政府が資金を提供し、往々にして教会が運営するネイティブアメリカンの寄宿学校が、アメリカ全土に350校以上ありました。子どもたちは家族から取り上げられ、兄弟姉妹やいとこたちからも引き離されて、遠く離れた学校に送られることがしばしばでした。学校では、部族の言葉で話すことも、自分たちの風習に従った暮らし方をすることも許されませんでした。これらの寄宿学校は、子どもたちが虐待され、孤独でお腹をすかせていることで有名でした。弟と一緒に集めたピーカンをズボンに詰め込んでから間もなく、祖父はカーライル・インディアン実業学校に送られました。

インディアン保護区のいたるところに、**インディアン管理官**が子どもたちをかき集めて政府が建てた寄宿学校に送り、報奨金を受け取っていたという記録が残っています。やがて、それが自分が選んでしたことであるというふりをするため、両親は子どもを「合法的に」学校に送るための書類にサインさせられるようになり、それを拒めば刑務所に送られることもありました。政府から配給される食料——ムシだらけの小麦粉や腐ったラード——が、子どもたちを渡すまで止められることもありました。食べるものがなければ寄宿学校に送られるかもしれないという恐

インディアン管理官：インディアン事務局が制定した法律を施行する政府の役人。ネイティブアメリカンから入植者を保護する権限が与えられ、協定調印のための交渉にあたったり、子どもを家族から引き離して寄宿学校に送ったりした。

ろしさは、幼い少年がズボンに食べ物をいっぱいに詰めて半裸で走って帰るのに十分だったことでしょう。そして役人が再び、夕食にありつけそうにない痩せっぽちの、茶色い肌をした子どもを探してやってきたのは、ピーカンが不作の年だったのかもしれません。私のひいおばあちゃんが書類にサインしたのは、もしかしたらそういう年だったのかも。

ピーカンの実

1895年のその日、少年たちは釣れなかった魚のかわりにピーカンの実を持ち帰ったわけですが、ピーカンは言ってみれば森でとれる魚で、タンパク質がたっぷりだし、とりわけ脂肪が豊富で「貧乏人の肉」とも呼ばれます。今ではピーカンは、殻をむいてから焼いて食べるけれど、昔はお粥と一緒に煮たものでした。すると脂肪分が表面に浮き、人びとはそれをすくい上げて、ナッツバターとして保存しました。

ピーカンとその近縁種は、1種類の木だけが立っているよりも、それらが一緒に生えている方が元気だし、強く育ちます。その仕組みはまだわかっていません。周りの環境から何かしらの合図があると実がたくさんなるのではないかと思わせるエビデンス（証拠）も若干あります――たとえば春に特に雨が多かったり、生育期間が長かったりした場合です。そういうふうに、物理的な好条件がそろうと、木々はみなエネルギーの余剰ができ、それを実に注ぐことができるのです。でも、生育場所がそれぞれ異なっていることを考えると、ピーカンがいっせいにたくさん実をつける年がある理由が環境だけであるとは思えません。

果汁たっぷりの果物やベリー類はすぐに食べられますが、木の実はほとんど石のように硬い内果皮（ないかひ）と、緑色の革のような外果皮（がいかひ）で我が身を護っています。木の実は、冬の間、体を温める脂肪とタンパク質とたっぷりのカロリーが必要なときの食べ物です。厳しい季節のためにできているのです。その中身は殻という金庫に入り、箱の中にまた箱が重なって二重の鍵がかかっています。そうやって中の胚芽とその栄養分が護られているわけですが、同時にそのおかげで、リスたちがどこか安全なところに運べるようになります。「良心的な収穫」――差し出されたものだけを受け取ること、それを上手に使うこと、贈り物に感謝すること、そして、与えられたものには相応のお返しをすること。

「良心的な収穫」という教えに従って生きるのは、ピーカンの木立ちでは簡単です。与えられたものにお返しをするには、木立ちを保護し、さまざまな害から護り、新しい木立ちが草原に木陰をつくってリスが餌にありつけるよう、種を蒔けばよいのです。

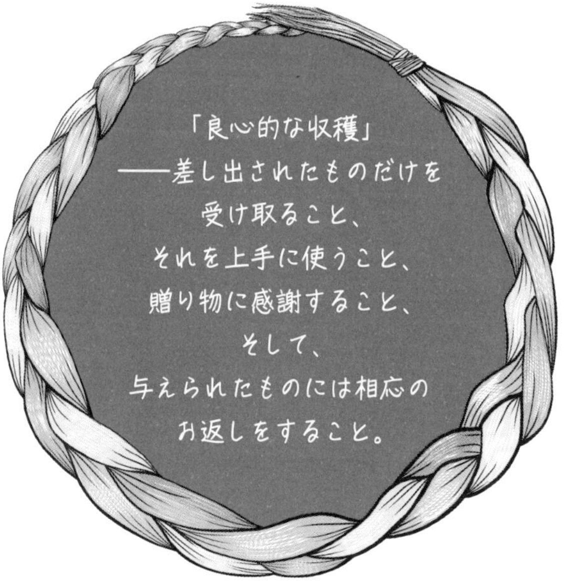
「良心的な収穫」
——差し出されたものだけを
受け取ること、
それを上手に使うこと、
贈り物に感謝すること、
そして、
与えられたものには相応の
お返しをすること。

木々の叡智

部族の年寄りたちは、昔は木は会話したと言います。話し合って計画を立てたのだと。でも科学者たちはずいぶん昔に、植物には意思の疎通はできない、と決めてしまいました。動物が会話に使う手段が、植物にはないからです。植物に何ができるかを、動物の能力というレンズを通してのみ測ったのです。

今では、年寄りたちが正しかったことを示す、説得力のあるエビデンスが存在します。木々は実際に会話しているのです——風に乗って運ばれる、ホルモンに似た、フェロモンという化合物を使って。大昔から、花粉は確実に風に乗って運ばれてきました。雄から雌に伝わって木の実を結ばせてきたのです。子孫を残すという責任を風に任せることができるなら、メッセージを託すことだってできるのではないでしょうか？

ストレスを感じている木が放出する化合物が科学的に特定されています。たとえばマイマイガに葉をかじられたり、キクイムシが樹皮の下に潜り込んだりしている場合です。すると木はSOS信号を送るのです――「ねえ、そっちにいるあなたたち。私、今攻撃されてるの。用心して、攻撃に備えた方がいいわ」。風下の木々はその風を捉え、警告を発するいくばくかの分子、かすかな危険の兆候を感知します。それによって、我が身を護る化学物質をつくる時間ができます。木々は互いに警告し合い、侵略者を撃退するのです。

マスティング

1895年に、運べるかぎりのピーカンを家に持ち帰った少年たちはとても賢明だったと思います。木が実をつけるのは毎年というわけではないのですから。豊作の年もあるけれど、不作の年がほとんどです。豊作と凶作を繰り返すこの現象は「マスティング」と呼ばれます。

マスティングによって新しい森が生まれるためには、木の一本一本がたくさん実をつけなければなりません――それを食べようと狙う動物たちにも食べきれないほど大量の実を。毎年少しばかりの実をつけるだけでは、それはみんな食べられてしまって次の世代のピーカンは育ちません。でも、木の実はカロリーが高く、木は毎年それほど大量のカロリーを放出するわけにいきません。実を結ぶためのカロリーを蓄えなければならないのです――ちょうどあなたの家族が、特別な計画のためにお金を貯めるように。マスティングが起きる木は、何年もかけて糖をつくり、それを少しずつ使うのではなく、デンプンとして根に蓄えます。そして預金をしてもまだ余ったときにだけ実がなるのです。

マスティングに関する研究結果の中には、たくさんの木が同時に実をつける仕組みは地下にあるということを示すものがあります。森の木の根は、**菌根**と**菌糸**のネットワークにつながっていることが多いのです。菌は土の中のミネラルや養分を集めてそれを木に届け、お返しに木から糖を受け取ります。菌根は、木と木を菌でできた橋で結び、森のすべての木々をつなぐのです。この菌根のネットワークは、糖質を木から木へ分け与えているように見えます。いわばロビン・フッドのように、金持ちから奪ったものを貧乏人に与えて、すべての木が同時に、余分な糖質を同じ量だけ蓄えられるようにするのです。菌根は、与えたり与えられたりのレシプロシティーをつくり上げます。そうやって木々は、ひとつの生き物のように行動します——菌根によってつながっているからです。結束することで生き残るのです。繁栄は全員のもの。土壌、菌、木、リス、少年——誰もがレシプロシティーの恩恵を受け取っているのです。

菌根：植物の根と菌類（菌根菌）が、複雑な共生関係を通してつくる共生体。

菌糸：土の中や石の周りに伸びて、地中の他の根系との複雑なネットワークをつくり上げる。

豊作と凶作を繰り返すこの現象については、今でも、樹木生理学者と進化生物学者たちがさまざまな仮説を立てています。森林生態学者の仮説は、マスティングは「実をつけられるときだけ実をつける」というエネルギーの法則の結果にすぎない、というものです。でもそうだとしたら、木はその生息地によってカロリーを溜めるスピードが違いますから、それぞれの木がそれぞれの時期に実をつけるはずです。ところが実際はそうではありません。1本の木が豊作なら、他の木も全部豊作です——木立ちのうちの1本だけではなく木立ち全体、森の中のどれかひとつの木立ちだけではなくすべての木立ち、アメリカ全土、すべての州で豊作なのです。木は一本一本バラバラにではなく、集団として行動します。それがどうやって起こるのか、正確なことはまだわかっていません。わかっているのは、結束の力です。ひとりに起こることは全員に起こる。私たちはともに飢えることも、ともに飽食を楽しむこともできます。ひとつが繁栄すれば、すべてが繁栄するのです。

「ひとつが繁栄すればすべてが繁栄する」という言葉について考えてみましょう。この、相互依存（レシプロシティー）という考え方を社会的正義に当てはめるとどうなるでしょう？　あなたが住んでいる町にはどんな問題がありますか？　町の人すべてが繁栄できるようにするためには、どんな行動を一致してとればよいでしょうか？

イチゴの贈り物

ホーデノショーニーの創造神話に登場するスカイウーマンがスカイワールドから落ちてきたときにそのお腹にいた美しい娘は、素晴らしい緑の大地の上で、あらゆる生き物を愛し、愛されて育ちました。娘が死んだとき、その身体からは、彼女の最後の贈り物——私たちが最も崇拝する植物の数々——が育ちました。心臓から育ったのがイチゴです。

ハートの果実

英語ではストロベリーというイチゴは、ポタワトミ語ではode minです。心臓の果実、という意味です。夏、一番先に実をつけるので、ベリー類のリーダーと言われています。科学者が使うラテン語の学名は*Fragaria virginiana*といいます。どれもみな、とても甘い名前です。

ある意味で、私はイチゴに、野原一面のイチゴに育てられたと言えます。世界とはどういうところか、私の居場所はどこかを教えてくれたのが野生のイチゴなのです。私たちの家の裏には、石の壁で分割され、耕作はとっくの昔にやめてしまったけれど、まだ森と呼べるほど植物が成長していない古い牧草地が何キロも広がっていました。スクールバスが重たそうに坂を上って私を落とすと、私は教科書を入れた赤い格子柄のバッグを放り出し、いいつける用事を母が思いつく前に服を着替えてイチゴの生えているところに向かったものです。花びらが白くて真ん中が黄色い、野生のバラに似たイチゴの花は、「花の月」を意味するwaabigwani-giizis、つまり5月に、広大な野原に点々と咲きました。私たちは注意深くその成長を見守り、**三出複葉**（さんしゅつふくよう）（三つ葉）の下を覗き込んではイチゴの熟し具合をチェックしました。とうとう花びらが散ると、その代わりそこに小さな

PRIVATE
PROPERTY
RECIPROCITY
RESPONSIBILITY
GRATITUDE
ABUNDANCE

小さな緑色の塊ができ、日がだんだん長くなり暖かさが増すにつれ、ふくらんで小さな白い実ができます。酸っぱかったけれど、それでも本物のイチゴになるまで待ちきれない私たちはかまわず食べてしまったものでした。

三出複葉：葉柄（ようへい）の先端に3枚の小葉がつくもの。

自然界の贈与経済

子どもだった私にとって、世界は贈与経済で成り立っていました。もちろん、私は両親が、その草原とは遠く離れたところで世界を支配する労働経済の中で、どれほど苦労して家計をやりくりしていたかなどまったく知りませんでした。私の家では、家族同士が贈り合うプレゼントはほとんど例外なく手づくりでした。誰かのために手づくりするもの——私はそれが贈り物の定義だと思っていたくらいです。「贈与経済」では、品物やサービスは買うものではなくて、地球から贈り物として受け取るものです。たくさんのイチゴは、地球からの贈り物そのものに思えました。私がしたことへのご褒美でもないし、お金を払ったわけでもないし、私が働いて育てたわけでもありません。それを「**天然資源**」とか「生態系サービス」と呼ぶこともできますが、本当のところ、それは贈り物なのです。

天然資源：人間の手を必要とせずに、自然界に存在する資源や物資のこと。たとえば太陽の光、土地、海、動物、植物、風など。

子どものころ遊んだ野原は、さまざまなベリー類や、秋にはヒッコリーの実、ブーケにして母に持ち帰った野草などを私たちに惜しみなく与え、日曜日の午後には家族で散歩するところでもありました。そこは私たちの遊び場であり、避難所であり、野生の生き物たちの聖域であり、生態学の教室であり、石造りの壁の上に並べたブリキの缶を撃ち落とすことを覚えた場所でもありました。しかもすべて無償で。いえ、無償だと思っていたのです。

父は野生のイチゴが大好きなので、父の日になると、母はたいていイチゴのショートケーキをつくりました。カリッとしたスコーンを焼き、ホイップクリームを泡立てるのは母でしたが、イチゴを摘むのは私たち子どもの役目でした。父の日の前の土曜日には野原に出かけ、私たちの口と空き瓶をイチゴでいっぱいにしたものでした。ようやく家に戻ると、キッチンのテーブルの上にイチゴを広げて、混ざっている虫を取り除きました。取り除ききれなかったものもあったに違いないと思いますが、父はこの、おまけのタンパク質のことは一度も口にしませんでした。

実際、父にとっては野生のイチゴのショートケーキほど素晴らしいプレゼントはありませんでした。それはけっしてお金で買うことのできない贈り物――イチゴは、私たちからではなく野原そのものからの贈り物で、私たちが贈ったのは、時間と気遣い、そして赤く染まった指だったのです。そう、まさにハートの果実です。

ベリー類やリンゴや豆のことを、商品やサービスではなく、贈り物だと考えると、私たちとそれらの関係はがらりと変わります。感謝の気持ちが生まれるのです――少なくとも私はそれを願います。単にありがとうと言うよりももっと深い、感謝の念。それは関係性を織りなす糸なのです。

感謝の気持ちがあると豊かな気持ちになります。ありがたい、と思う気持ちがあると、それを差し出してくれる人の寛大な心に対する敬意から、必要なものだけしか手に入れないようになります。それがイチゴであれ、私たちの話を聞くのに時間を割いてくれる友だちであれ、行きたいところまで車で送ってくれる両親であれ。

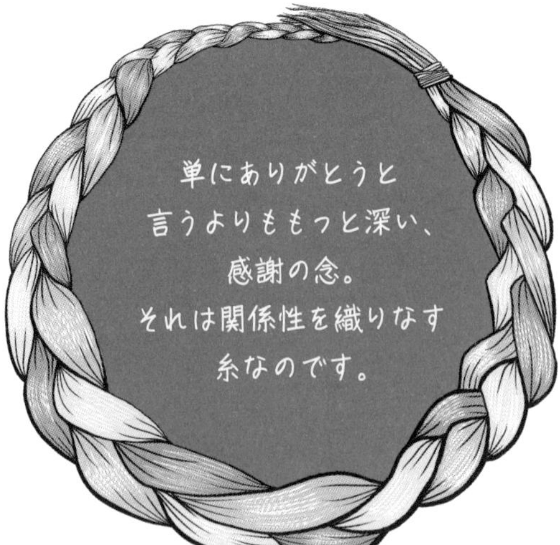
単にありがとうと
言うよりももっと深い、
感謝の念。
それは関係性を織りなす
糸なのです。

贈り物に対する私たちの、1番目の責任が感謝の気持ちであるとしたら、2番目の責任はレシプロシティー、お返しに贈り物をすることです。彼らの寛大さに対して、私はお返しに何を与えられるだろう？　それは自分自身に対する大切な問いかけです。そして、私たちが消費するものがすべてマザー・アースからの贈り物であると考えたならば、どんな答えが浮かぶでしょう？

もらったものはもっと大切にするのではないでしょうか。贈り物を粗末に扱えばそれなりの結果が伴います。私たちの考え方が行動に影響し、私たちの行動には影響力があるのです。イチゴを単なる「物」、所有物と考えれば、それは商品として自分の利益のために利用するものになります。そしてそれはある結果を生むのです。

私は、イチゴにお返しをすることを教えられました。種を蒔くのでもいいし、次の「イチゴの月」までに元気に育ってまた実がなるように小さい株を植えることもできます。これを教えてくれたのはヒトではなくイチゴでした。贈与経済では、感謝の気持ちとレシプロシティーがお金代わりです。そして贈り物は、人の手から手へ渡るたびに増えていくという独特の特徴があります。本当の意味での、再生可能な資源なのです。

市場経済

市場経済とは、お金で必要なもの――必要な気がするだけかもしれませんが――を買うということです。市場経済は、欠乏という概念の上に成り立っています。何かが不足している、と思うことは、私たちの意思決定に影響を与えます。何もかもが、製品やサービスといった「商品」となり、そこには往々にして緊迫感が伴います。

自然界と自分の関係をどのように捉えるかはとても重要です。テクノロジーや政策と同じくらい、倫理的な想像力が未来を形づくるために必要なのです。ある物を、商品ではなく贈り物であると考えることで扉が開きます。社会の主流をなす思想のほとんどは、地球を商品として見ることを選択してきました。でも、私たちにはそれとは違う選択をすることもできるのです。私たち、そう、あなたと私です。私たちは、贈り物で成り立っている世界に住むことを選択できるのです。

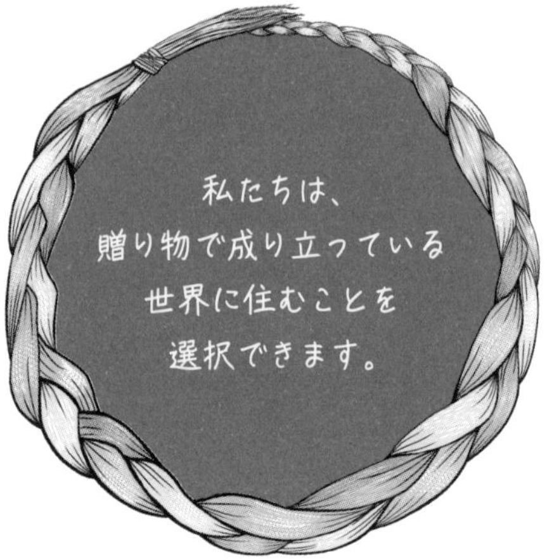
私たちは、
贈り物で成り立っている
世界に住むことを
選択できます。

ある物について、それが贈り物だと考えると、あなたとその物の関係性が変わります。あなたの親友がくれたニット帽は、お店で買う商品としてのニット帽とは大きな違いがあります。親友があなたのためだけにつくってくれた、あるいは選んでくれた帽子。その贈り物には、買ったものとは違った意味があるのです——あなたとその帽子の関係性が違うからです。きっとあなたは親友から贈られた帽子を、お店で買ったものよりもずっと大切にするでしょう。学者であり作家でもあるルイス・ハイドはこう言っています——「贈り物と商品の基本的な違いは、贈り物は贈った人と贈られた人の間に気持ちのつながりをつくる、ということだ」。

地球と太陽が自然に生み出した野生のイチゴは、贈り物の定義に当てはまります。でも、スーパーで買うイチゴは当てはまりません。なぜならそこには、栽培した人と消費する人、という関係しかないからです。野生のイチゴを食べるのはそれとはまったく違います。贈り物を考えるのが好きな私は、野生のイチゴが市場経済の一部としてスーパーで売られていたらひどく不快になるでしょう。野生のイチゴは、贈られるもので、売られるべきものではないのです。

これと同じ理由で、私たちはスイートグラスを売りません。私たちに無償で贈られたものは、他の人にも無償で贈られるべきだからです。私の大切な友人、ウォリー・“ベア”・メシゴードは、部族の儀式における**ファイアーキーパー**（火の守り人）で、私たちのためにたくさんのスイートグラスを使います。正しい方法でスイートグラスを採り、彼に届ける係の人たちはいるのですが、それでも大きな儀式があると彼の手持ちがなくなってしまうことがあります。**パウワウ**やお祭りでは、部族の人たちが三つ編みのスイートグラスを1本10ドルで売っているのを見かけます。儀式に使うスイートグラスが本当に足りなくなるとウォリーは、フライブレッド［訳注：パン生地を平たく伸ばして油で揚げた、北米先住民族の料理］やビーズの束の売店に交じってスイートグラスを売っている、そういう店に行きます。そして売店の人に自己紹介して事情を説明し、草原でするのと同じように、スイートグラスに使用の許しを求めるのです。彼にはそれを買うことはできません。お金をもっていないからではなくて、売ったり買ったりしたものは、儀式で求められるその本質的な価値が失われてしまうからです。当然、店の人は快くそれを差し出してくれるものとウォリーは期待しているわけですが、中にはそうしない人もいます。年寄りが商品を巻き上げようとしていると思い、「無料（ただ）ってわけにはいかないよ」と言うのです。市場経済的な考え方です。贈り物というのは無料のものです――ただしそこには、ある義務が伴います。スイートグラスが神聖なものであるためには、それを買うことは許されません。スイートグラスは、マザー・アースのものなのです。

ファイアーキーパー：部族の集まりや儀式の際に火をおこし、燃やしつづける責任をもつ人。多くのネイティブアメリカンのコミュニティーで、神聖で名誉ある役割とされている。

パウワウ：ネイティブアメリカンの部族やコミュニティーが集まり、歌、音楽、祝宴を通して祖先たちの伝統を伝え敬意を払う大規模な集まり。

　スイートグラスを刈り取る者は、自分で使ったり、コミュニティーが使ったりするために、正しい方法で、敬意を示しつつそれを刈り取ります。地球にお返しの贈り物を捧げるし、スイートグラスが健康に育つように世話もします。三つ編みにしたスイートグラスは、相手を敬（うやま）い、感謝し、癒やし、強くするために贈られるものです。ウォリーがスイートグラスを燃やすとき、それは手から手へと伝わった贈り物であり、持ち主が変わるたびに払われた敬意がそれをさらに価値あるものにしているのです。そうやってスイートグラスは常に動きつづけます。

　贈り物とは根本的にそういうものです――人から人へと贈られ、それとともにその価値は増していくのです。分かち合えば分かち合うほど、その価値は大きくなります。私たちに伝わる古い教えの多くは、何であれ、自分に与えられたものは再び他の人に与えなくてはいけない、と言っています。

これは、市場経済や私有財産という概念に染まった社会に生きる人には理解するのが難しいでしょう。西欧的な考え方では、私有財産とはいろいろな権利のことですが、贈与経済においては、所有物にはさまざまな責任が伴います。

地球という贈り物

私は植物学者であり、同時に詩人でもあります。世界は比喩を通して私に語りかけるのです。イチゴが贈り物であると言うとき私は、*Fragaria virginiana*（バージニアイチゴ）が一晩中寝ずに、私だけのために贈り物を用意していると言っているわけではありません。私が言おうとしているのは、私たち人間とイチゴの関係は、私たちがそれをどう考えるかで変わってくる、ということです。この世界は贈り物だと考えるならば、イチゴと人間はどちらも変容します。感謝の気持ちとレシプロシティーによって結ばれる関係は、イチゴと人間の両方の進化を促します。自然界を尊敬し、レシプロシティーの精神で接する生き物や文化は、自然界を破壊する人びとと比べて、次の世代にその遺伝子が伝わる確率が高いに決まっているのです。

その昔、人びとの生活が、暮らしている土地と直接的に結びついていたころは、この世界が贈り物であることは容易に理解できました。秋になると、「来たよ」と鳴く雁の群れで空が暗くなるほどで、それは人びとに、スカイウーマンを雁が助けた天地創造の物語を思い起こさせました。人びとがお腹をすかせ、冬が近づくころ、雁たちが飛んできて、沼を食べ物でいっぱいにしたのです。それは贈り物であり、人びとは、感謝と愛、尊敬とともにそれを受け取ったのでした。

> 自然界と自分がコミュニケーションを取り合っている、と感じたとき、私たちの知覚や世界との関わり方はどんなふうに変わるでしょうか？　海があなたに語りかけている、と感じたことはありますか？　風は？　窓の外の小鳥は？　その感覚は、あなたと世界との関係をどんなふうに変化させるでしょうか？

ところが、空を飛ぶ鳥の群れから食べ物を得ることがなくなり、温かかった羽が自分の手の中で冷たくなっていくのを感じることがなく、自分の命のた

この現代社会で、
地球が贈り物であることを
もう一度理解するために、
私たちはどうすれば
いいのでしょうか？

めにひとつの命が与えられたのだということがわからず、それに対する感謝の気持ちを感じなくなると、人はその食べ物では満足できなくなってしまいます。お腹はいっぱいでも、魂は空腹のままなのです。

発泡スチロールのトレーに乗り、つるつるしたビニールに包まれた食べ物。狭い檻の中でしか生きられなかった動物の死骸。それは贈られたのではなく、盗まれた命です。この現代社会で、地球が贈り物であることをもう一度理解するために、私たちはどうすればいいのでしょうか？

どうすれば、私たちと世界のつながりを再び神聖なものにできるのでしょう？みなが狩猟採集をして暮らせるわけでないことはわかっています――自然界には、私たちみなを担うことはできないでしょう。でも、市場経済において、「あたかも」この自然界が贈り物であるかのようにふるまうことはできないでしょうか？

それは可能です。そのためにはまず、ウォリーの言葉に耳を傾けることから始めましょう。売り物のスイートグラスは、ウォリーが言うように「買ってはいけない」のです。買わないことを選ぶのは、立派な選択です。水はすべての人のための贈り物であって、売ったり買ったりするものではありません。買うのはやめましょう。利益が増すからと言って、土壌を消耗させ、動物や植物に有害な方法で大地から奪い取った食べ物は、買ってはいけません。

子どものころ、イチゴが熟すのを待っていたあの草原で、白くて酸っぱいイチゴをよく食べたものです。お腹がすいたからそうしたこともあったけれど、たいていはただ待ちきれなかったからでした。目先の欲が先々どんな結果をもたらすかはわかっていたのだけれど、やっぱり食べてしまったのです。幸いなことに、葉の下で熟れていくイチゴと同様、人の自制心はだんだん成長するものなので、私もやがて待つことを覚えました。商品経済は400年前からこのタートルアイランド［訳注：ネイティブアメリカンの人びとは北米大陸のことを昔からこう呼ぶ］に存在し、まだ白いイチゴやその他のあらゆるものを食べ尽くしてしまいました。けれども人びとは、その酸っぱさにうんざりしはじめています。私たちは今再び、贈り物でできた世界に暮らしたいと願うようになりつつあるのです。そういう世界の匂いを私は感じています——まるで、熟したイチゴの香りが風に漂ってくるように。

あなたやあなたの家族が普段買っているものの中で、この章を読んでそれが贈り物であることがわかったものはありますか？　そのことで、あなたの買い物の仕方はどのように変わるでしょうか？

捧げものをする

私たちの部族は、カヌー・ピープルだった。
無理やり陸に上げさせられるまでは。
湖のほとりに立つ私たちの住まいは取り上げられ、
代わりに埃っぽい掘っ立て小屋が与えられた。
ひとつの輪のように暮らしていた私たちはばらばらにされた。
私たちが日々に感謝するために共有していた言葉を、彼らは忘れろと言った。
でも私たちは忘れなかった。
まだ忘れていない。

タホーウスの神々

私の家族は毎年夏になると、アディロンダック［訳注：ニューヨーク州北部にある山地］の山の中でカヌーキャンプをして過ごしました。そして一日は必ず、父が朝のコーヒーのためにキャンプ用ストーブのガソリンタンクをポンピングする音で始まりました。

私には、父が赤いチェックのウールシャツを着て湖を見下ろす岩の上に立っている姿が見えます。父がストーブからコーヒーポットを持ち上げると、私たちは朝の身支度の手を止めます。言われなくても私たちには、父のすることに注意を払わなくてはいけないことがわかっているのです。父はコーヒーポットを持ってキャンプしている場所の端に立ち、濃い茶色のコーヒーを地面に注ぎます。そして朝の太陽に顔を向けながら、静けさに向かってこう言うのです──「タホーウスの神々に」。コーヒーはなめらかな花崗岩の上を流れて、コーヒーみたいに澄んだ茶色の湖の水とひとつになります。それからやっと父は、湯気の立ったコー

ヒーを、自分のため、そして母のためにカップに注ぎます。そうやって、この北の森の朝が始まるのです――何よりもまず、祈りの言葉から。

父の言葉がどこから来たのかと私は一度も尋ねなかったし、父もそれを説明したことはありませんでした。それは単に、私たちの、湖のほとりでの暮らしの一部だったのです。でもその言葉のリズムに私はホッとしましたし、この儀式は私たち家族をひとつの輪の中に包み込んでくれました。父の言葉で私たちは「私たちはここにいます」と言っていたのです。山々には私たちの声が聞こえ、「あぁ、この人間たちは感謝の仕方を知っているな」と呟いたに違いないと私は想像しました。

タホーウスというのは、アディロンダック山地の最高峰であるマーシー山を指すアルゴンキン語です。マーシー山というのは、一度もその荒々しい山腹に足を踏み入れたことのない州知事からとった名前ですが、本当の名前は「雲を分ける者」という意味のタホーウスで、その本質を表しています。私たちポタワトミ族には、一般名と本当の名前があります。本当の名前を使うのは、親密な関係の人に対してと、儀式のときだけです。父はタホーウスに何度も登頂し、タホーウスをよく知っていたからこそ、それを本当の名前で呼んだのです。人びとに愛されたこの山は、私自身が知る前から、私の本当の名前を知っていたのではないかと

ある場所を
その名前で呼ぶと、
野生の荒野だったところが
自分の故郷になります。

あなたが住んでいる土地を、先住民族が何と呼んでいるか知っていますか？　知らない場合、どうやったらそれがわかるでしょうか？

思います。そして、ある場所をその名前で呼ぶと、野生の荒野だったところが自分の故郷になるのです。

父は時おり、フォークト湖やサウス池、またはブランディ・ブルック・フローなど、その夜私たちがテントを張っている場所の神々を、本当の名前で呼びました。私は、どの場所にも、私たちが登場する前から、そして私たちがいなくなってしまってからもずっと、ここを故郷とする者たちがいることを学びました。その名を呼び、その日の最初のコーヒーという贈り物を捧げることで父は、私たち以外の生命に感謝すべきであることを、無言のうちに私たちに教えてくれていたのです。

その昔、私たちネイティブアメリカンは、朝の歌、祈り、そして聖なるタバコを捧げることで感謝の気持ちを表したということを私は知っていました。でも当時の私の家族は、聖なるタバコを持っていなかったし、朝の歌も知りませんでした。それらは祖父がカーライル・インディアン実業学校に送られたときに、その入り口で祖父から奪い取られてしまったのです。

母にもまた、感謝の儀式がありました。テントを張った場所をカヌーで立ち去る前には必ず、その場所をきれいにしたのです。「来たときよりきれいにしなさい」と母は言いました。また、次にここに来る人がおこす火のための薪も残しておかなければなりませんでした。火口（ほくち）や焚き付けはきちんと樺（かば）の木の皮で覆って雨に濡れないようにしました。私はカヌーを漕いで暗くなってからここに辿り着いた人たちが、夕食を温めるための火をすぐにおこせる薪の束を見つけて喜ぶ様子を想像するのが好きでした。こうして母の儀式はまた、私たちをその人たちにも結びつけたのです。

日曜日、他の家の子どもたちが教会に行っているころ、私たち家族は川で鷺やマスクラットを探したり、森に春の花を探しに行ったり、ピクニックに行ったりしました。そういうときもお祈りはつきものでした。冬、鍋の中にはトマトスープがぐつぐつ煮えていて、最初の一杯は雪に捧げます。「タホーウスの神々に」——それからようやく私たちは、手袋をはめた手で湯気の立つ自分のカップを包むのでした。捧げものをするのは必ず大自然の中と決まっていて、住んでいた町の中でそれをすることはけっしてありませんでした。

儀式

思春期が近づくと、私はこうした捧げものが腹立たしく、それを悲しく思うようになりました。その祈りの言葉には、英語を話す私たちは仲間ではなく、私たちの儀式は「受け売り」にすぎない、というメッセージが込められているように聞こえました。正しい儀式を知っている人たち、失われた言語を知っていて、本当の名前を——私自身のものを含めて——口にできる人びとはどこか別の場所にいたのです。

岩の上を流れていくコーヒーが苔の葉を開かせるのと同じように、儀式は私の中に眠っているものを目覚めさせ、私の知性と心を、知ってはいたけれど忘れてしまっていたものに開かせてくれました。祈りの言葉とコーヒーは、森や湖が贈り物であることを思い出せ、と私たちに呼びかけました。大きくても小さくても、儀式というものは、この世界でしっかりと目を覚まして生きていく方法に私たちの意識を集中させる力をもっていました。それは「受け売り」の儀式だったかもしれませんが、地球はそれが正しい儀式であるかのようにコーヒーを飲み干してくれるということは、混乱した私にすらわかりました。自然はあなたを知っているのです——たとえあなたが道に迷っているときでも。

部族の人びとが語り伝える物語は、川の流れに乗ったカヌーのように流れ、その始まりへとだんだん近づいていくものです。私が大人になるにつれ、私の家族は再び、歴史によってボロボロになってはいたけれど途切れることはなかった、部族とのつながりを取り戻していました。私たちは、私たちの本当の名前を知っている人たちを見つけたのです。オクラホマで生まれてはじめて、人びとが四方向に感謝を捧げる儀式——古い言葉で聖なるタバコを捧げる儀式——をサンライズ・ロッジ［訳注：ネイティブアメリカンが一部の儀式を行う場所］で耳にしたとき、私にはまるでそれが父の声であるかのように聞こえました。言葉は違っていたけれど、そこには同じ気持ちがあったのです。

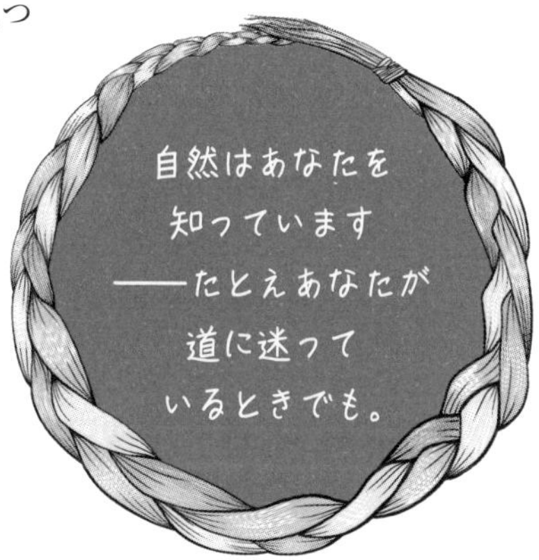
自然はあなたを
知っています
——たとえあなたが
道に迷って
いるときでも。

私の家族がしていた儀式は私たち家族だけのものだったけれど、尊敬と感謝の上に成り立つ自然との結びつきに支えられたものであることに変わりはありませんでした。儀式とは、自分が、家族、部族、そして自然の一部となるための手段なのです。

今では私たちの周りにはもっと大きな輪が描かれて、そこには私たちが再びその一部となった、部族全体が含まれています。それでも、捧げものはやはり「私たちはここにいます」という意味です。

お祈りが終わると、大地が「あぁ、この人間たちは感謝の仕方を知っているな」と呟くのが聞こえます。

今では父は部族の言葉で祈りの言葉を捧げることができます。でも、私が最初に聞いたのは「タホーウスの神々に」という英語の言葉だったし、その声を私はこれからもずっと聞きつづけると思います。

ようやく、タホーウスの神々に捧げたものの意味が理解できた、と私は思いました。私たちが自然の一部であり、私たちは感謝の仕方を知っている、ということ——それは私にとって唯一、私たちが忘れなかったこと、歴史が私たちから取り上げることができなかったものでした。それから何年もたって、私は父に、「あの儀式はどこから来たの？　おじいちゃんから教わったの？　そしておじいちゃんはひいおじいちゃんから？　私たちがカヌーに乗っていた大昔から伝わってきたの？」と尋ねたことがあります。

父は長い間考えてから、「そうじゃないな。なんとなくだよ、そうすべきな気がしてね」と言いました。そのときはそれだけでした。

数週間たって、再び話す機会があったときに父は、「コーヒーを地面に注ぐようになったきっかけについて考えてみたんだ。ほら、あのコーヒーは煮て淹れたから、フィルターを通さなかっただろう。あまり煮すぎると出し殻が泡立って注ぎ口に詰まるから、最初の一杯には出し殻が入ってしまっておいしくない。最初は、注ぎ口から出し殻を取り除くためにやったんだったと思うな」と言うのです。感謝の気持ちを示すとか、忘れていたことを思い出すとか、それはみんなつくり話で、単にコーヒーの出し殻を捨てていただけだったの？と私は思いました。

あなたはどんなときに
喜びを感じますか？

「でも」と父は続けました。「いつも出し殻が詰まっていたわけじゃない。きっかけはそうだったが、それが別のものになったんだ。ひとつの思いにね。一種の敬意というか、お礼だな。気持ちのいい夏の朝には、それは喜びだったと言ってもいい」

それこそが儀式の力なのだと私は思います。儀式は、ありふれた日常を聖なるものに変えるのです——コーヒーを祈りに変えたように。いったいそれ以外に、私たちは何を捧げることができるでしょう、地球は何もかももっているのに。自分自身の一部以外に、捧げることのできるものとは？　だから私たちは手づくりの儀式を捧げるのです。その場所を故郷とするための儀式を。

あなたが住んでいるところの自然や水に対する敬意や感謝を育むため、あなたには、家や学校や職場であなたなりのどんな儀式をつくることができるでしょうか？

アスターとセイタカアワダチソウ

それは私が生まれて最初に目にした花だった、と想像するのが私は好きです。母の肩越しに、ピンク色の毛布が顔からすべり落ちて、その花の色が私の意識をいっぱいに満たしたのだと。ひと目惚れ。おそらくみんなの目は、まあるくてかわいい赤ん坊の私に注がれていたことでしょう。でも私の目には、セイタカアワダチソウとアスターが映っていたのです。私はこの花たちのもとに生まれ、そして花たちは毎年、私の誕生日に戻ってきて私たちとともにその日を祝ってくれます。

それから18年、私は大学に入学しました。当時、森林学部には女学生はほとんどいなかったし、ネイティブアメリカンの学生がひとりもいなかったのは確かです。第一印象をよくしたかったので、私は1年生が受ける導入面接のための答えをすべて用意してありました。指導教官はメガネの上から私の方を見て、「どうして**植物学**を学びたいんだい？」と訊きました。鉛筆が登録簿の上で止まっていました。

植物学：植物を研究対象とする生物学の一分野。

私は生まれながらの植物学者なのだということをどうやって伝えたらよいだろう？　ベッドの下には種や葉っぱの入った靴の箱がいくつもあるし、道端で自転車を停めては新しい品種を識別したし、夢には植物が出てくるし、植物が私を選んだのだ、ということを？　だから私は正直に答えました。植物学を勉強したいのは、アスターとセイタカアワダチソウを一緒にするとどうしてあんなに美しいのかが知りたいからだ、と。

このふたつの植物はよく、別々ではなく一緒に育ちます。秩序と調和に満ちたこの世界には、このふたつの花が一緒になるとこんなに美しく見えるのがなぜなのか、その理由がきっとあるはずでした。私はそれが知りたかったのです。曲げ

アスター（左）とセイタカアワダチソウ（右）

て籠を編みやすい枝と折れてしまう枝があるのはなぜなのか、ベリーはなぜ日陰の方が大きく育つのか、なぜベリーから薬をつくれるのか。どんな植物は食べられるのかも知りたかったし、他にも知りたいことはたくさんありました。赤い格子縞のシャツを着て、私はそう笑顔で答えたに違いありません。でも指導教官に笑顔はなく、私の答えなど記録する必要がないとでも言うように鉛筆を置いて、科学とは、美について学ぶことでも植物と人間のつながりについて学ぶことでもない、と言いました。美について学びたいなら美大に行くべきだ、と。

私は何と答えていいかわからず、失敗した、と思いました。反抗する気は私にはなく、ただ自分の過ちを恥ずかしく感じました。指導教官は、言い返す言葉もない私を一般植物学といくつかの入門クラスに登録して、登録手続き用の写真を撮りに行くように言いました。そのときは気づかなかったのですが、これとそっくりなことが以前にもあったのです——祖父がカーライル・インディアン実業学校に行った初日に。その日、祖父はすべてを——言葉、文化、家族、そして暮らしていた土地も何もかも——捨て去るように命じられました。

あなた自身——あなたが信じていること、あなたの考え方、心の中でわかっていること——について、誰かに何かを言われたことで疑いを感じるようになったことはありますか？　そんなとき、あなたはどうやって自分の気持ちと折り合いをつけましたか？

指導教官も同様に、私に自分の生まれ育ちや自分が知っていたことに対して疑念を抱かせ、正しいのは彼の考え方だと主張したのです。ただし、私の髪を切ったりはしませんでしたが。

そう、そして、アスターとセイタカアワダチソウが一緒に生えているのには、ちゃんとした**生物物理学**的な理由があることがわかりました。それが美しく、**生態学**的にも意味があるからなのです。金色と紫は互いに補色であり、色相環では正反対にあります。このふたつが一緒に咲いているとどちらも、それぞれが単独で生えている場合よりも、ミツバチをはじめとした受粉者がたくさんやってくるのです。これは実験が可能な仮説です――そしてこれは科学的な疑問であり、芸術的な命題であり、美についての問題でもあります。世界はなぜこんなにも美しいのか？　私たちの誰もがその答えを探っているのだと私は願っています。

生物物理学：物理学の法則や手法を生物に当てはめる学問。

生態学：生き物とそれらの生息環境の相互関係に関する科学の一分野。

美は見る者の目に宿る

人間の色覚は、網膜にある桿体（かんたい）と錐体（すいたい）という特別な受容細胞に依存しています。錐体細胞は、さまざまな長さの光の波長を吸収し、光を解釈する脳の視覚野に伝達します。人間の目には、3種類の錐体があります。ひとつは赤系統の波長を、もうひとつは青を、そしてもうひとつは、ある2種類の色の波長を受け取るのに

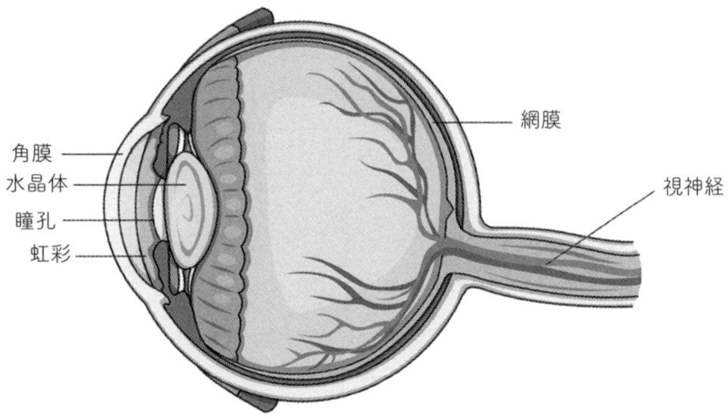

人間の網膜には桿体と錐体という特別な受容細胞があって、色覚を司っている。

黄色の塊を長い間じっと見つめたあとで白い紙に目を移すと何が見えますか？　互いを補完し合うエネルギーとはどういう意味でしょうか？

最適にできています――紫と黄色です。人間の目はこの2色の波長にとても敏感で、錐体が過飽和状態になって刺激が他の細胞にあふれてしまうことがあります。

知り合いの版画家が教えてくれたのですが、黄色の塊を長い間じっと見つめたあとで白い紙に目を移すと、一瞬、紫の塊が見えます。これは残像と呼ばれる現象ですが、これは、紫と黄色の色素の間に、互いを補完し合うエネルギーがあるからです。セイタカアワダチソウとアスターはこのことを、私たちよりずっと早くから知っていたのです。

セイタカアワダチソウとアスターについての疑問はもちろん、私が本当に知りたかったことのひとつの象徴にすぎません。私が理解したかったのは、関係性やつながりの構造であり、私は私たちのすべてをひとつにつないでいる糸を見つけたかったのです。そして、私たちがなぜ世界を愛するのか、どこにでもある野原がなぜ、私たちを驚嘆させ、立ち止まらせるのか。私が知りたかったのはそういうことでした。

世界観の変化

森の中で暮らした子ども時代から大学に移ったとき、知らず知らず私はふたつの**世界観**の間を移動していました。植物が先生であり、仲間でもあり、共有する責任でお互いにつながりあって「あなたは誰？」と尋ねる世界観から、「それは何なのか」と問う科学的な世界観へ。そこでは、植物に向かって「あなたは何を教えてくれるの？」と訊く人などいません。一番重要な問いは「それはどのように機能するか」ということで、植物は単なる研究の対象にすぎなくなってしまうのです。植物学の授業の構成や内容には、私のような考え方、感じ方が入り込む余地はありませんでした。そのことに納得するためには、私はただ、自分が植物について信じてきたことは本当ではなかったのだ、と思うしかなかったのです。

世界観：世界とはこういうものだ、という考え方。

観察の対象と観察する主体はどこが違うでしょう？　そしてその違いは、私たちの、地球やすべての生き物に対する慈しみの気持ちにどんな影響を与えるでしょうか？

最初の植物科学の授業はさんざんでした。私はなんとかCで及第しましたが、大学を辞めたいと思ったこともありました。でも、植物について学べば学ぶほど、私はその複雑な構造と**光合成**に魅せられていきました。アスターとセイタカアワダチソウが助け合っているということは授業には一度も出てきませんでしたが、私は植物の生態、進化、分類法、生理機能、土壌、そして菌類にすっかり心を奪われました。植物という先生は私の周り中にいました。ありがたいことに、いい相談相手も見つかりました――温かくて優しく、魂に導かれて科学研究を行っていた教授たちです。

光合成：緑色をした植物に光が当たると起きる、水と二酸化炭素から養分をつくり出す過程のこと。

先住民族的な世界観は私に、ものごとの関係性、世界をつなぐ糸を探し、ものごとを分断するのではなく結びつけようとすることを教えました。でも、科学という道を選んだことで私は、区別すること、ものごとをその一番小さい構成要素まで細分化すること、一連のエビデンスと論理にフォーカスすることを覚えました。

私は何年も大学に通い、3つの学位を取って教授になりました。私は、アスターとセイタカアワダチソウとはまったく別の植物の研究をするようになりました。そして私自身、植物の仕組みについて、自分が受けた教育に従って教えはじめました。でも、私が教えていたのは植物の名前だけで、彼らの歌を無視していたのです。

エルダーたちの叡智

科学という道を歩むために、私は祖先から伝わる知識の道から逸れ、私の世界観は変化していました。でもこの世界は、あなたの歩みを導く術をもっているのです。ある日、私はネイティブアメリカンのエルダーたちが植物に関する伝統的な知識を語る、こぢんまりとした集まりに招かれました。この日のことを私はけっして忘れません。大学の植物学の講義など1日たりとも受けたことのないナバホ族の女性が何時間も話しつづけ、私はその一言ひとことに聞き入りました。ひとつひとつ名前を挙げながら、その人は自分の住む谷の植物のことを語りました。それらがどこに生え、いつ花を咲かせ、どんな植物のそばを好むか。そしてそれらがもっているさまざまな関係性——どんな動物がその植物を食べ、それを寝床に敷き、それはどんな薬になるのか。その植物にまつわる物語や創造神話、どうやってその名前がついたのか、その植物は私たちに何を語ろうとしているのか。その人の言葉は美しさに満ちていました。

その人の言葉は私に、イチゴ摘みをしていたころの自分が知っていたことを思い出させてくれました。その人の知識はとても深くて広く、人間がもっているあらゆる方法が使われていました。彼女なら、アスターとセイタカアワダチソウのことも説明できたことでしょう。

それが転換点でした。科学的研究が私に忘れさせようとしていたことを、思い出させてくれたのです。エルダーたちがもっている知識は、とても包括的で、豊かで、滋養にあふれていました。私は、そういう知識のあり方を調和の中に取り戻すためには何でもしようと思いました。

ネイティブアメリカンである学者、グレッグ・カジェトは、先住民族の考え方によれば、私たちが何かを「わかった」と言えるためには、私たちという存在の4つの側面——知性、肉体、感情、そして魂のすべてでそれを理解することが必要だと書いています。科学者としての教育を受けはじめたとき、私にはすぐに、科学はそのうちのひとつ、またはせいぜいふたつしか大事にしないのだということがわかりました。知性と肉体です。でも人間は、その4つのすべてがあってこそ美しい生き方ができるのです。

9月に一緒に咲くあの紫と金色の花は、片方の美しさを、もう片方の美しさが際立たせています。科学と芸術、物質と精神、先住民族の知識と西洋の科学。それらが互いに、セイタカアワダチソウとアスターの役割を果たすことは可能でしょうか？

私は、私がもっていた最初の疑問、美についての疑問に立ち戻りました。科学が尋ねようとしない問いです。それは美が重要でないからではなく、科学という知識のありようがあまりにも閉鎖的で、その答えを見つけるのには向かないからです。

私は、自然界にあるものの名前だけではなくて、彼らが歌う歌にもしっかりと注意を向けることの大切さを思い出しました。その歌を聴いた今では、それを他の人とも共有する責任を感じます。そうした歌や私たちの物語で、なんとかして人びとに、もう一度この世界を愛してほしいのです。

公害、病気、食料不足など、あなたの周りの人びとが今直面している問題は何でしょう？　その解決を、科学がどのように邪魔しているでしょう？　それに代わる解決方法を考えるのに役立つのはどんな世界観でしょう？　今とは違う解決の方法にはどんなものがあるでしょう？

スイートグラスを育てる

平原に生える野生のスイートグラスは、人間が世話をすれば背が高く、芳しく育つ。雑草を抜き、生育環境や周りの植物を整えることがその成長を促す。

メープルシュガーの月

アニシナアベの「最初の人」――私たちの教師であり、半分は人間で半分は**マニドゥ**〔訳注：ネイティブアメリカンに伝わる超自然的な力のこと〕であるナナブジョは、この世界を歩き、繁栄している人びととそうでない人びとがいることに気づいた。**聖なる教え**を守っている者も、いない者もいた。畑の手入れがされていない村、魚を捕る網が破れたままの村、子どもたちに正しい生き方を教えようとしない村々を通りかかった彼は愕然とした。きちんと積み上げられた薪や貯蔵されたトウモロコシはそこにはなく、代わりに彼が見たのは、メープルの木の下に寝転んで大きく口を開け、木々が気前よく与える濃くて甘い樹液を貪(むさぼ)る人びとだった。彼らは怠け者になり、創造主からの贈り物を、当たり前のものと思うようになっていたのだ。儀式も執り行わず、互いを思いやることもなかった。ナナブジョは自分が果たすべき義務を知っていたので、川へ行き、バケツに何杯も水を汲み、それをメープルの木に注いで樹液を薄めた。今ではメープルの樹液は水のようにサラサラで、わずかに甘いだけだ。人びとが、可能性と責任の両方を忘れないために。だから約4リットルのメープルシロップをつくるのに160リットルの樹液が必要なのだ。

マニドゥ：偉大な精霊。

聖なる教え：先住民族に物語として伝わる教え。それらは命令でも戒律でもなく、いわば羅針盤のようなもので、方向を示してはくれるが地図ではない。生きるとは、その地図を自分でつくること。

ポタリ。

砂糖づくり

ニューヨーク州ファビアスに引っ越した当初、娘たちは古い家畜小屋の屋根裏を探検するのが大好きでした。そこは、私たちの前にここに住んでいた人たちの、ほぼ200年分のがらくたでいっぱいでした。ある日、ふたりは小さな金属製のテントのようなものをたくさん並べて遊んでいました。そのテントが、砂糖づくりの季節に、古めかしい樹液用バケツにかぶせて雨や雪から守るためのものだということを知った娘たちが、メープルシロップをつくりたがるのは当然でした。私たちはバケツを洗ってネズミの糞をきれいにし、春を待ちました。

私たちは春の兆(きざ)しを心待ちにし、カレンダーと温度計を注意深く見守りました――樹液が流れ出すには、昼間暖かくて夜は寒くなければならないからです。「暖かい」というのは相対的な形容詞ですが、摂氏2度から6度くらいになると、日差しが凍りついた幹を解かして中で樹液が流れ出すのです。

ある日、娘のラーキンが、「温度計が見えないのに、木はどうやって始める日がわかるの？」と訊きました。本当に、目も鼻も神経も一切もっていないのに、木々は、何を、いつすべきか、どうやって知るのでしょう？　太陽を感じる葉さえないのに。芽を除いては、すべてが厚く乾いた樹皮に覆われています。それなのに木々は、真冬に突然暖かい日があっても騙されないのです。

メープルは、春の訪れを感知するための、人間よりもはるかに洗練されたシステムをもっています。木の芽のひとつひとつには何百個もの光受容体、**フィトク**

メープルの樹液を採るには、木に穴を開け、その穴に、ストローのような管を挿入する。管の先端10センチほどはとい状に開いていて、付け根にはバケツを吊るすフックがついている。

フィトクロム：植物がもっている色素タンパク質で、光を感知し、木の成長を促す。

ロムと呼ばれる色素タンパク質が詰まっていて、光の量を測るのがその仕事です。しっかりと丸まって赤茶色の外皮に包まれた木の芽は、そのひとつひとつがメープルの枝の萌芽です。そしてひとつひとつの萌芽がみな、いつの日か、風にざわめき日の光をいっぱいに吸い込む葉をつけた、立派なメープルの枝になりたくてたまらないのです。けれども、芽を出すのが早すぎれば凍って死んでしまうし、遅すぎれば春を逃してしまいます。だから木の芽は日々の記録を怠りません。でも、木の芽の赤ん坊が成長して枝になるにはエネルギーが必要です——生まれたての赤ん坊と同じで、彼らはお腹がペコペコなのです。

私たち人間は、他の兆しを探します。木の根元の雪がところどころ溶けて窪みができると、私はそろそろ樹液を集める時期だな、と思います。私たちはドリルを持って庭の木の周りを歩き、樹液を幹から流し出すためのスパイルという蛇口のような道具を差し込む穴を開けるのにちょうどいいところを探します——地面から1メートル弱で、表面がなめらかなところ。ほら、やっぱり。そこには、以前誰かが穴を開けたところの、今ではすっかり癒えた傷跡がありました。屋根裏にバケツを残していった人たちです。その人たちがホットケーキに何をかけて食べたか、これでわかりました。

スパイルは、穴に差し込むとほとんど同時に樹液を滴らせはじめます。最初の1滴がバケツの底でピシャッと音を立て、娘たちがバケツの上にカバーを取りつけると、音がますます響いて聞こえます。全部のスパイルを差し込み終わるころには、最初に吊るしたバケツからはすでに違う音が聞こえてきます。バケツに樹液が溜まっていくにつれて、その音は変化します——ピチッ、ピシャッ、ポタリ。ブリキのバケツは樹液が滴り落ちるたびにその音を響かせ、庭中が歌を歌っているかのよう。

娘たちは夢中でそれを見守っています。樹液は水のように透き通っていますが、水よりもちょっと濃くて、スパイルの先端にキラリと光りながらぶら下がり、人をじらすように滴が大きくなっていきます。娘たちは舌を出して、この上なく幸せそうな表情で樹液を舐めています。

バケツがいっぱいになると、大型のポリタンクに中身をあけます。こんなに樹液が採れるなんて、私は夢にも思っていませんでした。娘たちがバケツをもう一度木に吊るしている間に、私は火をおこします。蒸発器の代わりは、私が保存用の食べ物を瓶詰めにするのに使っている古びた釜で、それを納屋で見つけたコンクリートブロックの上に渡した焚き火用の網の上に置いたもの。釜いっぱいの樹液が熱くなるには時間がかかり、娘たちはすぐに飽きてしまいます。夜、ベッドに入った娘たちは、翌朝までにはメープルシロップができているものとワクワクしています。

私は焚き火の横に庭用の椅子を置き、凍えるような寒さの中、シロップがぐつぐつ煮えるように薪をくべつづけます。だんだん煮詰まっていく樹液を味見すると、時間とともにそれは明らかに甘くなっていきますが、16リットル用の釜でつくれるメープルシロップはせいぜいホットケーキ1個分。樹液が煮詰まって減ったら、ポリタンクからまた樹液を足すのですが、やがて我慢ができないほど寒くなったので、私も家に入って温かい寝床につくことにします。

翌朝、釜のところに戻ると、ポリタンクの中の樹液が凍っています。もう一度火をおこしながら、私はふと、私たちの祖先がどうやってメープルシュガーをつくったか、以前聞いた話を思い出しました。

メープル・ネーションの人びと

メープルの森にもともと住んでいた人びとは、煮沸用の釜が手に入るようになるずっと前からメープルシュガーをつくっていました。釜で煮る代わりに、彼らは樺の木の樹皮でつくった手桶に樹液を集め、アメリカシナノキをくりぬいてつくった木製の桶に溜めたのです。表面積が広くて浅い桶は、氷が張るのにぴったりでした。毎朝、氷を取り除くたびに桶に残った砂糖水はだんだん濃くなっていき、人びとはそれを煮詰めて砂糖にしたのです。樹液が採れるのは年に一度、この方法が可能な季節だけです。

昔は、前の年に薪や砂糖づくりの道具を保管しておいた場所に一族が集まって「砂糖づくり合宿」をしたものでした。年長の女性たちや赤ん坊は、トボガン［訳注：アメリカの先住民族が使っていた橇（そり）の一種］で運ばれました。砂糖づくりには、あらゆる知恵と人手が必要だったのです。シロップがちょうどいい濃度になると、それを攪拌して好みの形状で固めます。やわらかい石鹸状にしたり、硬い飴状にしたり、あるいはザラメ状の砂糖にしたり。女性たちはそれを樺の木の樹皮でつくった「マカク」と呼ばれる籠に入れ、トウヒの根でしっかり蓋を縫い合わせて保管しました。樺の樹皮にはもともと防腐・**防カビ作用**があるので、砂糖は何年でも保存できたのです。

防カビ作用：真菌の増殖を抑える、植物にもともと備わっている性質。

ネイティブアメリカンは、リスに砂糖のつくり方を教わったのだと言われます。冬が終わるころ、溜め込んであった木の実が底をついてお腹をすかせたリスは、シュガーメープルの木のてっぺんに登って枝をかじります。樹皮を引っかくと小枝から樹液が流れ出て、リスはそれを飲むのです。また夜になると、氷点下の気温のおかげで樹液中の水分は分離し、氷砂糖のような結晶が残ります。リスは前日と同じ経路を辿って、砂糖の結晶を舐め、こうやってリスたちは、1年で一番お腹がすく季節を乗り越えるのです。

ポタワトミ族はこの時期を、「メープルシュガーの月」と呼びます。その前の月は「雪の表面が凍る月」といって、蓄えた食料が底をつき、狩りの獲物も少ない時期です。メープルは、一番必要とされるときに食べ物を人びとに与えて彼らを救ったのです。お返しに、人びとは樹液を集めはじめる前に感謝の儀式を執り行いました。

メープル

メープルは毎年、「聖なる教え」が自分たちに与えた、人びとを守るという役割を果たします。でもそれは同時に、メープル自身が生き残るためでもあります。季節が変わる最初の兆しを感知した木の芽はお腹がすいていて、新芽が立派な葉に成長するためには食べ物が必要です。木の芽は春が来たのを感じると、幹を通じて、あるホルモン信号を根に送ります。光の世界から闇の世界へ、目を覚ませ、と電報を送るのです。このホルモンが引き金となってアミラーゼという酵素がつくられ、それが、根に蓄えられたデンプンの大きな分子を、糖という小さな分子に分解します。根の中の糖の濃度が高まると濃度勾配ができて、土中から水分が吸い上げられます。糖分はその水に溶け、幹を上向きに流れて、木の芽の養分になるのです。木の芽と人びとの両方を養うには大量の糖分を送り出す必要がある木部：高等植物の維管束系にある複雑な組織で、水分と養分を土の中から根へ、そして植物へと運ぶ。

師部：高等植物の維管束系にある複雑な組織で、養分を葉から根に運ぶ。

ので、メープルの木は「**木部**」と呼ばれる部分をその通り道として使います。通常は、糖分の運搬には樹皮のすぐ内側にある「**師部**」という薄い層だけが用いられますが、葉が自分で糖分をつくれるようになる前の春先には、糖分の需要が非常に高いので、木部にも出番が回ってくるのです。糖分がこういうふうに移動するのは、一年のうちのこの時期だけです。芽が開いて葉が姿を現すと、葉が自分で糖分をつくるようになるので、木部は水の通り道という仕事に戻るわけです。

成熟した葉は、すぐには自分で使い切れないほどの糖をつくるので、糖液は師部を通って逆向きに、葉から根へと流れはじめます。こうして、木の芽に栄養を送った根には、今度はお返しに、夏の間中、葉が栄養を送るのです。糖は根で再びデンプンに変換されて最初の「根の貯蔵庫」に保存されます。つまり、冬の朝、私たちがパンケーキにかけるメープルシロップというのは、金色の液体となって私たちのお皿の上に溜まった夏の太陽の光なのです。

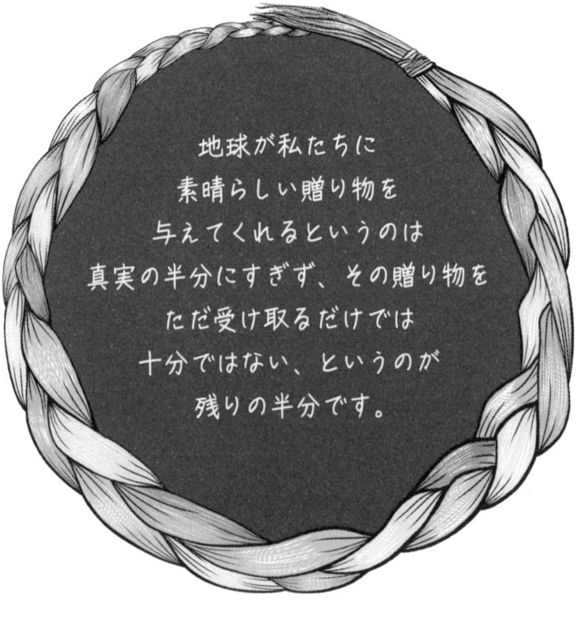
地球が私たちに
素晴らしい贈り物を
与えてくれるというのは
真実の半分にすぎず、その贈り物を
ただ受け取るだけでは
十分ではない、というのが
残りの半分です。

このときのことを思い出すと娘たちは、やれやれ、という顔をして「あんなに大変だなんてね！」と言います。けれどもふたりは、木から直接樹液を飲むという素晴らしい体験をしたことも覚えています。シロップではく、樹液です。ナナブジョはあえて、シロップづくりを易しくはしませんでした。彼は、地球が私たちに素晴らしい贈り物を与えてくれるというのは真実の半分で、その贈り物をただ受け取るだけでは十分ではない、というのが残りの半分であると教えているのです。

責任はメープルだけが負っているわけではありません。責任の半分は私たちにあるのです。私たちが参加することで樹液が変化します。樹液を甘い蜜に変えるのは、私たちの労働であり、感謝の気持ちなのです。

地球が私たちに与えてくれる贈り物を、良心的なやり方で受け取る責任が私たちにあるとしたら、あなたの住んでいる地域での天然資源の採取方法はどんなふうに変えることが可能でしょうか？

ウィッチヘーゼルと隣人

11月は花の季節ではありません。日は短いし、寒いからです。だから、たまに太陽が顔を出す日があると、私はどうしても外に出たくなります。この季節、森はとても静かで、ハチの羽音が妙に大きく聞こえてきます。不思議に思った私はハチのあとを追うことにします。どうして11月にハチが飛んでいるの？ ハチはまっすぐに、葉の落ちた木の枝に向かって飛んでいきます。でもよく見るとその木には黄色い花がたくさん咲いています。ウィッチヘーゼル（アメリカマンサク）です。冬が来る前の、この最後の喜びに、私は突然、遠い昔のある11月のことを思い出します。

娘のラーキンが語るヘーゼルの思い出

ケンタッキー州の野原でヘーゼル・バーネットにはじめて会ったのは、私が5歳のころでした。母と一緒にブラックベリーを摘んでいると、生け垣の方から「こんにちは」というかん高い声がしました。柵の横に、見たこともないほど年をとった女の人が立っています。私はちょっと怖くなって、母の手を握りしめました。ヘーゼルは柵に寄りかかって体を支えていました。灰色の髪を首の後ろでお団子にまとめ、細い白髪が歯のない顔の周りを日の光のように縁取っています。「夜、あんたとこの灯りが見えるのが好きでね。お隣さんがいてうれしいのよ。あんたたちが散歩してるのが見えたからね、挨拶に来たの」。母は自己紹介をして、数か月前に越してきたのだ、と説明しました。「そいで、このかわいいおチビちゃんはどなた？」鉄条網から身を乗り出して私の頬を軽くつまみながらヘーゼルが言いました。庭に出ているのに寝室用のスリッパを履いています。私の母は絶対にそんなことさせてくれません。それまで私は、ヘーゼルという名前の人をひとりも知らなかったけれど、ウィッチヘーゼルという言葉は聞いたことがあったので、この人がまさにそのウィッチ（魔女）に違いないと思い、私はいっそうきつく母の手を握りしめました。ヘーゼルが植物のことをよく知っていたことを考えると、あるとき彼女を「魔女」と呼ぶ人がいたとしても不思議はありませんでした。

意外なことにヘーゼルと母は仲よくなり、料理のレシピや庭づくりの秘訣を教え合うようになりました。母は昼間は町の短期大学の教授として、顕微鏡の前に座っては研究論文を書いていましたが、春になると裸足（はだし）で庭に出て、豆の種を蒔いたり、母のシャベルで傷ついたミミズを私がバケツに集めるのを手伝ってくれたりしました。そういうミミズは、私の「ミミズの病院」で手当てをすれば元通り元気になる、と私は思っていたのです。母はいつもそんな私を応援して、「愛情が癒やせない傷はないのよ」と言ったものでした。

ヘーゼルは、小さくて粗末な家に、息子のサムと娘のジェニーと一緒に暮らしていました。サムは障害者で、3人は、サムの復員軍人の給付金と石炭会社からのいくばくかの年金でやっとなんとか暮らしていました。サムは、調子がよくて釣りに行けるときは、川で釣ったナマズを持ってきてくれました。一度、バケツいっぱいのブラックベリーを持ってきてくれたことがあります。母は、そんな贈り物はいただけない、と遠慮しましたが、サムは「馬鹿言っちゃいけないよ。あれは俺のブラックベリーじゃない。神様が、みんなで分けろっておつくりになったんだから」と言うのでした。

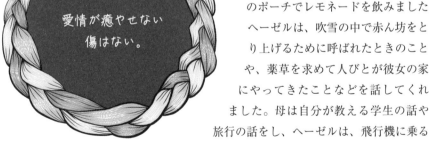

私たちは、クッキーを焼くとひと皿分持って遊びに行き、ヘーゼルの家のポーチでレモネードを飲みました。ヘーゼルは、吹雪の中で赤ん坊をとり上げるために呼ばれたときのことや、薬草を求めて人びとが彼女の家にやってきたことなどを話してくれました。母は自分が教える学生の話や旅行の話をし、ヘーゼルは、飛行機に乗る

ということそのものに驚嘆するのでした。母はヘーゼルと彼女の話が大好きでした。

ふたりが互いに相手を深く尊敬していたのは、ふたりとも、大地にしっかりと足を着けて、他の人たちの苦労を代わって背負える強さをもっていることを誇りに思っていたからなのだと思います。

ヘーゼルが生まれ育ったケンタッキー州ジェサミン郡はすぐ近くでしたが、彼女の口ぶりでは、それはまるで何百キロも離れたところみたいでした。ヘーゼルは車の運転ができないし、ジェニーとサムも同様だったので、彼女が以前住んでいた家は、ロッキー山脈の反対側にあるのと同じくらい、手の届かない場所になっていたのです。ヘーゼルは、あるクリスマス・イブにサムが心臓発作を起こしたときにここへ来て、サムと暮らすようになりました。それ以来、元の家には一度も戻ったことがありませんでしたが、胸が痛むほど帰りたがっているのは見ればわかります。自分の家のことを話すときの彼女の目は、どこか遠くを見つめていました。

母には、ヘーゼルが故郷を懐かしむ気持ちがよくわかりました。母は、アディロンダック山地という北国で生まれ育ち、大学院に行くため、また研究のためにいろいろなところに住んだことがありましたが、いつだって、いつか故郷に戻るつもりだったのです。母と父の仕事の関係でケンタッキー州に移り住みはしましたが、自分の一族の人びとや故郷の森を恋しがっていたのを私は知っています。

年をとるにつれてヘーゼルの悲しみは深くなり、昔のことを話すことが多くなっていきました。二度と見ることのないもの。夫のローリーがどんなに背が高くてハンサムだったか、庭がどんなに美しかったか。母は一度、元の家を見に連れて行ってあげようと申し出たのですが、ヘーゼルは首を横に振りました。「ご親切はありがたいけど、そんなお世話はかけられないよ。それに、どうせもう、風とともに消えちまったんだから」と言うのです。でも、金色の日差しが長い影をつくるある秋の日の午後、ヘーゼルから電話がありました。

「あんたがとってもお忙しいのはわかってるんだけど、もしも私の家まで車に乗せてってもらうことができるんなら、そりゃあもうとってもありがたいんだけどねぇ。雪が降る前にあの屋根をなんとかしとかないとねぇ」。母と私はヘーゼルを迎えに行き、ケンタッキー川に向かって車を走らせました。やがて高速道路を降り、舗装されていない道を走りはじめると、ヘーゼルが後部座席で泣き出しました。
「ああ、懐かしい道だよ」と言って泣くヘーゼルの手に私はそっと触れました。こういうときどうすればいいのかを私は知っています——自分が生まれ育った家の外まで私を連れて行ってくれたとき、母もこんなふうに泣いていたからです。黒々としたニセアカシアのうっそうとした木立の下の、草深い湿地の前で私たちは車を停め、「着いた」とヘーゼルが言いました。「愛しの我が家」。そこにあったのは古い学校の校舎でした——教会みたいな細長い窓が建物をぐるりと囲み、正面には入り口がふたつあります。

ヘーゼルは早く車から降りたくてたまらず、私は彼女が伸びた芝生に足を取られて転ぶ前に、と急いで歩行器を渡しました。ヘーゼルは母と私を家の横手の扉の方に連れて行き、私たちは入り口のポーチに上りました。ヘーゼルは手が激しく震えてしまい、私に鍵を開けてくれと言いました。私が扉を開けて押さえると、ヘーゼルはよいしょ、と中に入ってそこで立ち止まりました。止まったまま家の中を見まわしています。そこはまるで教会のように静かでした。私が家の中に入ろうとすると、母の手が私の腕に触れて私を止めました。母の表情は、「そっとしておきなさい」と言っていました。

その部屋は、まるで古い時代を描いた絵本のようでした。後ろの壁には大きな古い料理用の薪ストーブが置いてあり、鋳鉄製のフライパンが横にかけてあります。流しの上には、食器用の布巾が木釘からきちんとぶら下がり、黄ばんだ白のカーテンがかかった窓の向こうには外の木立が見えます。高い天井はティンセルモール［訳注：キラキラした装飾用の紐］で飾られ、扉の枠にはクリスマスカードが並んでいます。キッチン全体がクリスマスのために飾りつけられて、テーブルにはクリスマス模様のオイルクロスがかかり、ジャムの瓶に挿したクモの巣だらけのポインセチアの造花が真ん中に置かれ、お皿が並んでいて、その上には食べ物が残り、テーブルから引かれた椅子は、病院からの電話でディナーが中断したときそのままです。
「ひどいねぇ。片づけようね」。そう言ってヘーゼルは突然てきぱきと動きはじめました——まるでたった今夕食を終えた自宅に戻り、主婦としてその様子が許せない、とでも言うように。母はそんなヘーゼルを落ち着かせようと、家の中を案内してくれるように頼み、片づけるのは今度でいいわ、と言いました。ヘーゼルに連れられて居間に行くと、枝だけになったクリスマスツリーがあり、針のような葉が周りの床に積もっていました。裸の枝にはクリスマス飾りだけが、親のない子どものようにぶら下がっています。さぞや居心地いい部屋だったことでしょう。「おやまあ」と言ってヘーゼルは、着ていた部屋着の端で厚く積もった埃を拭きました。「埃を掃除しなけりゃねぇ」

家の外の空き地を見てまわる間、ヘーゼルは母の腕に寄りかかりながら、自分で植えた木や、とっくに雑草だらけになってしまった花壇などを指さして説明しました。家の裏のオークの下に、葉のない灰色の枝の一群があり、黄色い花がたくさん、燃え上がるように咲いていました。「あらまあご覧よ、懐かしのお薬がお迎えにきたよ」とヘーゼルは言って、握手するみたいに枝に手を伸ばしました。「このウィッチヘーゼルでずいぶん何度も薬をつくったよ。みんながそれをわざわざ分けてもらいに来たもんだ。秋に皮を煮て、冬の間中、痛いところや火傷や吹き出物につけるのさ。みんなが欲しがってね。森で効く薬が見つからない痛みなんかほとんどないからね」

「ウィッチヘーゼルは、体の外側だけじゃなくて内側にもいいんだよ。なんとまあ、11月に咲く。神様は、いいことなんか何にもないような気がするときも、必ず何かいいことはあるってことを思い出させるためにウィッチヘーゼルをつくったの。ウィッチヘーゼルがあると、沈んでた心が軽くなるよ」

それからというもの、ヘーゼルは日曜日の午後によく電話をかけてきて、「ちょっとドライブに行きたくない？」と言うようになりました。母は、私たち姉妹も一緒に行くのが大事だと考えていました。母とヘーゼルはポーチに座っておしゃべりをしました。入り口のドアのすぐ横に、古くなった黒い金属製のランチボックスが

ウィッチヘーゼル（和名：アメリカマンサク、学名：*Hamamelis virginiana*）

森で効く薬が
見つからない痛みなんか
ほとんどないからね。

釘からぶら下げてありました。蓋は開いていて、食器棚シートのようなものが内側に敷いてあり、中には鳥の巣の名残りみたいなものが入っています。ヘーゼルが持ってきた小さなビニール袋にはクラッカーのくずが入っていて、ヘーゼルはそれをポーチの手すりの上にパラパラと撒きました。「このミソサザイのおチビちゃんは、ローリーが死んでから毎年ここで巣をつくってね。これはローリーのお弁当箱だったんだけど。今じゃこの子は巣をかけるのは私が頼りだからね、がっかりさせるわけにゃいかないよ」。若くて頑健だったころのヘーゼルを頼りにしていた人はたくさんいたことでしょう。

サプライズパーティー

冬になると私たちが出かけることは少なくなり、ヘーゼルの目の輝きが消えていきました。ある日、私たちの家のキッチンテーブルに座っていたヘーゼルが言いました。「今もってる以上のものを神様におねだりしちゃいけないのはわかってんだけどもね、愛しの我が家でもう1回だけクリスマスができたらどんなにいいかねえ。でもそんな時代は消えちまったねえ。風とともに消えちまった」。それは、森の中にも薬の見つからない心の痛みでした。

その年、私たちは北にいる祖父母のところにクリスマスの帰郷をする予定がなく、母はそのことをとても悲しんでいました。母は、雪やバルサムモミの香りや家族のいないクリスマスはどんなに淋しいだろう、と言いました。そしてそれから、いいことを思いついたのです。ヘーゼルには絶対秘密のサプライズパーティーです。

母はサムから家の鍵を借りてヘーゼルの家に下見に行き、電力会社に電話をして、クリスマスの前後だけ、ヘーゼルの家の電力をオンにしてもらう手配をしました。電灯が点くと、その家がどんなに汚いかがわかりました。水道が止まっていたので、私たちの家から水を運んで拭き掃除をしましたが、私たちだけでこなすのはとても無理だったので、母は、大学で母の講義を受けている男子学生で、社会奉仕プロジェクトの単位が必要な人たちに手伝ってもらうことにしました。それはまさに単位を与えていいプロジェクトでした——その冷蔵庫の掃除は、どんな微生物学の実験にも引けを取らなかったのです。

私たちはヘーゼルの友人たちに手づくりの招待状を配り、母は母の友人や学生たちも招待しました。ヘーゼルの家には以前のクリスマスの飾り付けが残っていたけれど、追加の飾りもつくりました。父がクリスマスツリーを伐って居間に立て、ライトやお菓子を飾りつけました。母と母の友人たちはクッキーをたくさん焼きました。ほんの数日前まではカビとネズミの匂いしかしなかった部屋を、シーダーとペパーミントの香りが満たしました。

パーティーの日の朝、部屋は暖かく、クリスマスツリーにはライトが灯り、お客様が集まってくると、姉と私がもてなし役を務めました。母はパーティーの主賓を車で迎えに行きました。「ねえ、ちょっとドライブに行かない？」と母が言って、ヘーゼルに暖かいコートを着せ、「なあに、どこへ行くの？」とヘーゼルが訊きました。

光と友人たちでいっぱいの「愛しの我が家」に足を踏み入れたヘーゼルの顔は、まるでキャンドルに火をつけたように輝きました。母は、クリスマスのブローチをヘーゼルの服に留めました。その日、家の中を歩くヘーゼルはまるで女王様のようでした。父と姉は居間で、「聖夜」や「もろびとこぞりて」をバイオリンで弾き、私はパンチをおたまですくってグラスに注ぐ係でした。このパーティーのことは、それ以上はあまり覚えていません——帰りの車の中でヘーゼルが眠ってしまったこと以外は。

その数年後、私たちはケンタッキー州を去りました。母は、故郷に帰れること、オークではなくてメープルとともに暮らせることを喜びましたが、ヘーゼルとの別れはつらくて、ギリギリまでさよならが言えませんでした。ヘーゼルはお別れのプレゼントに、ロッキングチェアーと、古風なクリスマスの飾りがふたつ入った小さな箱をくれました。母は今でも毎年、クリスマスツリーにそれを飾って、あのときのパーティーの話をします。まるでそれが生涯で最高のクリスマスだったみたいに。越してから2年ほどたったころ、ヘーゼルが亡くなったという知らせがありました。ウィッチヘーゼルにも癒やせない痛みはあります。そういう痛みのために、私たちにはお互いが必要なのです。

私の母とヘーゼル・バーネット。ちょっと変わったこの姉妹は、ふたりがともに愛した植物から学びました。そして、淋しさを癒やす薬、手の届かぬものを求める痛みに耐えるためのお茶を、一緒につくったのです。ふたりの友情は、お互いにとっての薬でした。ウィッチヘーゼルのような日々を私は大切に思います——冬が迫りくる季節に窓に灯る明かりのような、その一抹の色彩を。

あなたの家族、友人、学校、住んでいる町の人たちなどについて考えてみましょう。あなたが優しく接することでその人の一日を明るくできる、そういう人がいますか？　ハグをする、お礼の手紙を書く、温かい飲み物や食事を持っていく、ドアを開けてあげる——。優しさは、ちょっとしたことでもとても大きな効果があります。

すべてのものに先立つ言葉

朝の儀式

ほんのしばらく前までは、夜が明ける前に起き、オートミールとコーヒーの用意を始めてから娘たちを起こすのが私の朝の日課でした。木曜日だけは午前中の授業がなく、家を出るのがちょっと遅かったので、牧草地を丘のてっぺんまで歩いてきちんと一日を始めることができました――鳥の声に囲まれ、朝露に靴を濡らし、納屋の向こうに昇る朝日でピンク色に染まった雲とともに、溜まった感謝の借金を一部返済するのです。でもその木曜日、家のそばの丘の上で感謝を捧げる私は、前の晩に娘の担任からあった電話のせいで上の空でした。どうやら、6年生の娘が、「**忠誠の誓い**」の際に起立するのを拒否するようになったらしいのです。担任の先生は私を安心させるように、娘はけっして周りに迷惑をかけているわけでも先生に反抗しているわけでもない、と言いました。ただおとなしく席に着いたままで、忠誠の誓いに参加しようとしないだけなのですが、数日たつと、同じようにする生徒が出はじめました。先生は、「お耳に入れておいた方がいいと思って」電話をくれただけなのでした。

忠誠の誓い：アメリカ合衆国への忠誠を誓う言葉。学校で斉唱することが多い。

私も、幼稚園から高校まで、同じ儀式で朝を始めたものでした。その言葉の意味は私には理解できませんでしたが、ほとんどの生徒がそうだったと思います。そもそも共和国とは何なのかが皆目わかっていなかったし、神というものもよくわかりませんでした。それに、「万民のための自由と正義」という前提が信用できないことは、8歳のインディアンにだってわかっていました。

でも、全校集会に集まった300人の声がひとつになると、私は自分が何ものかの一部だと感じたものです。まるでその一瞬だけ、私たちの心がひとつになったようでした。その、捕らえるのが難しい正義というものは、みなが求めれば手に入れることができるのではないか、とそのころの私は想像したのです。

娘に先生からの電話のことを訊くと、娘はこう答えました——「だってママ、嘘をつくのは嫌なのよ。それに、強制的に言わされるのは自由じゃないでしょう？」。私はそれに干渉しようとは思いませんでした。

娘はそれとは別の朝の儀式を知っていました。おじいちゃんがコーヒーを地面にこぼす儀式と、私が家の裏手の丘の上で行う儀式です。私にはそれで十分でした。私たちポタワトミ族は、朝日の儀式によって、世界に感謝を送り、与えられたものすべてを認めてお返しに最高の感謝を捧げます。世界各地の先住民族の多くは、さまざまな文化的違いはあれど、この点で共通しています——私たちの文化は、感謝に根ざしているのです。

感謝のことば

私たちが住む古い農園は、**ホーデノショーニー連邦**の中心的存在であるオノンダガ・ネーションの祖先たちが暮らしていた土地の中にあります。オノンダガ・ネーションの保留地は、ニューヨーク州シラキュースに近い私の家の丘から西に尾根をいくつか越えたところにありました。オノンダガ・ネーションの学校の入り口にはためく旗には、ホーデノショーニー連邦の象徴である**ハイアワサのワムパム・ベルト**が紫と白で描かれています。バックパックを背負った子どもたちが流れ込むドアは、ホーデノショーニーの伝統色である紫に塗られ、ドアの上にはNya wenhah Ska: nonhという言葉がかかっています——あなたに健康と平安がありますように。黒い髪の子どもたちは、差し込む日の光の中、吹き抜けになっている中央ホールのスレートの床に刻まれた**クラン・シンボル**の上を走りまわります。

この学校では、忠誠の誓いではなく「感謝のことば」で1週間が始まり、終わります。これはホーデノショーニーの人びとと同じだけ古く、オノ

ホーデノショーニー連邦：連帯と意思決定を目的として形成された、モホーク族、オネイダ族、オノンダガ族、カユーガ族、セネカ族というネイティブアメリカンの5部族［訳注：のちにタスカローラ族が加わり6部族］の連合体。

ハイアワサのワムパム・ベルト：ホーデノショーニー連邦（シックス・ネーションズまたはイロコイ連邦とも呼ばれる）の成り立ちが絵で記録されたベルト。

ンダガ族の言葉ではもっと正しく「すべてのものに先立つ言葉」と呼ばれています。古くから伝わるこの慣習は、感謝の気持ちを何よりも重要なこととしています。そして感謝は、自分の力を世界に分け与えてくれるものたちに対して直接捧げられます。

クラン・シンボル：ホーデノショーニーのクランとは家族集団（氏族）のことで、ウルフ（狼）、ベア（熊）、ホーク（鷹）、タートル（亀）など、日本の家紋に似たシンボルが決まっている。

生徒全員が中央ホールに集まり、週ごとにひとつの学年が朗唱の係になります。まずその学年が全員で最初の部分を朗唱します——英語よりも古い言葉で。ホーデノショーニーの人びとは、人数の多少に関係なく、集まったときには何よりも先にまず、立ってこの言葉を唱えるよう指示されたと言われています。教師たちはこの儀式を通じて生徒たちに、毎日、「私たちの足が最初に地面に触れるところから始めて、自然界のすべてのものに挨拶し、感謝を送る」ことを教えるのです。

今日の担当は3年生。11人いる3年生は、クスクス笑ったり、黙って床を見ているだけの生徒をこづいたりしながら、懸命に声をそろえて朗唱を始めます。集中するあまり小さな顔をくしゃくしゃにし、言葉に詰まると助けを求めて先生の方を見たりしながら、生徒たちは、生まれてからずっと、毎日のように聞いている言葉を、彼らの言語で唱えます。

> 私たちは、生きとし生けるものすべてと互いに調和とバランスを保つことによって生かされています。この生命の輪を絶やさず今日ともにここに集い、喜びを分かち合えることに、感謝のことばをささげます。いま、私たちの心はひとつです。*

＊「感謝のことば」の実際の文言は人によって違う。原書に掲載されたのはジョン・ストークスとカナワヒエントンのバージョン（1993年）だが、日本語訳はSix Nations Indian Museum 監修、多田悦子訳によるものを引用した（一部訳者による補足を含む）。

ちょっと間を置いて、生徒たちが小声で「私たちの心はひとつです」と応えます。

ホーデノショーニーの感謝のことば

私たちは今日ともにここに集い、心をひとつにして
感謝のことばをささげます。

生命の輪を絶やさず
受け継いでいく人びとに。

生きるために必要なもの
すべてを与えてくれる
大いなる母、地球に。

すべての生き物と、
水に住む魚たちを育んでくれる
世界中の水に。

広大な大地を覆う植物たち、
世界中のベリーや木々や薬草に。

菜園で育つ野菜、
とりわけ3姉妹に。

世界中の美しい動物たち、
そして空を飛ぶ鳥たちに。

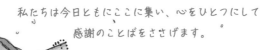

空気を清め、季節の訪れを助けてくれる
四方からの風と呼ばれる力に。

西の空に住む雷のおじいさんの、
稲妻ととどろく声に。

一番上のお兄さんである太陽に。
一番年長のおばあさんである月に。
そして宝石をちりばめたように輝く夜空の星に。

いつの時代にも現れ、
助けてくださるこころの師に。

私たちの創造主、
グレイト・スピリットと、
すべての創造物に感謝します。

いま、私たちの心はひとつです。

> 生きるため必要なものすべてを与えてくれる大いなる母、地球に感謝します。その上を歩くものの足をしっかり支えてくれる母なる大地は、時の始まりよりいまも変わることなく私たちを見守ってくれています。大いなる母に、感謝のことばをささげます。いま、私たちの心はひとつです。

子どもたちは、驚くほどじっと座って耳を傾けています。ロングハウス［訳注：ネイティブアメリカンの共同大家屋］で育ったことが見て取れます。

アメリカ合衆国の忠誠の誓いはここでは出番がありません。オノンダガは領地内では自治を認められており、四方を「共和国」に囲まれてはいるものの、アメリカ合衆国の法律は当てはめられません。一日を感謝のことばで始めるのは、自分たちのアイデンティティーを主張することであり、政治的、文化的な自治権を行使することでもあります。そしてそれ以上の意味があるのです。

感謝のことばをお祈りの言葉だと勘違いする人もいますが、お祈りのときと違って、子どもたちはうつむいてはいません。オノンダガのエルダーたちによれば、感謝のことばは、単なる誓いや祈り、あるいは詩よりもずっと大きな意味をもつものです。

女の子がふたり、腕を組んで一歩前に出て続けます。

> 渇きをいやし、力で満たしてくれる世界中の水に感謝をささげます。水は生命です。滝、雨、霧、せせらぎ、河、海などさまざまな姿で現れる、この力に満ちたいのちに、感謝のことばをささげます。いま、私たちの心はひとつです。

感謝のことばの本質は感謝の気持ちを呼び起こすことだと言われますが、それは同時に、自然界にある物質を科学的に羅列するものでもあります。「自然界への挨拶と感謝」という別名もあります。先に進むにつれて、生態系を構成する要素の名が、その役割とともに、ひとつひとつ順番に挙げられていきます。それはいわば、ネイティブ・サイエンスの授業です。

感謝の気持ちを呼び起こすとはどういうことでしょう？

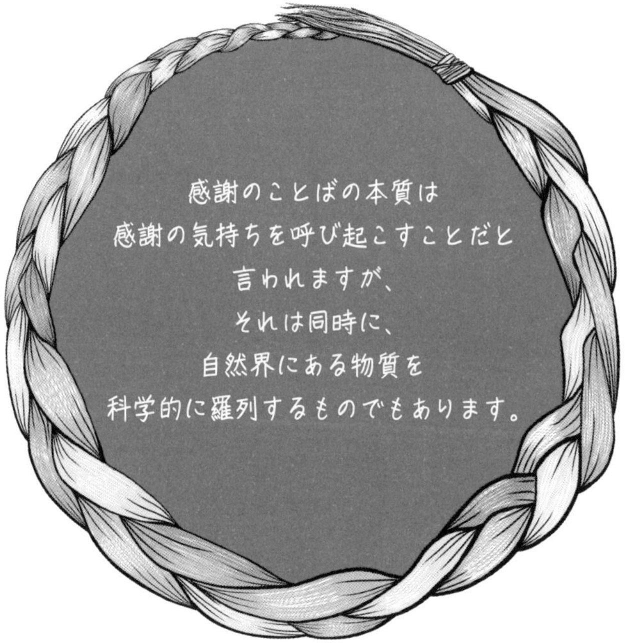
感謝のことばの本質は
感謝の気持ちを呼び起こすことだと
言われますが、
それは同時に、
自然界にある物質を
科学的に羅列するものでもあります。

つぎに、水の中に住むさまざまな魚に思いをはせます。水は魚が住むことによって清く保たれます。水を清め、そして私たちの糧となってくれる魚に、感謝のことばをささげます。いま、私たちの心はひとつです。

つぎに、見わたすかぎりの世界を覆いつくす植物に思いをはせます。植物はこの不思議に満ちあふれる地球のいのちを支えています。末永く生きつづけてくれるであろう植物に、感謝のことばをささげます。いま、私たちの心はひとつです。

おいしいベリーはいまも実り、春になると最初にリーダーのイチゴが熟します。この世界にベリーがあることに、感謝と愛と尊敬をささげます。いま、私たちの心はひとつです。

私の娘が忠誠の誓いを拒んだように、反抗し、地球にありがとうと言うのを拒む子どもはいるのだろうか、と私は考えます。ベリーが実ることへの感謝に異論を唱えるのは難しいはずです。

心をひとつにして、すべての畑の作物、中でも私たちに豊かな食べ物を与えてくれる3姉妹〔訳注：トウモロコシ、豆、スクウォッシュのこと〕に感謝します。穀物、野菜、豆にベリーたちは、太古より私たちの糧となり、力となってきました。多くの生きものが、これらの作物から力を授かります。私たちは畑の作物と心をひとつにして収穫し、すべてに感謝のことばをささげます。いま、私たちの心はひとつです。

子どもたちは、新しい名前が出てくるたびに頷いて賛成します。それが食べ物の場合は特に。ラクロスのチーム、レッドホークスのTシャツを着た男の子が一歩前に出ます。

つぎに、世界中のすべての薬草に思いをはせます。昔から身近にある薬草は、病を取り除くように定められています。そして、いやしをもたらすように努めてくれます。うれしいことには、この薬草を使って病を治せる類まれな人もまた身近にいます。いやしてくれる薬草とそれを使う人に、感謝のことばをささげます。いま、私たちの心はひとつです。

つぎに、樹木に思いをはせます。地球の上にはさまざまな樹木が育ち、私たちをいろいろな形で支えてくれます。こかげや屋根になってくれるもの、くだものや美しい花をつけるもの。樹木のリーダーのメープルの木は、私たちがそれを最も必要とするときに砂糖を与えてくれます。木は世界中のたくさんの人々の、平和と強さの象徴です。私たちは、樹木に感謝のことばをささげます。いま、私たちの心はひとつです。

私たちを支えてくれているものすべてに感謝する、というその性質上、感謝のことばはとても長くなります。それを短くまとめることも可能ですが、もちろん、愛情込めて詳細に述べることもできます。学校で行う場合は、子どもたちの語学力に合わせて調整します。

感謝のことばのパワーの一部が、とてもたくさんのものに挨拶し感謝を述べるためにかかる「時間の長さ」にあるのは間違いありません。聞いている人は、話している人の言葉という贈り物に対し、じっと耳を傾け、意識を「心を合わせたところ」に向けることで報います。言葉と時間が流れていくのをただ聞いている場合でも、感謝のことばのひとくくりごとに「私たちの心はひとつです」と言うことが求められるので、集中しなければなりません。聞くことだけに没頭しなくてはならないのです。キャッチーでわかりやすい言葉や、即座に得られる満足感に慣れっこになっている今の時代、それはなかなかに努力を要することです。感謝することを他の何よりも大切にする文化の中で育つ子どもを想像してみてください。

> 心をひとつにして、世界中の動物たちに感謝のことばをささげます。動物は、私たち人間にいろいろなことを教えてくれます。家の近くに、また森の奥深くに動物を見かけることは、うれしいことです。いまも、これからもずっと動物たちがいっしょに住んでくれますように。いま、私たちの心はひとつです。

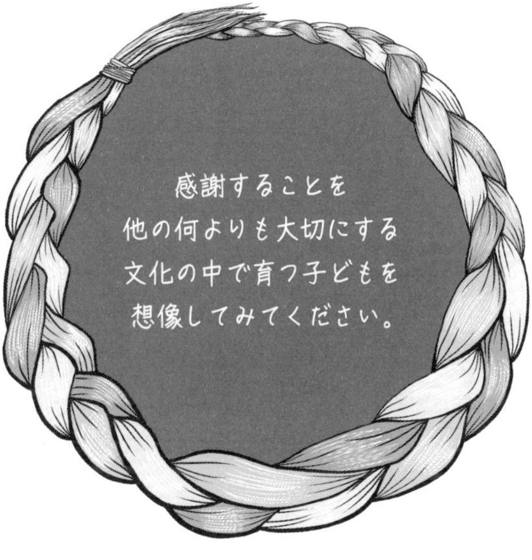
感謝することを
他の何よりも大切にする
文化の中で育つ子どもを
想像してみてください。

オノンダガ・ネーション・スクールに勤めるフリーダ・ジャックスは、クランマザー［訳注：母系社会であるネイティブアメリカンの部族に特有の女性リーダーで、部族全体の健全さを保つ責任を負い、男性首長を指名する権限をもつ］であり、学校とコミュニティーの橋渡し役であり、同時に寛大な教師でもあります。彼女の説明によれば、感謝のことばは、オノンダガ族の、世界との関わり方を表しています。創造物のひとつひとつに対して順番に、彼らが創造主から与えられた他者に対する責任を果たしてくれていることを感謝するのです。「私たちは十分なものをもっているのだということを、感謝のことばは毎日思い出させてくれるのよ」とフリーダは言います。「十分以上ね。私たちの生命を支えるのに必要なものはすべて、もうここにある。感謝のことばを毎日朗唱することで、満足し、創造物のすべてに敬意を払えるようになるの」

感謝のことばを聞いていると、豊かな気持ちにならずにはいられません。それに、感謝の気持ちを表現するというのは素朴な行為に見えるかもしれませんが、それはじつは革命的な考え方です。消費社会においては、満足であるというのは過激なことなのです。自分に不足しているもののことではなく、自分がいかに豊かであるかを認識するのは、満たされない欲求をつくり出すことによって繁栄する経済を弱体化させます。感謝の念は充足感を育てますが、経済の繁栄には欠乏感が必要だからです。感謝のことばは、あなたはすでに必要なものすべてをもっているということを思い出させます。感謝の念があれば、満足感を得るために買い物に行こうとは思いません。感謝の念は、地球にとっても人にとっても、よい薬になるのです。

リーダーシップ

心をひとつにして、私たちの上を飛ぶ鳥に感謝します。鳥は大いなるいのちよりさずかった美しい歌をうたい、生きているよろこびを思い出させてくれます。鳥たちのリーダーとして、世界を見守るために選ばれた鷲（わし）をはじめとするすべての鳥たちに、いま感謝のことばをささげます。いま、私たちの心はひとつです。

感謝のことばは単なる経済モデルにとどまりません。それはまた、人間の権利や義務についても教えてくれます。フリーダは、感謝のことばを毎日聞くことで、若い人はリーダーシップのあり方を学ぶのだと強調します。ベリー類のリーダーとしてのイチゴ、鳥類のリーダーとしてのワシ。「自分に多くが期待される日がいずれはやってくるということを、感謝のことばは若者に思い出させるの。優れたリーダーであるというのはどういうことかを教えるのよ――ビジョンをもち、寛大で、人びとのために自らを犠牲にするということをね。メープルの木と同じように、リーダーは、自分のもっているものを最初に差し出すの」。リーダーシップとは、権力と権威ではなく奉仕と叡智に根ざしたものであることを、感謝のことばがコミュニティー全体に教えてくれるのです。

> 四方からの風と呼ばれる力に感謝します。耳を澄ますと、空を清める風のうねりが四方から聞こえてきます。風は四季の変化をもたらし、四方から力と空のたよりを運びます。空を清める四方からの風に、感謝のことばをささげます。いま、私たちの心はひとつです。

フリーダの言うように、感謝のことばは、人間は世界を牛耳っているわけではなくて、人間以外のすべての生命と同じ力の支配下にある、ということを忘れないためのもので、どれほど頻繁に聞いても頻繁すぎるということがありません。

私の場合、小学生のころから大人になるまで繰り返した忠誠の誓いによって身についたのは、皮肉なものの考え方と、この国は偽善的だ、という感覚であって、忠誠の誓いが植えつけようとする、この国に対する誇りではありませんでした。地球が私たちに与えてくれているものを理解するにつれ、「愛国心」を唱える人たちが、国そのものを大事にしないのはなぜなのか、私は理解に苦しみました。「忠誠の誓い」が忠誠を誓う相手は国旗でしかありません。人と人、そして地球に対する誓いはどこへ行ってしまったのでしょう？

感謝することを糧として育ち、すべての生き物で構成される民主社会の一員として自然界に語りかけ、その相互依存関係に忠誠を誓うとしたらどうでしょう？政治的な忠誠を誓う必要はありません。ただ、「与えられたものすべてに感謝するということに同意できるか？」という、何度も繰り返される問いに答えるだけ自然が私たちに感謝するような生き方をするにはどうすればよいでしょうか？

でいいのです。感謝のことばには、人間以外のすべての生き物たちへの尊敬があります。特定の国家や政府ではなく、生きとし生けるものすべてに対する尊敬です。忠誠を誓う相手が、国境など知らず、売ることも買うこともできない風や水であったなら、国家主義や国境はどうなるでしょう？

西の空に住む雷のおじいさんは、稲妻ととどろく声とともに、いのちを新しくする雨をもたらしてくれます。このおじいさん雷に、感謝のことばをささげます。いま、私たちの心はひとつです。

お兄さんの太陽は、休むことなく東から西へとわたり、日々新たな光を届けてくれます。太陽はすべての生命、炎の源です。太陽に感謝のことばをささげます。いま、私たちの心はひとつです。

ホーデノショーニーの人びとは昔から交渉の達人として知られており、その優れた政治的能力であらゆる困難を乗り越えて生き残ってきました。感謝のことばはさまざまな形で人びとの役に立ってきましたが、外交交渉もそのひとつです。ホーデノショーニーの人びとが何かを決めるとき、それは多数決ではなく、全員一致でなくてはなりません。「私たちの心がひとつに」ならなければ何も決まらないのです。感謝のことばは、政治的な交渉ごとには素晴らしい前置きになります。意見が異なる派閥の対立を和らげる強力な薬なのです。アメリカ政府の会議が感謝のことばで始まったらどうなるでしょう？　この国の政治家たちが、相違する点をあげつらって争う前に、まず自分たちに共通する点を見つけることができたなら？

心をひとつにして、夜空を照らす月のおばあさんに感謝します。世界中の女たちを導く月のおばあさんは、潮の満ち引きを起こします。満ち欠けするその顔で時の流れを知らせ、生まれてくる子どもたちを見守ってくれます。たくさんの感謝をひとつに集めて、グランマザーに見えるよう、よろこびとともに夜空に高く投げ上げましょう。月のおばあさんに、感謝のことばをささげます。いま、私たちの心はひとつです。

宝石をちりばめたように輝く、夜空の星に感謝します。星は月とともに闇を照らし、夜に旅するものを家へと導きます。輝く夜つゆをもたらし野や畑を育む星に、感謝のことばをささげます。いま、私たちの心はひとつです。

感謝のことばはまた、この世界が最初に、どんなふうであるようにつくられたのかということを思い出させてくれます。私たちに与えられた贈り物をひとつひとつ読み上げて、現在の状態と比較することができるのです。生態系の構成要素は今もすべてあって、その務めを果たしているでしょうか？　水は今も生命を支えてくれていますか？　鳥たちはみな健康でしょうか？　光害のために星が見えなくなってしまったとき、感謝のことばは、私たちが失ったものに気づかせ、元に戻すための行動を起こさせてくれるはずです。星々が私たちを導くように、感謝のことばは私たちを故郷へと導いてくれるのです。

いつの時代にも現れ、助けてくださるこころの師に感謝します。私たちが調和を失うと、人として歩むべき調和に満ちた道を示してくださる、慈しみ深い師たちに、感謝のことばをささげます。いま、私たちの心はひとつです。

感謝のことばはきちんとした構成に沿って進行しますが、唱える人によって、一語一句同じというわけではありません。私は、トム・ポーターというエルダーが唱える、輪になって聞いている人たちを虜(とりこ)にせずにはおかない感謝のことばが大好きです。聞いている人は誰もが楽しそうで、感謝のことばがどれほど長かろうと、もっと聞いていたいと思わずにはいられないのです。「私たちの感謝の気持ちを、毛布の上に花を積み上げるように積み重ねよう。ひとりずつ毛布の隅を持って、空高くに投げ上げるんだよ。だから感謝の気持ちは、世界から私たちに雨のように降り注ぐ贈り物と同じくらいにたっぷりでなければね」とトムが言います。そして私たちはそこに、一緒に立って、雨のように降り注ぐ恩恵に感謝するのです。

あなたは、感謝の毛布の上に何をのせますか？

思いをグレイト・スピリット＝大いなるいのちにはせ、私たちが頂いているすべての創造物に感謝いたします。生きるのに必要なものすべてをこの母なる地球の上に用意してくださる、大いなるいのち。その恵みに深々と感謝のことばをささげます。いま、私たちの心はひとつです。

使っている言葉はシンプルだけれど、その巧みな並べ方によって、それは主権の主張となり、政治機構となり、人間の責任を宣言するものとなり、教育モデルとなり、家系図となり、生態系サービスの科学的な目録となります。パワフルな政治文書、社会契約、人間としての生き方がひとつにまとまっているのです。でも何よりもまず、それは感謝を土台にした文化をつくろうという信念です。

レシプロシティー

感謝に根ざした文化はまた、レシプロシティーを土台とした文化でなくてはなりません。人間であろうがなかろうが、すべての「人」は、自分以外のあらゆる「人」と相互関係によって結ばれています。すべての生き物が私に対するある義務を負っているのと同じように、私にも彼らに対する義務があります。私に食べさせるために動物が自分の生命を差し出すならば、お返しに私は彼らの生命を支えなければいけません。川が私に清らかな水という贈り物をくれるなら、私も同様に贈り物を返さなくてはならないのです。そうした義務とはどういうもので、どうすればそれを果たせるかを学ぶことが、人間の教育には不可欠です。

感謝のことばは、義務と贈り物は同じ硬貨の裏と表であることを思い出させてくれます。遠くまで見える目という贈り物を与えられたワシには、私たちを見守る義務があります。雨は生命を支える力を贈り物として与えられたがために、地上に降りながらその義務を果たします。人間の義務とは何でしょうか？　もしも与えられたものと義務が同じものならば、「私たちにはどんな責任があるか」と問うのはつまり、「私たちは何を与えられているか」と問うのと同じことです。

人間にはどんな義務があるでしょうか？

感謝する能力は人間だけのものだと言われています。それは私たちに与えられた贈り物のひとつなのです。

私はこれまで、感謝のことばがいろいろな形で語られるのを聞いてきましたが、私自身はホーデノショーニー連邦の住民でもないし、研究者でもありません。ホーデノショーニーを尊敬するただの隣人として耳を傾けるだけです。彼らに教わったことについて勝手に本に書き、彼らの領域を侵すのが怖かったので、感謝のことばについて、またそれが私のものの考え方にどんな影響を与えたかについて書いてもいいかと許可を求めました。そして何度も、これらの言葉はホーデノショーニーから全世界への贈り物なのだ、という答えが返ってきました。オノンダガ族のフェイスキーパー（信仰の守り人）、オレン・ライオンズに尋ねたときは、彼独特の、ちょっと困ったような笑顔を浮かべて「もちろん書くべきだ。人びとと分かち合うためのものなんだから。さもなければ効果はないだろう？　私たちは500年の間、人びとが耳を傾けてくれるのを待っているんだ。500年前にみんなが感謝のことばを理解していたら、今こんなひどい状況にはいないはずだがね」と言いました。

感謝のことばはホーデノショーニーの人びとによって広く一般に公開され、今では40を超える言語に翻訳されて世界中で朗唱されています。それなのになぜアメリカではそれが行われないのでしょう？　学校の朝礼が今とは違い、感謝のことばに似たものを唱えることがその一部になったらどうだろう、と私は想像します。私の町に住む年配の退役軍人が、通り過ぎる星条旗に向かって手を胸に当てて起立したり、しわがれた声で忠誠の誓いを唱えながら涙を浮かべたりするのを軽んじるつもりはありません。私だってこの国を、自由と正義に対する希望を愛しています。けれども、私が敬意を払う対象となるものの範囲はアメリカという国よりも広く、私は生き物すべてに対し、互いに助け合うことを誓いたいのです。この国の人びとに愛国心をもってもらいたいのなら、この大地そのものに語りかけ、この国に対する本当の愛情を呼び覚ますべきです。優れたリーダーを育てた

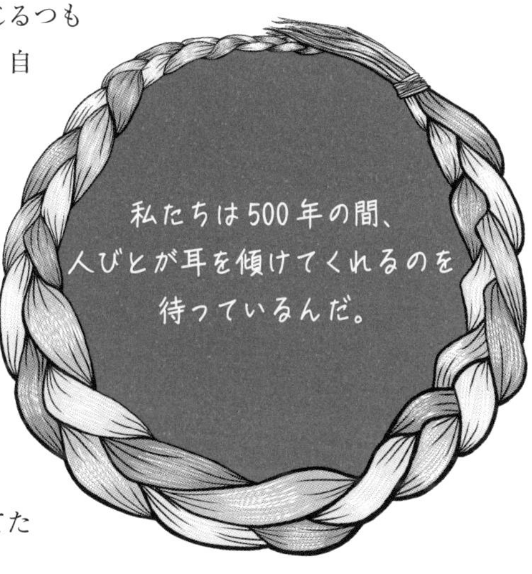
私たちは500年の間、
人びとが耳を傾けてくれるのを
待っているんだ。

いのなら、子どもたちにワシやメープルの木のことを教え、善良な市民を育てたければ、レシプロシティーについて教えるのです。万人のための正義をめざすなら、すべての創造物のための正義を求めましょう。

> 終わりに、もし不用意にもこの場で語り残したことがあれば、一人ひとりの心のなかで、それを思い浮かべ感謝のことばをささげます。いま、私たちの心はひとつです。

ホーデノショーニーの人びとは、毎日そう言って世界に感謝します。最後に訪れる静寂の中で、私は耳を傾けます——いつの日か、この世界がお返しに、人間に感謝してくれる、その言葉が聞こえることを心の底から願いながら。

友だちや家族と、あるいは学校の授業で、感謝のことばを実際に聴いてみましょう。

スイートグラスの収穫

スイートグラスは真夏に収穫する。葉は長くてつやつやしている。1枚ずつ刈り取って、変色しないよう日陰で乾かす。刈り取ったら必ずお返しの贈り物をする。

愛すること

幸せになる秘密、豆の収穫中にひらめく

私は、円錐形に立てた棚に巻きつく蔓の中でインゲン豆を収穫していました。深緑色の葉を持ち上げると、長い緑色のさやが両手にいっぱいになるほど見つかります。身は引き締まって、やわらかな毛が生えています。2本つながって下がっている細いさやをポキリともぎ、1本をかじってみると、それはまさに8月の味。棚ひとつ分を収穫しただけで私の籠はいっぱいになりました。

それは、熟したトマトの匂いのせいだったのかもしれないし、ムクドリモドキのさえずり、それとも、私の周り中にぶらさがっているインゲン豆のせいだったかもしれません。突然私は幸福感に襲われて大声で笑い出しました——地球は私たちを愛し返してくれているのだと。

豆やトマトやトウモロコシ、ブラックベリーや鳥の鳴き声を通して、地球は私たちを愛しています。私たちに糧を与え、そして自分で自分を養う方法を教えてくれているのです。

愛、それは壊れた自然と空っぽの心を癒やす薬

環境学の学生を教えていると、彼らはみな、自分は地球を愛していると言います。ところが私が彼らに、「地球もあなたを愛してくれていると思う？」と尋ねると、彼らは返事にためらい、下を向いてしまいます。そんなこと、口にしてもいいの？ 「仮に、地球も人間を愛し返してくれている、とみなが信じたら、どんなことが起こると思う？」と私は尋ねます。

地球が私たちを愛している、と考えると心が解放されます。それはつまり、地球には主体性があるということです。同時に、地球を愛し、敬意を払うということには大きな責任が伴う、と考えるきっかけにもなります。

私たち人間がお互いに愛情を示すやり方は、地球が私たちの面倒を見てくれるやり方と似ています。誰かを愛すると、その人が幸せであることが最優先になります。その人には健康的な食事をさせたいし、慈しみ、教え、生活に美しさをもたらし、快適で、安全で、幸せでいてもらいたい。私は私の家族にそうやって愛情を示しますし、菜園にいると私は、菜園が私に対してそう思ってくれているのを感じます。地球は、豆やトウモロコシやイチゴという形で私たちに愛情を返してくれるのです。食べられるだけでおいしくない食べ物があったって不思議ではありませんが、実際はそうではありません。私たちの社会を苦しめる問題の多くは、自然界から私たちに送られる愛から自分たちを切り離してしまったことが原因なのではないでしょうか。

もちろん、私たちが口にするものの多くは地球から無理やりに奪ったものです。そういう形で食物を取り上げるのは、農家、作物、また侵食されていく土壌に対する敬意を欠いています。プラスチックに包まれたミイラのように売買される食べ物を、地球からの贈り物と思うのは無理があります。愛がお金で買えないことは誰だって知っているのです。

食べ物改革というのは、人と土地の間にあるレシプロシティーを形にするということです。植樹する、コミュニティガーデンをつくる、農場が直接学校に食べ物を届ける、地産地消、有機農業といった取り組みはどれも、あなたやあなたの家族のためになります。菜園は、物質的であると同時に精神的な仕事です。菜園の食物はパートナーシップから生まれます。私が石ころを拾ったり雑草を抜いたりしなければ、私は私の役目を果たしていないことになります。私には、鉛を金に変えることができないのと同様に、トマトを実らせたり棚に豆をつたわせたりすることはできません。それは植物の責任であり贈り物なのです——生命のないものに、生命を吹き込むということ。なんと素晴らしい贈り物でしょう。

自然界と人間の関係を修復するために何かひとつ推薦するとしたらどんなことか、とよく人に訊かれます。私は必ずと言っていいほど「菜園をつくること」と答えます。地球の健康のためにもいいし、人間の健康のためにもなるからです。菜園では、あるとても大切なことが起きるのです。そこでは、もしも「愛してる」と声に出して言えなくても、それを種という形で伝えることができます。そして自然はそれに応えてくれるのです——豆、という形で。

あなたにはどんな植物を育てることができますか？　菜園をつくることができないとしたら、あなたの家、学校、またはその両方で育てられる植物はありますか？

3人姉妹

植物はその物語を、言葉ではなくて行動で示します。
植物は、生き物なら誰でも理解できる言語で話します。
植物が教えるのは、食べ物、という万物共通の言語です。

何千年もの昔から、南はメキシコから北はミシガン州まで、女性たちは土を盛り上げては3種類の種を蒔いてきました。同じ畑に3つを一緒に植えるのです。マサチューセッツ州の沿岸に入植した白人たちは、はじめて先住民族の畑を見たとき、この野蛮人たちは農業の仕方を知らないのだと考えました。彼らにとっての農園とは、1種類の作物がまっすぐな列に植えられているところのことで、豊かな作物が3次元的に広がるところのことではなかったのです。とは言いつつ、彼らはその作物を食べ、もっとよこせと言いました――何度も何度も。

3つの種

ずいぶん前のことですが、チェロキー族の作家、マリルー・アウィアクタに、小さな包みを手渡されたことがあります。乾いたトウモロコシの葉を折ってつくった小袋が紐で縛ってありました。彼女は微笑んで、「春になるまで開けちゃダメよ」と言いました。5月になって紐をほどくと、贈り物が出てきました――種が3つ。ひとつは金色で三角形。トウモロコシの実です。上の方は幅が広くてくぼみがあり、下に向かって細くなって、先端は白くて硬く尖っています。それからつややかな豆。茶色い斑(まだら)模様があり、なめらかな曲線を描いて、内側には白い目のようなへそがあります。親指と人差し指でつまむと磨かれた石のようにつ

インゲン豆は、子宮の中の赤ん坊のように育つ。インゲン豆の小さな赤ん坊のひとつひとつが、もろくて緑色の紐状をした珠柄(しゅへい)でさやとつながっている。その長さはわずか数ミリで、人間のへその緒にあたる。母親である植物はこの珠柄を通して成長中の子どもたちに栄養を送る。豆にはひとつひとつ、珠柄がつけた傷——種皮に1か所、色の違う小さな点——がある。インゲン豆のへそだ。植物の母親たちは、私たちの食べ物となり、またその子どもたちを種として私たちに残してくれる。何度も何度も繰り返し、私たちに食べ物を与えるために。

るつるですが、これは石ではありません。そして、楕円形の陶器のお皿みたいで、縁がしっかり閉じているパンプキン［訳注：スクウォッシュ（ウリ類、特にカボチャを指す英語）の一種で、皮がオレンジ色のもののこと］の種。私の手の中には、先住民族による農業の天才的な知恵、3人姉妹が乗っていました。トウモロコシ、豆、スクウォッシュ。この3つの植物が一緒になって、人びとに食べ物を与え、土地を豊かにし、私たちの想像力を掻き立て、生き方を教えてくれるのです。

一緒に植えられたこの3つの植物は、調和とバランス、そしてレシプロシティーの生きた手本です。5月の湿った土に蒔かれると、トウモロコシの種は素早く水分を吸収します。種皮が薄く、内胚乳(ないはいにゅう)と呼ばれるデンプン質の中身が水を吸い寄せるのです。水分を得ると、種皮に含まれる**酵素**がデンプンを糖に分解し、それが胚を成長させます。こうしてまずはじめにトウモロコシが土から顔を出します。細くて白い茎は日光に当たるとほんの数時間で緑色になり、1枚、また1枚と葉を広げます。他のふたりがまだ準備をしている最初のうちは、トウモロコシはひとりぼっちです。

酵素：植物に含まれ、自然な化学反応を引き起こす物質。

土中の水分を吸ってインゲン豆の種はふくらみ、斑模様の種皮を破って地中深く根を伸ばします。茎がかぎ針のような形に伸びて地上に顔を出すのは、しっかりと根が生えたあとです。インゲン豆は太陽光を焦って探す必要がありません。最初に出る葉はふたつに分かれた種の内部にはじめから用意されているからです。その2枚の肉厚の葉が、地面を突き破って、すでに15センチほどになっているト

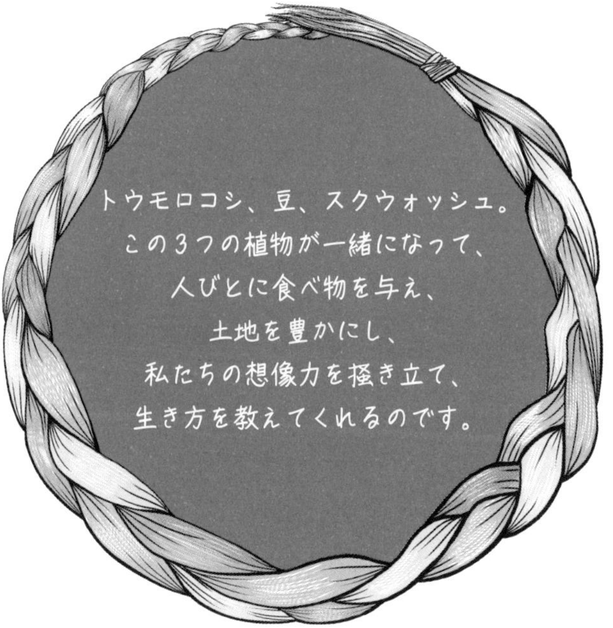

トウモロコシ、豆、スクウォッシュ。
この3つの植物が一緒になって、
人びとに食べ物を与え、
土地を豊かにし、
私たちの想像力を掻き立て、
生き方を教えてくれるのです。

ウモロコシの仲間入りをします。

パンプキンやスクウォッシュはのんびりしています。最初の茎が地上に顔を出すのは何週間も先かもしれず、2枚の葉の合わせ目がほどけるまで、茎はまだ種皮に包まれたままです。昔の人たちは、植える1週間前から種を鹿革の袋に少々の水または尿と一緒に入れておき、成長を急がせたそうです。でもこの3つの植物にはそれぞれに成長するペースがあり、**発芽**する順番、つまり出生順が、3つの間の関係性と、うまく実がなるためには重要なのです。

発芽：種が成長し、芽を出すこと。

長女であるトウモロコシの茎は、急いで背を伸ばさなければなりません。はじめのうちは、強くてしっかりした茎をつくるのが最優先です――妹のインゲン豆にはそれが必要なのです。インゲン豆は、ほんの短い茎の上にハート形の葉を2枚出し、それからもう2枚、さらに2枚、どれも地面に近いところに葉を広げます。トウモロコシが背を伸ばすことに専念している間、インゲン豆は葉を増やすことに集中します。トウモロコシが膝くらいの高さになったころ、いかにも真ん

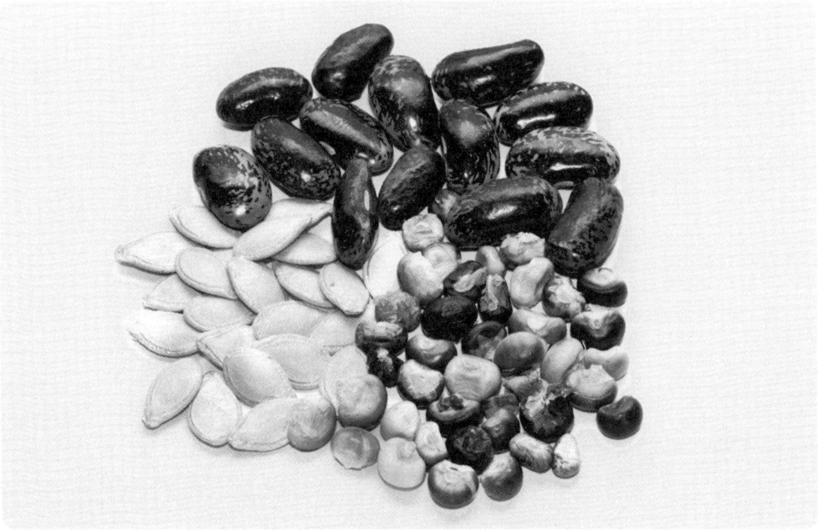

3人姉妹の種。上から右回りに、インゲン豆、トウモロコシ、スクウォッシュ。

中の子らしく、インゲン豆の気が変わります。葉を増やす代わりに、長い蔓を伸ばすのです。思春期のホルモンのおかげで、この若い芽の先端は空中に円を描くように動きます。**回旋運動**と呼ばれる現象です。蔓の先端は、時には1日に1メートルも動き、やがて探していたものを見つけます——トウモロコシの茎、あるいは何か他の支柱です。蔓に備わっている触覚受容器に導かれて、蔓はトウモロコシの茎に優雅な螺旋(らせん)を描きながら巻きついていきます。そしてしばらくの間は葉を増やすのを控え、トウモロコシの背が伸びるのに合わせて茎に抱きつくことに没頭します。トウモロコシが先に芽を出していなければ、インゲン豆の蔓に絞め殺されているところですが、うまくタイミングが合えば、トウモロコシは軽々とインゲン豆を支えることができます。

回旋運動：植物の茎や根などの成長器官が螺旋や曲線を描きながら伸びること。

一方、遅咲きのスクウォッシュは、トウモロコシとインゲン豆とは逆向きに、地面を這うようにして着々と成長し、深い切れ込みのある大きな葉を一連の傘のように広げます。葉と蔓は見るからに硬くごわごわしていて、葉を食べる毛虫をたじろがせます。

ネイティブアメリカンの人たちはこの栽培方法を「3人姉妹」と呼びます。それがどうやって始まったかには諸説ありますが、この3つの植物が女性であり、姉妹であるという点ではどれも一致しています。いくつかの物語によれば、飢えによって次々に人が死んでいくある長い冬のこと、3人の美しい女性が雪の降る夜に部族の住まいにやってきたといいます。ひとりは背が高く、黄色い服を着て長い髪をなびかせ、2人目は緑色の服、3人目はオレンジ色の服を着ていました。3人が家に入り、火のそばに座ると、人びとはわずかに残った乏しい食べ物をこの見知らぬ客にたっぷりとふるまいました。その寛大さへの感謝の印に、3人姉妹は自分たちの正体を明かします——トウモロコシ、インゲン豆、そしてスクウォッシュ。そして、人びとが二度と飢えることのないように、自らをひと塊の種にして差し出したのです。

日が長く、強い日差しが照りつける夏の盛り、3人姉妹の育つ畑を見れば、レシプロシティーが教えてくれることは一目瞭然です。私には、3種の植物の茎が一緒になったところが、まるでこの世界の青写真、バランスと調和への案内図に見えます。トウモロコシは背丈が2.5メートル近く、細かく揺れる緑のリボンのような葉は茎から四方八方に反り返るように伸びて日の光を捉えています。葉は隣の葉と重ならないように生えていて、すべての葉が他の葉の陰にならずに光を集められるようになっています。インゲン豆は、トウモロコシの葉の間を縫うようにして茎に蔓を絡ませ、トウモロコシの邪魔はけっしてしません。トウモロコシの葉が生えていないところでは、インゲン豆の蔓から芽が出て葉が伸び、芳しい花がかたまって咲きます。インゲン豆の葉は、トウモロコシの茎に近いところに下向きに垂れ下がります。トウモロコシとインゲン豆の根元には、スクウォッシュの大きな葉がカーペットのように広がって、柱のようにそびえるトウモロコシの間から差し込む光を捕まえます。葉は層をなすように重なって、太陽の贈り物である光を無駄なく効率的に利用します。有機的な左右対称の形状もそうです。葉の一枚一枚の位置や調和のとれた形が彼らのメッセージを伝えています——互いを尊重し、支え合い、自分が提供できるものを世界に提供し、他者が差し出すものを受け取れば、誰もが十分なものを手にできるのだと。

夏も終わりに近づくころには、インゲン豆はなめらかな緑色のさやに入ってたわわな房となってぶら下がり、茎から斜めに突き出したトウモロコシは太陽を浴びて実を太らせ、パンプキンは足元でふくらんでいきます。一定の広さの土地で比べると、3人姉妹が育つ菜園の収穫高は、姉妹のそれぞれを単独で栽培した場合より多いのです。

この3つが姉妹であることは明らかです。ひとりがもうひとりに、リラックスした様子で楽々と巻きつき、末っ子の妹は、ふたりの足元の、遠くはないけれど近すぎもしない距離のところでのんびりとくつろいでいます。3人は競争し合うのではなく、協調し合っているのです。私はこれと同じことを、人間の家族の、姉妹同士のやりとりの中でも見たことがあるような気がします。何しろ我が家も3人姉妹なのです。長女には、自分が一番偉いことがわかっています——背が高くてはっきりしていて、公正で有能な長女は、妹たちが従うべき行動の枠組みをつくります。トウモロコシです。ひとつの家にはトウモロコシ的な女性ひとり分の居場所しかないので、真ん中の姉妹は別の方法で適応します。このインゲン豆の少女は、柔軟さと順応性を身につけ、支配的な構造をうまく避けて自分に必要な光を手に入れます。かわいい末の妹は好きな道を選ぶことができます——家族の期待はすでに姉ふたりが満足させてくれたからです。地に足をしっかりと着けて、誰に何を証明してみせる必要もなく、末娘は自分の生きたいように、すべての人のためになる生き方を選びます。

トウモロコシの支えがなかったらインゲン豆は地面の上にごちゃごちゃにからまって手に負えず、お腹をすかせた捕食動物の餌食になってしまうでしょう。インゲン豆は、トウモロコシの背の高さとスクウォッシュがつくる日陰の恩恵にあずかるばかりで、この菜園でひとりだけ得をしているように見えるかもしれません。でも、レシプロシティーのルールは、自分が与える以上のものを受け取ることを誰にも許さないのです。トウモロコシはみなに太陽の光が届くようにし、スクウォッシュは雑草を減らす——ではインゲン豆は何をするのでしょう？　その答えを知るには、地中に目をやる必要があります。

3人姉妹は地上では、互いのスペースを侵害しないよう慎重に葉を茂らせることで協調し合います。そしてそれと同じことが地中でも起こっているのです。トウモロコシは**単子葉植物**に分類されます。大きく育ちはしますが、基本的にイネ科の植物なので、根は細い繊維状で、土を払うと、トウモロコシの茎で

単子葉植物：1枚の子葉と細い繊維状の根をもつ植物の一群。

できた柄の先にくっついた紐状のモップみたいに見えます。根は深くは伸びず、浅いところでネットワークをつくり、雨が降るとまず最初にその恩恵にあずかります。トウモロコシが水を飲み終わると、雨水はトウモロコシの根が届かないところに降りていきます。地中深くに届いた水は、インゲン豆の深く伸びた主根が、吸収しようと待ち構えています。スクウォッシュは、他の2種から遠ざかることで水の分け前にありつきます。スクウォッシュの茎は、地面と触れるどこからでも不定根の束を伸ばして、トウモロコシとインゲン豆の根から遠いところの水を吸うことができるのです。3人姉妹は、光を共有するのと同じ方法で土壌を共有します。つまり、全員に行き渡るように、自分だけが取りすぎない、ということです。

繁栄のために

3人全員に必要なのに、常に不足がちのものがひとつあります。窒素です。問題は、ほとんどの植物は空気中の窒素を使うことができない、ということです。植物には、硝酸塩やアンモニウムといった無機窒素が必要なのです。空気中の窒素は、お腹がペコペコな人から見えるところに鍵をかけて置いてある食べ物のようなものです。でも、インゲン豆を含むマメ科植物には、この空気中の窒素を無機窒素に変える驚くべき能力があるのです。ただし、インゲン豆だけではそれはできません。

私の学生たちはよく、掘り出したインゲン豆の根の束を持って私のところに大慌てでやってきます。根には小さな白い粒がついています。「病気ですか？」と学生が訊きます――「この根っこ、何か変ですよね？」。むしろ、これは大変好ましいことなのよ、と私は答えます。

このつややかな根粒(こんりゅう)の中には、**リゾビウム**という細菌が入っているのです。窒素を固定する細菌です。ただしリゾビウムは、ある特定の条件下でしか窒素を変換できません。リゾビウムがもつ触媒酵素は、酸素があるとはたらかないのです。平均的な土は50パーセント以上が空気ですから、リゾビウムが機能するためにはどこかに隠れなくてはいけません――それ

リゾビウム：マメ科植物の根にくっついて、窒素を植物が使える形に変換する土壌細菌。

がインゲン豆なのです。

インゲン豆の根が地中で極小の棒状をしたリゾビウムを見つけると、化学物質の交信が起こり、ある取引が行われます。インゲン豆は酸素を含まない根粒をつくってその中にリゾビウムをかくまい、お返しにリゾビウムは窒素をインゲン豆に提供するのです。こうしてこのふたつが一緒になって窒素肥料をつくり、それが土壌に放出されて、トウモロコシ、それにスクウォッシュの成長を助けます。この菜園には何層にも重なった相互依存関係、レシプロシティーが存在するのです。

この3つの植物は意図的に協力し合っているのだと想像したくなるし、実際にそうなのかもしれません。でも、彼らのパートナーシップが素晴らしいのは、それぞれの植物の行動は、自分自身の成長のためにしていることだという点です。たまたま、個々の植物が元気に育てば全体も元気になる、ということなのです。

3人姉妹のあり方を見ていると、私の部族に伝わる根本的な教えのひとつを思い出します。ひとりひとりの個性が大切にされ、大事に育てられる理由は、部族全体の繁栄のためには私たちひとりひとりがありのままに強くあり、与えられた力を自信をもって掲げ、他者と分かち合わなければならないからなのです。自分だけに与えられた贈り物が何であり、それをこの世界でどう活かせるか、ということこそ、私たちが知るべき最も大切なことです。この3人姉妹は、メンバーのひとりひとりが自分の能力を理解し、他者と分かち合ったときにどんなコミュニティーが生まれるか、そのことをわかりやすく表しています。レシプロシティーという関係によって私たちは、お腹を満たすだけでなく、精神もまた満たすのです。

3人姉妹の菜園には、どんなレシプロシティーの層が重なり合っているでしょうか？

育み合うこと

3人姉妹が見事なのは、その成長するプロセスだけでなく、食卓に上がったときにこの3つが互いを補完し合うという点です。一緒に食べればおいしいし、人間の生命を維持する3要素がそろうのです。トウモロコシは優れたデンプン質で、夏の間中、太陽の光を炭水化物に変え、冬中人びとにエネルギーを提供します。

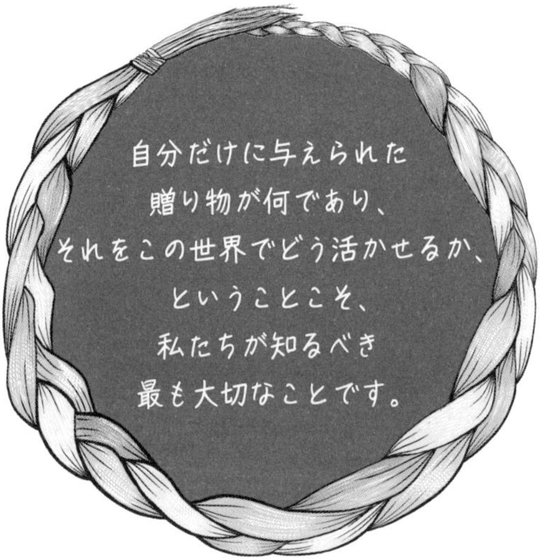

自分だけに与えられた
贈り物が何であり、
それをこの世界でどう活かせるか、
ということこそ、
私たちが知るべき
最も大切なことです。

でも、栄養素的にはトウモロコシだけでは不十分です。インゲン豆は、窒素固定能力があるおかげでタンパク質が豊富で、トウモロコシだけでは不足な栄養素を補います。どちらか片方だけでは不十分ですが、人間は、トウモロコシとインゲン豆を食べていれば健康に生きていけます。ただし、インゲン豆にもトウモロコシにも、カロテンが豊富なスクウォッシュの果肉がもっているビタミンは含まれません。この点でもこの3つは、それぞれ単独の場合より一緒になったときの方が素晴らしいのです。

3人姉妹は、先住民族の知識と西洋科学という、どちらも地球に根ざすふたつの知識の間に生まれつつある関係性を示す、新しいメタファー（比喩）でもあります。私にとってトウモロコシは、生態系に関する伝統的な知識の象徴であり、その物理的、精神的な枠組みに導かれて、インゲン豆という好奇心の強い科学が二重螺旋のように絡みつきます。そしてスクウォッシュは、ふたつが共存共栄できるための倫理的な環境をつくり出すのです。知性のみからなる科学という単一文化が、それを補完する知識の数々からなる複合文化に取って代わられる日がいつか来るだろうと私は思います――すべての人が満足できるように。

農作

先住民族の農作は、その土地に合わせて作物を変化させます。その結果、私たちの祖先が栽培品種化したトウモロコシにはたくさんの種類があり、どれもさまざまな土地に適応して育つようになっています。一方、近代農業は、大きなエンジンと化石燃料を使ってそれとは正反対のやり方をします——土地を作物に合わせるのです。そしてその作物はみな、恐ろしいほどよく似たクローンです。

夏の夜、私は友人たちとともに、何百万本というトウモロコシが植わっている谷を眺めます。びっしりと肩を並べ、インゲン豆もスクウォッシュもなく、雑草さえほとんど見あたりません。それは私の隣人の農場で、こういう「清潔な」畑をつくるトラクターがそこを走るのを私は何度も目にしています。トラクターに乗せたタンク式噴霧器で肥料を撒くのです。春には農場からその匂いが漂ってきます。インゲン豆の代わりは硝酸アンモニウム。そしてスクウォッシュの葉の代わりには、トラクターがもう一度、除草剤を積んで戻ってきます。

この谷全体が3人姉妹の育つ農園だった昔は、たしかに虫もいたし雑草も生えていましたが、3人姉妹は除草剤なしで元気に育ちました。混作、つまり多種の作物が一緒に栽培される畑が、単一栽培の畑よりも害虫の被害が発生しにくいのは、植物の多様性がさまざまな虫の生息環境を提供するからです。トウモロコシにつく毛虫やビーンリーフビートル［訳注：ハムシの一種］、それにスクウォッシュにつくキクイムシなど、作物を食べようとする虫もいますが、作物が多様ならば、作物を食べる虫を食べる虫の生育環境も生まれます。菜園には捕食性の甲虫や寄生蜂もいて、作物を食べる虫が増えすぎることはありません。菜園が食べ物を提供するのは人間だけではなく、他の生き物の分もたっぷりあるのです。

4人姉妹の菜園

共生関係：2種類の生物が、互いに有益な関係性をもってともに生きること。

3人姉妹の物語を私たちが聞き届けたということを彼女たちがわかってくれますように——自分に与えられた力を使って互いを大切にし、力を合わせれば、すべての者に十分な食べものが行き渡る、と3人姉妹は言っているのです。

3人姉妹はみな、食卓にそれぞれの贈り物を提供してくれるけれど、それは彼女たちだけですることではありません。この**共生関係**には、もうひとりのパートナーがいることを忘れてはなりません。その人はこの食卓にも座っているし、谷の向こうの農家にもいます。3つの植物それぞれの育ち方に気づき、3つが一緒に生きるところを想像した人。もしかしたらこの菜園は3人姉妹の菜園ではなくて、4人姉妹の菜園と呼ぶべきかもしれません――この3つを植えた人もまた、なくてはならないパートナーなのですから。そしてそれは私たちのことです。土地を開拓し、雑草を引き抜き、虫を取り除く。冬の間、種を保管し、春になったら再び蒔く。彼らなしでは私たちは生きられないけれど、彼らもまた私たちなしでは生きられないのも事実です。トウモロコシ、インゲン豆、そしてスクウォッシュは完全に栽培品種化されていて、彼らが生きられる環境を私たちがつくってやらなければなりません。私たち人間もまた、レシプロシティーの一部なのです。私たちが私たちの責任を果たさなければ、彼らも彼らの責任を果たすことはできません。

3人姉妹が互いに助け合って繁栄するためのさまざまな方法を見てきました。あなたの周りに、その力を発揮して活躍するために誰かの助けが必要な人はいますか？　その人を助けるために、あなたはあなたに与えられた能力をどのように使えるでしょうか？

ブラックアッシュの籠

ドン、ドン、ドン。静寂。ドン、ドン、ドン。

丸太を斧の刃の背で叩く音がくぐもった音楽を奏でます。1か所を3回叩くと、ジョンの視線は丸太の上を少しだけ移動し、今度はそこを叩きます。ドン、ドン、ドン。ジョンは、そうやって丸太の一番端まで、1か所を3回ずつ、思いきり叩いていきます。

ジョン・ピジョンは、籠づくりで有名なポタワトミ族のピジョン一家の一員であり、籠づくりの達人であると同時に、素晴らしい伝統の担い手でもあります。ピジョン一家は昔から、そして今も、籠づくりを生業としており、彼らがつくった籠は、スミソニアン博物館をはじめ、世界中の博物館やギャラリーで見ることができます。毎年開かれるポタワトミ・ギャザリング・オブ・ネーションズで買うこともできます。鳥の巣ほどの大きさの飾り用の籠もあれば、野菜や果物の収穫に使うもの、ジャガイモを入れておく籠、トウモロコシの粒を洗うのに使う籠などいろいろあります。大きさやデザインにもよりますが、ブラックアッシュの籠はいい値段で売れます。「値段を見るとみんなちょっと腹を立てるよ」とジョンは言います。「『たかが』籠を編んだだけじゃないか、と思うんだね。だが仕事の80パーセントは籠を編むずっと前のことだ。木を見つけて、叩いて引っ張って……そんなこんなで、最低賃金を稼ぐのがやっとさ」

ジョンが子どもだったころは、村のそこら中で丸太を叩く音がしたものでした。でも今では、年寄りが他界し、子どもたちは沼を歩くよりゲームの方が楽しくて、村はどんどん静かになっています。だからジョンは、来る者は拒まず教えるのです——年寄りや木々から教わったことを次の人たちに伝えるために。私がこれまでに参加した籠づくり教室の中には、はじめから材料がきちんと用意さ

「他界する」とはどういう意味だと思いますか？

れ、きれいなテーブルの上に並べて置いてあるものもありましたが、ジョンは違います。彼が教える籠づくりは、生きた木から始まるのです。

ブラックアッシュ

ブラックアッシュ（*Fraxinus nigra*）は足が濡れているのを好み、氾濫原森林や沼地の淵などに生えます。ブラックアッシュはバラバラに生えるので、ちょうどいい木を見つけるためにはぬかるんだ地面を一日中歩きまわらなければならないこともあります。籠になる用意が整っている木を探すのです。

籠づくりに理想的なのは、幹がまっすぐで、下の方に枝がないものです。枝があると、へぎ板のまっすぐな木目を節目が邪魔してしまうのです。直径が手のひらの幅くらいで、樹冠に葉がふさふさと茂った健康なものがいい木です。太陽に向かってまっすぐに伸びた木は木目が細かくてまっすぐですが、光を確保するのに苦労した木は木目が曲がったりねじれたりしています。

木の成長には、苗木だったときの環境が影響します。人間が幼年時代に影響されるのと同じです。木の成長の歴史はその年輪に表れます。成長具合がよかった

木の成長には、
人間が幼年時代に
影響されるのと同じように、
苗木だったときの環境が
影響します。

年輪を見れば樹齢がわかる。

年は年輪の幅が広く、悪かった年は狭いのです。そして籠づくりには、年輪がどんなふうになっているかがとても重要です。

年輪は、季節の移り変わりとともに、樹皮と一番新しい木部の間にある脆い細胞の層、維管束形成層が目を覚ましたり眠ったりすることによって形成されます。春、日が長くなりはじめたのを木の芽が感知し、樹液が上昇しはじめると、形成層は、たっぷりの樹液を葉に運ぶための大きくて広い導管をつくります。形成層の細胞は活発に細胞分裂するので木は太くなります。導管は成長が速く、そのため細胞壁が薄い傾向があります。樹木の研究者はこの部分を春材とか早材と呼びます。夏になり、栄養分と水分が少なくなると、形成層がつくる細胞はより小さく、厚くなります。この、細胞がみっちりと詰まった部分は、秋材または晩材と呼ばれます。日が短くなって葉が落ちると形成層は冬季休暇に入り、一切細胞分裂をしなくなります。でも春の気配を感じれば、形成層はあっという間に再び活動を始め、春材の大きな細胞をつくりはじめるのです。前年できた細胞の細かい晩材から、春につくられる早材へ、その突然の替わり目が線を引いたように見える、それが年輪です。木の年齢は、年輪を数えればわかります。

ジョンの目は、健康な木を見分けられるように鍛えられており、ちょうどいい木を見つけると、収穫が始まります。ただし、まずはノコギリではなく木との会話からです。

伝統的な木こりは、木の一本一本に個性を認めます。人間ではありませんが、木は「森の人」なのです。人間は木を奪うのではなく、彼らに協力を求めます。ジョンは、自分がその木を伐る目的を丁寧に説明し、木に収穫の許しを求めます。ダメだという答えが返ってくることもあります。木が収穫されるのを嫌がっているとわかる手がかりは、周りの環境にある場合もあります——たとえば枝に鳥の巣があったり、ナイフが入るのを樹皮が頑(かたく)なに拒んだり。木こりが本能的な判断で伐るのをやめることもあります。木が伐採に同意してくれれば、祈りを捧げ、お返しの贈り物としてタバコを置いてから、木が倒れるときにその木や周りの木を傷つけないよう、細心の注意を払いながら伐採します。倒れたときの衝撃を和らげるためにトウヒの枝を地面に敷く人もいます。

伐採する時期でジョンが好きなのは、春、「樹液が上昇し、地球のエネルギーが木に流れ込んでいる」ときと、秋、「エネルギーが再び地中に流れているとき」です。

籠づくりの講習会

暑い夏のある日、私はジョンの籠づくり講習会に参加しました。ジョンはまず、弾力性のある樹皮を削り取ってから作業にかかります。ジョンが1枚目のへぎ板を端から剝がしはじめると、丸太を叩くことで、細胞壁が薄い早材の細胞がつぶれ、早材がバラバラになって晩材から分離するということがわかります。つまり、剝がれたへぎ板は年輪と年輪の間の木質部です。

その木の生育の歴史と年輪のパターンによって、一度に5年分の木質部が剝がれることもあれば、1年分だけのこともあります。ジョンは、丸太を叩いてへぎ板を剝くという作業を通じて時間を遡(さかのぼ)っているのであり、1枚また1枚と、木の生命がその手の中に剝がれ落ちます。へぎ板が積み重なっていくのとともに丸太は細くなり、ものの数時間で細い棒になってしまいました。「ほら」とジョンがその棒を私たちに見せながら言います。「苗木だったころまでの時間を剝ぎ取ったんだよ」。そして私たちがつくったへぎ板の山の方を指して言います——「それを絶対に忘れないことだ。あそこに積んであるのはこの木の生命全部なんだ」。

剝ぎ取った長いへぎ板は厚さがまちまちなので、次に、年輪の重なりをさらに分離して最小単位の層にします。ジョンが取り出したスプリッターは、2枚の木の板を締め具で固定してあって、大きな洗濯バサミのように見えます。ジョンは椅子に浅く腰掛けてスプリッターを膝で挟み、開いた脚が地面に着き、閉じた方の先端が膝の上に出るようにします。ジョンは全長2.5メートルのへぎ板をそのままクランプに通し、先端が2～3センチ出た状態で固定します。そして折りたたみ式ナイフを開くと、へぎ板の断面に刃を差し込み、年輪に沿って小刻みに動かして切り込みを入れます。ジョンの褐色の手が切り込みの両側をつかみ、なめらかな動きで縦に割くと、草のようになめらかで均等な厚さの、長いへぎ板が2枚できます。「これだけのことだよ」と彼は言いますが、その目は笑っています。

私はスプリッターにへぎ板を通し、スプリッターを腿で挟んで安定させようとしながら、2枚に割くための切り込みをナイフで入れます。すぐに、スプリッターは脚で相当きつく挟まないといけないということがわかりますが、私にはそれがなかなかできません。「まあな」とジョンが笑って言います。「昔のインディアンが考えたことだ――太腿の達人だね！」。作業を終えた私のへぎ板の端は、まるでリスにかじられたみたいです。ジョンはにっこりして、ぎざぎざになった私のへぎ板の端を切り、「もう一度やってごらん」と言います。私はようやく、両手で両側をつかんで引っ張れる切り込みを入れることに成功しますが、厚さが均等でないため、30センチほどのへぎ板しかできません。1枚は薄く、もう1枚は厚いへぎ板です。「この木は立派な教師なんだ。人間であるということは、バランスを見つけることだ。へぎ板をつくっていると、いつもそのことを考えさせられるよ」

ジョンは私たちの間を歩きまわります。生徒全員の名前を覚え、それぞれ、どうすればやる気が出るかということも心得ています。腕の力が足りないと言ってある生徒をからかったり、別の生徒の肩を優しく叩いたり。イライラしている生徒がいれば、横に座って「そんなに無理しなくていい。気楽にやりなさい」と言うのです。黙ってへぎ板を割いて渡してやる生徒もいます。木を見極めるのと同じくらい、人を見る目も確かなのです。

慣れてくると、へぎ板は均等の厚さに割けるようになり、その内側は思いのほかの美しさです――つややかで温かいのです。外側はでこぼこでザラザラしており、裂け目の端から長い「毛」がぶら下がっています。
「さて、今度はよく切れるナイフが要る」とジョン。「切って怪我をしやすいから気をつけて」。ジョンは私たちひとりひとりに「レッグ」を渡します。履き古したジーンズから切り取ったもので、その2枚重ねのデニムを左足の腿の上に置く方法を見せ、私たちひとりひとりの横に座って手本を見せてくれます。ナイフの角度、力の入れ方がほんのちょっと違うだけで、うまくいきもすれば血を見ることにもなるからです。ジョンはへぎ板のザラザラな方を上にして腿の上に置き、ナイフの刃を当て、もう片方の手でへぎ板をナイフの下から、氷の上をアイススケートのブレードが滑るようになめらかな動きで引っ張り出します。

へぎ板の準備がようやく整い、次は籠を編む番です――籠づくりと言えば編むことだ、と私たちは勘違いしていたわけですが。でもジョンはここで講習会を中断し、優しい声をちょっと尖らせて言います――「一番大事なことをわかってないな。周りを見てごらん」。私たちは辺りを見まわします。森、テント、そしてお互いの顔。「地面だよ！」とジョンが言います。私たちひとりひとりを囲むように、削りくずの円ができています。「あんたらが手に持ってるものが何なのか考えてごらん。このブラックアッシュの木は、あそこの沼地で30年育ってたんだ、葉を出しては落とし、それからもっと葉を茂らせてね。鹿に食べられたり霜にやられたりしながら、毎年毎年、年輪を重ねてきたんだよ。地面に落ちたへぎ板はあの木の丸々1年分の生命なのに、あんたらはその上を踏んづけ、折り曲げ、泥まみれにしようっていうのかい？」。ちょっと間をあけて、彼は続けます。「あの木は自分の生命をあんたらに差し出したんだ。へぎ板をダメにしたっていいんだ、やり方を覚えてるとこなんだから。だがどんなことをしても、あの木に対する尊敬を忘れちゃいかんし絶対に無駄にしちゃならん」。そうしてジョンは、私たちがつくった残骸を整理する手引きをしてくれるのです。短いへぎ板は、小さい籠や装飾品をつくる材料に。形がまちまちな切れ端や削りくずは火口用に箱へ。ジョンは、必要なものだけを収穫し、収穫したものはすべて使い切る、という「良識ある収穫」の伝統を守っているのです。私たちが使うもののほとんどすべては、別の生命を犠牲にして得たものです。でも私たちの社会では、その単純な事実が顧みられることはほとんどありません。

短い休憩ののち、私たちは次のステップに移りました。籠の底を編むのです。今日つくるのは伝統的な丸底の籠なので、最初に2枚のへぎ板を、中央で直角に交差するように置きます。「ほら、見てごらん」とジョンが言います。「まず、目の前に**4つの方角**ができたわけだ。それがその籠の心臓だ。籠はすべて、それを中心に編んでいく」。ネイティブアメリカンは神聖な4つの方角と、それぞれの方角に住まう力を尊敬します。この、4つの方角が交わる、2枚のへぎ板が出会うところこそ、私たち人間が立っているところなのです――その中でバランスをとろうと努めながら。「わかるかい」とジョンが言います。「人生でわれわれがすることは何もかもが神聖なんだ。4つの方角がすべての土台だ。だからこうやって籠を編みはじめるんだよ」

4つの方角：東、南、西、北の方角に敬意を示す伝統。ネイティブアメリカンのそれぞれの部族に、4つの方角がもたらす贈り物についての教えがある。4という数字も大切だ――たとえば、四季、4つの自然の要素、4つの人種など。

籠の枠組みになる8本のへぎ板をつるで固定すると、そこから籠編みが始まります。私たちは次の指示をもらおうとジョンを見ますが、ジョンからは何の指示もありません。「あとは自分でやるんだよ。籠のデザインはあんたら次第だ」。へぎ板には厚いものと薄いものがあり、さらにジョンが袋の中から、色鮮やかに染めたへぎ板を取り出します。あらゆる色がそろっています。もつれ合って山になっている色とりどりのへぎ板は、パウワウで男性が着るシャツのリボンみたいです。「編みはじめる前に、木のこと、木がしてくれた仕事のことを考えなさい」とジョンが言います。「この籠のために木はその生命をくれたんだから、あんたらは自分の責任がわかるだろ。お返しに、美しいものをつくりなさい」

木に対する責任を思って私たちはしばし考えます。私は時々、1枚の白紙を前にしてそれと同じことを感じます。私にとって、書くという行為はこの世界へのお返しです。私に与えられたすべてのものに対して、お返しに私にできるのが書くことなのです。

籠は、最初の2列を編むのが一番難しく、ジョンが助け舟を出してくれます。励ましの言葉をかけながら、なかなか思うようにならないへぎ板を、しっかりした手で押さえてくれるのです。2列目は、編んでいるへ

あなたに与えられたすべてのものに対して、あなたはどうやってお返しができるでしょう？　どうやってお返しをしていますか？

ぎ板をクリップで固定しておかないと動いてしまうし、固定してもすぐに外れて、へぎ板の端にピシャリと顔を叩かれます。ジョンは笑うだけです。それから3列目。私の一番のお気に入りです。3列目になると、へぎ板の張力と、反対向きの2つの力の均衡がとれはじめます。ギブ・アンド・テイクの関係（レシプロシティー）が生まれて、バラバラの各パーツがひとつの全体をつくりはじめるのです。へぎ板は正しい位置に収まり、楽に編めるようになります。混沌の中から、秩序と安定が姿を現すのです。

大自然と人びとの健康を紡ごうとするとき、私たちはこの3つの列が教えてくれることに目を向けなければなりません。最初の列には必ず、生態系の健全さと自然の摂理。それがなければ豊かさという籠を編むことはできません。最初の列があってはじめて、2列目の円を編むことが可能になります。2列目が示しているのは物質的な繁栄であり、人間が生きていくのに必要とする物質です。生態系の上に構築された経済。でもその2列だけでは、籠はまだバラバラになってしまう危険性があります。3列目を編んではじめて、最初の2列がしっかりとまとまり、そうやって、生態系、経済、そしてスピリット（精神性）がひとつになります。与えられた贈り物であるかのように素材を使い、お返しに、それに相応しい使い方をすることでバランスがとれるのです。3列目の呼び方はいろいろあると思います。尊敬。レシプロシティー。生きとし生けるものすべて。私はそれをスピリットの列だと思っています。

たとえばこの、ピジョン家のメンバーによるつくりかけの籠のように、ブラックアッシュの籠は、生態系、経済、スピリットが全部織り合わされたものと考えることができる。

それを何と呼ぶにしろ、この3つの列は、私たちの生命が互いに依存し合っているということ、人間のニーズは、すべての存在を収める籠を構成する、たったひとつの列にすぎないことを私たちが認識している、そのことを示しています。バラバラのへぎ板は、関係性をもつことで籠という全体になります。そうしてできた籠は、私たちを未来へと連れて行ってくれるだけの頑丈さと柔軟性をもっています。

午後も遅くなり、作業台には完成した籠がずらりと並びました。ジョンは、小さい籠につけるのが慣例になっている装飾用の巻き飾りをつけるのを手伝ってくれます。「最後の仕上げだよ」とジョンは言って、マジックペンを私たちに渡します。「署名しなくちゃいけない。自分がつくったものに誇りをもって。籠は自分で勝手にできたんじゃない。間違いも何もかも含めて、これは自分がつくったと宣言しないとな」。ジョンは私たちひとりひとりに、自分の籠を持たせて写真を撮ります。「今日は特別な日だ」——誇らしげな父親のように彼が言います。「今日学んだことを見てごらん。籠があんたらに教えてくれたことを見てごらん。どれもみんな美しいだろう。ひとつひとつ違うが、でもこれは全部同じ木からできたんだ。わしら人間も同じだ、同じものからできているが、それぞれにそれぞれの美しさがある」

土地の再生と籠づくり

ブラックアッシュの若木は、日向、そして籠のつくり手の集団が暮らす村の近くで特に元気に育ちます。ブラックアッシュと籠づくりの人びとは、収穫する者とされる者という共生関係をもつパートナーなのです。ブラックアッシュは人びとに依存し、人びとはブラックアッシュに依存しています——私たちは運命共同体なのです。

ピジョン一家がこの、人と木のつながりについて教えるのは、伝統的な籠づくりを復興させようという高まりつつあるムーブメントの一環であり、先住民族の土地、言語、文化、哲学を再生しようとする動きとも連動しています。タートルアイランドのそこかしこで、ネイティブアメリカンの人びとが先頭に立ち、あとからやってきた者による圧力で消えかかった、伝統の知識や生き方を蘇らせようとしているのです。でも、ブラックアッシュの籠づくり復活の気運が高まる中、もうひとつ別の侵略者がそれを脅かしています。

ジョンは、私たちひとりひとりに、米国農務省がつくったパンフレットを手渡

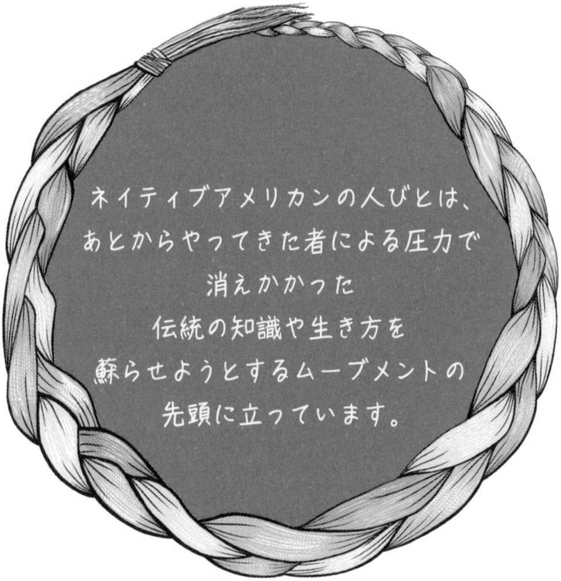
ネイティブアメリカンの人びとは、
あとからやってきた者による圧力で
消えかかった
伝統の知識や生き方を
蘇らせようとするムーブメントの
先頭に立っています。

しました。表紙はつややかな緑色の甲虫の写真です。「ブラックアッシュの木を大切に思うなら、ぼんやりしていてはダメだ。攻撃されているんだよ」とジョン。中国から入ってきたアオナガタマムシは、木の幹に卵を産みつけます。卵から孵った幼虫は、蛹になるまで木の形成層を食べ、蛹から羽化すると木を突き破って次の生育地を求めて飛び立ちます。でも、どこに着地したにしろ、アオナガタマムシがついた木はいずれ必ず枯れてしまいます。そして、アオナガタマムシの一番お気に入りの宿主は、ブラックアッシュを含むトネリコ属の木なのです。アオナガタマムシの生息域が広がるのを防ごうと、今では丸太や薪の移動には検疫が設けられていますが、アオナガタマムシは科学者の予測よりも速く広がっています。「だから気をつけていなさい」とジョン

アオナガタマムシ（*Agrilus planipennis*）はトネリコ属の木に多大な被害を与え、ものの数年で枯らしてしまうこともある。

が言います。「われわれの木を護るのはわれわれの仕事だからな」。秋、ジョンやジョンの家族がブラックアッシュを伐採するときには、特に気をつけて地上に落ちた種を拾い集め、湿地のあちこちに蒔きます。「何だってそうだが、もらったものにはお返しをしなきゃならん。この木はわしらの面倒を見てくれるんだから、わしらも木の面倒を見ないとな」

すでに、ミシガン州の広大な地域でトネリコ属の木が枯れてしまいました。はるか大昔から続いていた関係性の鎖が断ち切られてしまったのです。ピジョン家が代々にわたってブラックアッシュの木を伐り出し、また面倒を見てきた沼地も、アオナガタマムシに感染しています。「私たちの木は全滅してしまいました。この先、籠がつくれるかどうかわかりません」とアンジー・ピジョンは書いています。ほとんどの人にとって、害虫が増えることで失われるのは景観です。でも、太古からの関係性を引き継ぐ責任を背負う者にとってこの空っぽのすきまは、仕事を失い、一族みんなの心に穴があいてしまうことを意味しています。ピジョン家の人びとは、木と伝統の両方を護るため、森林学者たちと協力してアオナガタマムシに立ち向かい、その影響になんとか順応しようとしています。関係性を構築し直そうとしているのです。

すべての生き物には、彼らの味方となり護ってくれる、ピジョン一家のような人が必要です。ネイティブアメリカンに伝わる教えの多くは、特定の生き物が人間を助け、導いてくれると考えます。「聖なる教え」は、私たちもまた彼らにお返しをしなければいけないということを思い出させます。自分たちとは違う生き物の保護者になれるというのは名誉なことです――そして私たちはともすると忘れがちですが、その名誉は私たちひとりひとりの手の届くところにあるのです。ブラックアッシュの籠は、他の生き物たちが私たちに与えてくれる贈り物を思い出させてくれます。そして私たちは、彼らを支援し、護ることで、その贈り物に対してありがたく返礼をすることができるのです。

意識を研ぎ澄まして

今、私の家は籠だらけですが、私の一番のお気に入りはピジョン一家がつくった籠です。その中に私はジョンの声を、ドン、ドン、ドンと丸太を叩く音を聞き、沼地の匂いを感じます。木が生きていた年月が私の手の中にあるのだということを、ピジョン家の籠は思い出させてくれるのです。それと同じくらいに、私たちが生きるために差し出された生命に対して敏感に生活したらどんな感じだろう、と私は考えます。いったんそれを始めるとなかなかやめられません。そして自分の周りには贈り物があふれていることに気づくのです。

そんなふうに意識しながら、私は私の机の上にあるものを眺めます——籠、キャンドル、紙。そしてその起源を地球まで辿ってはうれしくなります。オニヒバを削ってつくられた魔法の杖みたいな鉛筆を、指の間でくるくる回してみたり。アスピリンにはヤナギの樹皮が含まれています。金属製のランプさえ、その起源は地球の地層にあることを考えさせてくれます。けれども私の目は、机の上のプラスチック製のものの上はさっさと通り過ぎるし、それについて考えようともしないことに私は気づきます。コンピューターのことはほとんど無視。プラスチック製のものについてはじっくり考えようという気が少しも起こりません。あまりにも自然界から距離がありすぎるのです。そうやって、ある物の中に宿る生命が見えにくくなってしまったときに、人間と世界の乖離(かいり)が始まり、自然への畏怖が失われたのかもしれません。

でも時おり、籠だの桃だの鉛筆だのを手にすると、頭と心がすべてのつながりに開かれる瞬間があります。すべての生命と、それらを上手に使うという私たちの責任について。そしてそういう瞬間に、私にはジョン・ピジョンがこう言うのが聞こえるのです——「落ち着きなさい。あんたの手の中にあるのは、この木の30年分の生命なんだ。あんたはそれで何をしようとしてるのか、ちょっとくらい考えてやってもいいんじゃないのかね？」。

私たちが生きるために与えられた生命について敏感に生きるとはどういうことでしょう？　ティッシュペーパーに含まれている木や、ハミガキ粉に含まれている藻類や、床板がオークでできていることについて考え、あらゆるものの生命の源を辿って、そこに敬意を示す生き方とは？　そういうふうに考えることで、あなたとそれらのもの、そして世界全般との関係はどのように変化するでしょうか？

スイートグラスについての考察

スイートグラスで籠を編む人びとが、昔からスイートグラスが育っていた場所からその姿が消えつつあるのはなぜなのかを調べてほしいと言います。手助けはしたかったけれど、私はちょっとためらいました。科学と伝統的な知識の間には、使う言葉やそれが意味するところに隔たりがあるからです。知識の種類も、その伝え方もまったく違うのです。スイートグラスの教えに、厳しく統一された科学的思考や、学術の世界に求められる論文の書き方――「はじめに」「文献レビュー」「仮説」「方法」「結果」「考察」「結論」「謝辞」「参考文献」――を押しつけるのは気が進みませんでした。

私にとってスイートグラスは実験の対象ではなく、与えられた贈り物です。でも人びとはスイートグラスのためを思って私に依頼してきたのであり、私にはそれをするのが自分の責任であることがわかっていました。だから私は依頼を引き受け、あなたと一緒にその調査をしたいと思うのです――科学と伝統的な知識を組み合わせて。もしかしたらそれは、将来あなたが頼まれたり必要に迫られてすることになる研究のお手本になるかもしれません。

1. はじめに

夏、スイートグラスの草原は、目にするよりも前に匂いでわかる。スイートグラスの香りが風にたなびき、それから沼地の湿った地面の匂いがする。それから再び、甘いバニラのような香りが戻ってきて、こっちへおいでと手招きする。

2. 文献レビュー

小柄で白髪の老婦人、レナは、そう簡単には騙されない。長い歳月が培った自信とともに草原に分け入り、細い体で草を掻き分けていく。草原を見渡していたかと思うと、ある一画をめざしてまっすぐ歩きはじめるが、経験のない者の目には、そこは周囲と何も変わらないように見える。レナは草の1本に、しわくちゃの茶色い親指と人指し指を滑らせる。「ほら、とてもツヤがあるでしょ？　スイートグラスは他の草に隠れて見えないこともあるけど、私たちに見つけてほしいの、だからこんなに光ってるの」。だがレナはこの一画には手をつけず、スイートグラスは彼女の指の間をすり抜ける。最初に見つけたスイートグラスは採ってはいけないという祖先の教えを守っているのだ。

私は、ヒヨドリバナやセイタカアワダチソウに愛おしそうに指先で触れながら歩くレナに後ろからついていく。レナは草地の中に光っているところを見つけて歩を早める。「ああ、Bozho」。ハロー。レナは着古したナイロン製の上着のポケットから、縁に赤いビーズ飾りのついた鹿革のポーチを取り、手のひらに少々のタバコを取り出す。そして目を閉じ、小声で何かを呟きながら手を4つの方角に向かって上げ、それからタバコを地面に撒く。「知ってるだろうけど」――質問するように眉を上げながらレナが言う。「必ず贈り物をして、採ってもいいか訊くんだよ。訊かないのは失礼なの」。それからようやくレナはかがんで、スイートグラスの茎を根元から、根は抜かないように気をつけながら指で摘み取る。それから近くの草むらを手で掻き分けると、1本、また1本と摘み取れるスイートグラスを見つけ、やがてつややかなスイートグラスの太い束ができる。

レナはスイートグラスが密集している区画をいくつも、手をつけずに通り過ぎる。「これが私たちのやり方」と彼女が言う。「必要な分だけもらうこと。見つけたものの半分以上は採らないように、と昔から教わってきたの」。草原には、レナが通った跡を示す曲がりくねった小道ができる。

1本も採らないこともある。ただ草原をチェックしにここへ来て、スイートグラスの育ち具合を見るのである。「私たちの教えはとてもしっかりしていてね。役に立たない教えは伝わらないからね。一番よく覚えとかなきゃいけないのは、私のおばあちゃんがいつも言ってたことなんだけどね。『敬意をもって礼儀正しく草を使えば、草はずっといなくならずに元気に育つ。世話をしなければいなくオオアワガエリ：長い円筒状の穂をつける多年生の草。

なってしまう。敬意を払わなければ私たちのもとを去ってしまう』ってね」。森の中を通る帰り道に向かって草原をあとにするとき、レナは通り道沿いに生えている**オオアワガエリ**を数本束ね、その場でゆるい結び目をつくる。「こうすれば、他にスイートグラスを摘みに来た人たちは、私が先にここに来たってことがわかるの」とレナが言う。「だからもうこれ以上は摘んじゃいけないってわかるようにね。ここはいつでもいいスイートグラスが採れるよ、きちんと面倒を見てるから。でもスイートグラスが見つからなくなってる場所もある。摘み方が間違ってるんじゃないかね。急いでまるまる引っこ抜いちゃう人たちもいるからね。根っこまでね。私はそうは教わらなかった」

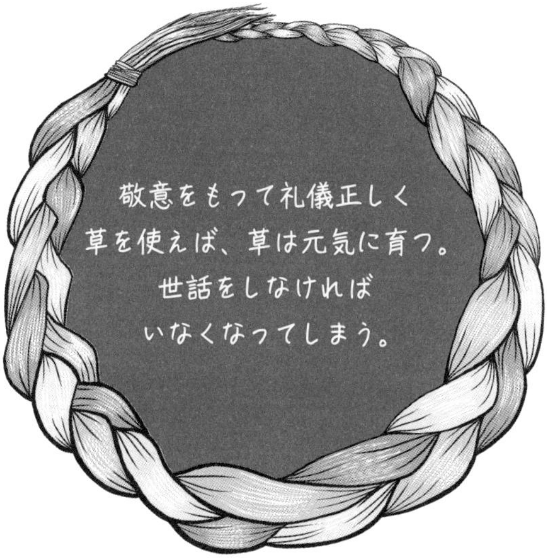
敬意をもって礼儀正しく
草を使えば、草は元気に育つ。
世話をしなければ
いなくなってしまう。

3. 仮説

各地で、伝統的にスイートグラスが収穫されてきた場所からその姿が消えつつある。そこで、スイートグラスで籠を編む人びとから植物学者に対し、スイートグラスが姿を消しているのは収穫の仕方が原因ではないか、調査してほしいという依頼があった。

自分の言いたいことを聞いてもらいたければ、聞いてもらいたい人が使う言語を話さなくてはならない。そこで私は大学に戻り、大学院生のローリーに、これを修士論文のテーマにしてはどうかと提案した。彼女はずっと、書いたら書棚に並んでそれっきりではなく「誰かの役に立つ」研究プロジェクトを探していたからだ。

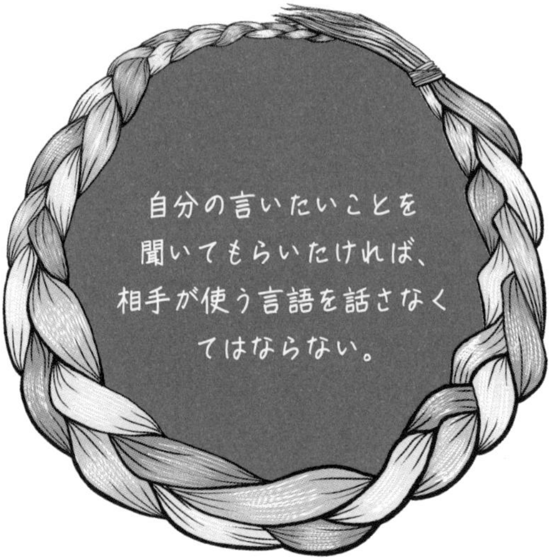
自分の言いたいことを
聞いてもらいたければ、
相手が使う言語を話さなく
てはならない。

4. 方法

ローリーは、それまでスイートグラスというものを見たことがなかった。「スイートグラスからは学ぶことが多いわよ」と私は言った。「だからまず知り合わないと」。そして、復元したスイートグラスの草原にローリーを連れて行った。一度その香りを嗅いだだけで彼女は虜になり、間もなく自分でスイートグラスを見分けられるようになった。それはまるで、スイートグラスが彼女に見つけてほしがっているみたいだった。

私たちは、籠を編む人たちが教えてくれた2種類の収穫方法がスイートグラスに与える影響を比較する実験を考案した。ローリーはそれまで、科学的方法だらけの教育を受けてきていたが、私は彼女に、それとは少々スタイルが違う研究を体験してもらいたかった。私にとって実験というのは、植物との一種の会話だ。

私は植物に訊きたいことがあるのだが、私たちは同じ言語を話さないので、私には直接質問することができないし、彼らは言葉で答えようとはしない。けれども植物は、どう生きるか、変化にどう対応するかを示すことで質問に答えてくれるのだ。同僚たちが「○○を発見した」と言うのを聞くと私は苦笑いする。まるでコロンブスが、自分がアメリカを発見したのだと主張するようなものだからだ。アメリカは昔からずっとここにあって、コロンブスがそれを知らなかっただけなのに。科学実験とは、何かを発見しようとすることではなくて、人間以外の生き物がもつ知識に耳を傾け、翻訳する、ということなのだ。

籠をつくる人たちを科学者と呼べば同僚は笑うかもしれないが、レナとレナの娘たちは、見つけたスイートグラスの50パーセントを収穫し、その結果を観察し、わかったことを評価し、そこから管理のためのガイドラインを作成するのだから、それは実験科学に非常に似ていると私は思う。何世代にもわたって集めたデータを時間をかけて確認すれば、そこからきちんと検証された理論が生まれるのだ。

多くの大学がそうであるように、私が教える大学でも、大学院生は論文の題材を論文指導委員会の教授陣に提出しなければならない。ローリーは提案する実験の概要を、複数の実験実施箇所、実験の反復の仕方、徹底的なサンプリング手法などをうまく説明して見事な提案書にまとめた。だが彼女がその説明を終えたとき、会議室には気まずい沈黙が流れた。教授のひとりが提案書をペラペラとめくり、素っ気なく脇にどけてこう言った。「科学的に新しいことは何もないように思うがね。理論的枠組みさえない」

私たちの実験が、**科学的理論**に則ったものであることはたしかだった。レナと、先住民族に伝わる生態系についての知識。つまり、敬意をもって礼儀正しく植物を利用すれば植物は元気に育つが、世話をしなければ姿を消してしまう、というものだ。これは、数千年にわたって収穫に対する植物の反応を観察した結果生まれ、籠をつくる人から薬草医まで、数世代にわたる実践者が評価してきた理論なのだ。

> 科学的理論：あるまとまった知識体系であり、さまざまな事例に共通して当てはめられる説明であり、未知の状況で何が起こるかの予測を可能にするもの。

学部長は、鼻の途中までずり落ちた眼鏡の上からローリーを険しい顔で見つめ、私の方を横目で見た。「植物を刈り取れば個体群に悪い影響を与えるということは誰だって知ってる。時間の無駄だよ。悪いが、伝統的知識が云々というのは説得力がないと思うね」。さらに説明を加える間、元学校教師らしくローリーは落ち着いて物腰はやわらかだったが、その目は冷ややかだった。

だがあとになって彼女は泣いた。私もだ。どんなに周到に準備をしても、駆け出しの女性科学者にとってこれはいわば通過儀礼のようなものなのだ。見下され、学会の権威から言葉で攻撃される——おそらく高校も出ておらず、おまけに植物と会話するような老女の言うことに基づいて研究するなどと厚かましいことを言えばなおさらである。

先住民族の知恵に正当性があるかもしれないという可能性を科学者に認めさせるのは、氷のように冷たい川の流れに逆らって泳ぐようなものだ。彼らは、最も確かなデータでさえ疑ってかかるように徹底的に叩き込まれているので、通常求められるグラフや数式を使わずに検証された理論に耳を貸すのは非常に難しいのである。さらに、真実の市場は科学が独占している、という揺るぎない思い込みがそこに加われば、議論の余地などほとんど残らない。

それでも私たちはくじけずに実験にとりかかった。籠をつくる人たちからはすでに、科学的方法論の要件である、観察・規範・検証可能な仮説が示されており、それは十分に科学的であるように思えた。

だから私たちはまず、「この2種類の収穫方法は、スイートグラスの数の減少の原因となっているか？」という質問をスイートグラスに投げかけるための実験区を設営した。そしてその答えを見つけようとした。私たちは、ネイティブアメリカンが実際にスイートグラスを採取している場所を傷つけないよう、個体数を人為的に回復させたスイートグラスの密生地を選んだ。

信じられないような根気で、ローリーは各実験区内のスイートグラスの個体数調査を行い、採取前の個体密度を正確に測った。さらに、スイートグラスの茎一本一本に色つきの結束バンドで印をつけ、追跡調査ができるようにした。そうやって全部の個体を記録しおわると、ローリーは採取にとりかかった。

各実験区には、籠をつくる人たちがしている2種類の採取方法のうちのどちらかが割り振られた。ローリーは、各実験区の個体数の半数を、一部の実験区では1本ずつ根元から丁寧に切り取り、他の実験区では根ごと抜き取った。抜き取ったあとには地面にでこぼこのすきまができた。実験にはもちろん対照〔訳注：調査対象と比較するための、人為的な手を何も加えないもの］が必要なので、ローリーは同数の実験区には手をつけず、一切の採取を行わなかった。

ある日、私たちは草原で日向ぼっこしながら、この方法が伝統的な収穫の方法を本当に再現しているだろうか、と話し合った。「していないわ」とローリーが言った。「だって、人間とスイートグラスの関係は再現できていないもの。私はスイートグラスに話しかけたり捧げ物をしたりしないわけだし」。彼女はこの点で悩んだ末、それはしないと決めたのだった。「そういう伝統的な関係性は大切だと思うけど、実験の一部としてそれをするわけにはいかないでしょ。どう考えても正しくないわ――私には理解できないし、科学が数量化を試みることさえできない変数を加えるなんて。それに、私にはスイートグラスに話しかける権利なんかないもの」。あとになってローリーは、実験の間、中立の立場を守り、スイートグラスに愛情を感じないようにするのは難しかった、と言った。スイートグラスから学び耳を傾けながら何日も何日も過ごしたあとでは、何の感情ももたないでいることは不可能だったのだ。やがて彼女は、すべてのスイートグラスに対して同様に気配りをし、敬い、常に一定の手入れをして、実験の結果に偏った影響を与えないことだけに気をつけるようになった。採取したスイートグラスは、数を数え、重量を量ると、籠をつくる人たちに寄贈した。

それから2年間、ローリーは、一団の学生たちの手を借りながらスイートグラスを採取し、その反応を計測した。最初のうち、手伝ってくれる学生はなかなか見つからなかった――草が成長するのを見守るのが仕事だったのだから無理もない。

> 敬意をもって扱うということと、盗用するということの違いは何でしょう？

5. 結果

ローリーは細心の注意を払って観察し、測った数値をノートに記録し、各実験区のスイートグラスの成長を表にした。対照区のスイートグラスの元気がなくなったのを見て彼女は心配した。実験区での採取がスイートグラスに与える影響を比較するためには、採取を行わない対照区を基準点にできなくてはならなかった。

2年目になるころには、ローリーは最初の子どもを妊娠していた。スイートグラスはどんどん育ち、彼女のお腹も大きくなっていった。スイートグラスの根元につけたタグを読むために寝転ぶのはもちろんのこと、体を曲げたりかがみこんだりするのも大変になった。それでもスイートグラスに対するローリーの忠誠は変わらず、地面に座ってスイートグラスを数えたり印をつけたりした。野外作業の静けさや、スイートグラスの香りに囲まれて花咲く草原の中に座っているときの落ち着いた気持ちは、胎教にいいはずだと彼女は言った。お腹の赤ん坊が成長するにつれてローリーは、彼女のメンターである籠づくりの女性たちの知見をより強く信じるようになっていった。昔からスイートグラスやその生息環境と近しい関係をもっている女性たちによる観察の質の高さに、彼女は気づいたのである。そうした女性たちはローリーにたくさんのことを教え、そして赤ん坊の帽子をたくさん編んでくれた。

シリアは秋のはじめに生まれた。ゆりかごの上には三つ編みにしたスイートグラスが吊るされた。シリアが眠る横で、ローリーはデータをコンピューターに入力し、2つの収穫方法の比較を始めた。茎の一本一本に結ばれた結束バンドによって、ローリーは、各実験区のスイートグラスを図表化することができた。

ローリーの統計分析は正しかったし綿密だったが、何が起きているかを見るのにグラフはほとんど必要なかった。草原を遠くから眺めるだけで違いは明らかだった——つややかな、金色がかった緑色に輝く実験区もあれば、茶色がかって元気のない実験区もあったのだ。ローリーの頭からは、「植物を刈り取れば個体群に悪い影響を与えるということは誰だって知っている」という論文指導委員会の批判が離れなかった。

驚いたことに、刈り取らず、またどんな方法でも手を入れなかったスイートグラスの個体群は枯れた茎でいっぱいになってしまっていたのに対し、刈り取りを行った実験区のスイートグラスはものすごく元気だった。1年目も2年目も、数えた茎の半分を刈り取ったにもかかわらず、スイートグラスはたちまちのうちに再び成長して刈り取られた部分を補填したばかりか、採取される前よりたくさんの茎が生えていた。スイートグラスは、刈り取ることで成長が促進されるようだったのだ。1年目の刈り取りのあと、最もよく成長したのは、数本まとめて根ごと引き抜かれたものだった。だが、一本一本根元で摘み取っても、まとめて引き抜いても、最終的な結果に差はなかった。収穫の方法はどうでもよかったのだ

——とにかく収穫しさえすれば。

ローリーの論文指導委員会は最初からこの可能性を排除していた。彼らは、収穫すると個体数が減少する、と教わっていたのだ。ところが実際のスイートグラスは、それとは反対の論拠をはっきりと示していた。ローリーは図や表を駆使し、スイートグラスは収穫すると元気に増え、しなければ減少する、ということを示して見せた。疑い深い学部長は押し黙ったままだった。籠をつくる女性たちは笑顔だった。

6. 考察

私たちは誰しも、私たちの世界観によってつくられている。純粋な客観性を求める科学者とて例外ではない。スイートグラスについて科学者たちが立てた予想は、彼らがもつ西欧科学の世界観、つまり、人間を「自然界」の外側に置き、人間以外の生物種とのやりとりは概してネガティブなものだとする考え方と一致している。だが草原は私たちに、スイートグラスにとっては人間も生態系の一部であり、欠くことのできないものである、と教えている。ローリーの発見は、理論としての生態学を研究する者は驚いたかもしれないが、私たちの祖先が訴えてきた理論とは一致しているのだ——「敬意をもって植物を利用すれば、その植物はずっと私たちのもとにとどまり、元気に育つ。世話をしなければ植物はいなくなってしまう」。

「あなたの実験は重大な影響を明示しているようだが、あなたはそれをどう説明するんですか」と学部長が言った。「収穫してもらえなかったスイートグラスは、無視されたからといって心が傷ついたとでも？　どういう仕組みでこういう結果が出たんですか？」

籠を編む人たちとスイートグラスの関係について説明している科学文献はない、とローリーは認めた。そんなことは通常、科学的に解明するに値する質問とは捉えられないからだ。そこで彼女は、草が、それ以外の要素——たとえば火災や家畜の放牧——にどのように反応するかに関する研究を参照した。すると、彼女が目撃した収穫という刺激による植物の繁茂（はんも）〔訳注：草木が生い茂ること〕は、放牧地管理の研究者にはよく知られた事実であることがわかった。草は刺激に適応する。

地表のすぐ下に成長点［訳注：活発に細胞分裂が行われる、茎や根の先端部］があって、芝刈り機、草食動物、火災などによって葉がなくなっても素早く回復するのである。

ローリーは、収穫によって個体数が減ると、残った個体はその分増えたスペースと光に反応して生殖の速度が速まる、と説明した。根と根を結ぶ地下茎には芽が点在していて、軽く引っ張られることで地下茎が折れ、それらの芽から元気のいい若い茎が生えてそのすきまを埋めるのだ。

代償成長と呼ばれるこの生理学的変化は、さまざまな野草に見られる現象だ。反直観的に聞こえるが、バッファローの群れが新鮮な草を食べてしまった草地では実際、それに応えて草の成長速度が速まる。それによって、草が回復するだけでなく、そのシーズンの後半に再びバッファローの群れを食事に呼び戻すことができるのだ。草を食べるバッファローの唾液には草の成長を促す酵素が含まれている。通り過ぎるバッファローの群れが落としていく肥料のことは言うまでもない。草とバッファローは、互いに与え合う関係なのである。

代償成長：植物の枝葉が失われたときに、それを補うために成長が速まること。

文化の一部として使われてきた長い長い歴史の中で、スイートグラスは、その代償成長を促す「攪乱」を人間がつくり出すことに依存するようになったらしい。人間はこの共生関係の一部なのだ――スイートグラスは芳しい葉を人間に提供し、人間はそれを採集することでスイートグラスが元気に繁殖する条件を整えるのである。

地域によってスイートグラスが減少しているのは、採りすぎではなくむしろ収穫不足が原因ではないか、と考えるのは興味をそそられる。ローリーと私は、以前私が教えた学生、ダニエラ・シェビッツが作成した、昔からスイートグラスが収穫されてきた場所の地図をじっくり調べた。スイートグラスは、ネイティブアメリカンのコミュニティー、とりわけスイートグラスの籠づくりで知られる村の周りでたくさん育っていた。

科学と伝統的な知識では、問う内容も違うし使う言葉も異なるかもしれないが、両者が本当に植物の言うことに耳を傾けるならば、このふたつには重なるところがあるのではないだろうか。祖先が私たちに話してくれた物語を大学の教室にいる学者たちに伝えるため、ローリーはこう言った。「生物量の50パーセントを排

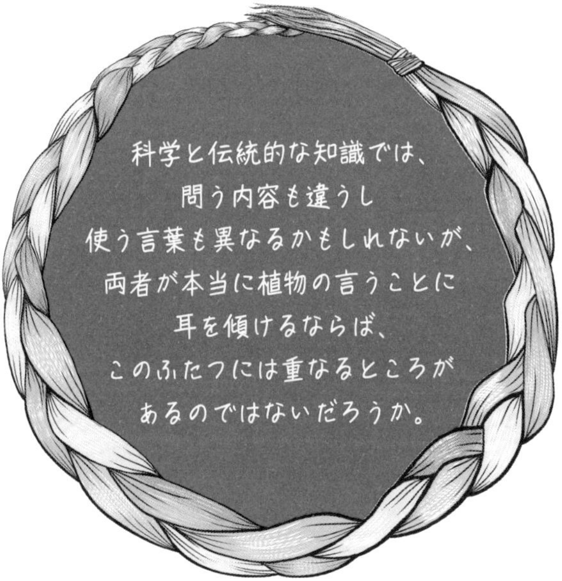
科学と伝統的な知識では、
問う内容も違うし
使う言葉も異なるかもしれないが、
両者が本当に植物の言うことに
耳を傾けるならば、
このふたつには重なるところが
あるのではないだろうか。

除すると、茎は資源を求めて競争する必要がなくなります。代償成長が刺激となって、個体密度は高まり、植物の成長力も高まります。撹乱がないと、資源は枯渇して個体間の競争が熾烈化し、その結果、植物は成長力を失い、枯死率が高くなります」

委員会のメンバーたちはローリーに温かな拍手を送った。ローリーは彼らがわかる言葉で、スイートグラスの収穫には成長を刺激する効果があり、収穫者とスイートグラスの間にはレシプロシティーがあるという、説得力のある主張を展開して見せたのである。メンバーのひとりは、この実験は「科学に何ひとつ新しい知見を加えない」という当初の批判を撤回した。審査会に出席した籠づくりの女性たちは満足げに頷いた。年寄りが言った通りではないか？　レシプロシティーとは、与えることと受け取ること、というけっして終わることのない連環を通じて、贈り物を常に動かしつづけるということに他ならないのだ。

問題は、ではどうやって敬意を示すのか、ということだった。実験を進めるにつれ、スイートグラスがその答えを教えてくれた——私たちは、環境を壊さないように植物を利用することによって敬意を示すことができるのだ。敬意とともにその贈り物を受け取ることによって。

部族のエルダーたちは、植物と人間の関係はバランスのとれたものでなくてはならないと言う。多くを奪いすぎれば植物の生産能力を超え、再び私たちに分け与えることができなくなる。「半分以上採ってはならない」という教えは、つらい経験によって培われた考え方なのだ。と同時に彼らによれば、収穫が少なすぎてもいけない。伝統を死に絶えさせ、関係性が色褪(あ)せれば、自然にそのしわ寄せがいく。

さらに、すべての植物が同じわけではなく、それぞれに異なった再生の方法がある。たとえばスイートグラスと違って、刈り取ることが損害を与えやすい植物もある。レナならきっと、それぞれの植物をよく知って、その違いを尊重することが重要なのだと言うだろう。

7. 結論

ネイティブアメリカンの人びとは、タバコと感謝をもってスイートグラスに「私はあなたを必要としています」と伝える。刈り取られたあとに再生することによってスイートグラスは、「私もあなたが必要です」と言う。

Mishkos kenomagwen。これこそが、植物が教えてくれる教訓ではないだろうか？　贈り物はレシプロシティーを通して補充されつづける。私たちの繁栄はすべて、お互いさまの関係とともにあるのだ。

8. 謝辞

丈高く草の伸びた草原にひとりで立ち、ただ風の音だけを聞いていると、科学と伝統的なものの考え方、データと祈りの違いを超越する言葉があるのがわかる。風は草を渡り、草の歌を歌う。まるで、さざ波のように揺れる草の上で、風が何度も何度もスイートグラスの名を呼んでいるように聞こえる。スイートグラスが教えてくれたすべてのことに、感謝します。

9. 参考文献

スイートグラス、バッファロー、レナ、祖先の人びと。

メープルの国の市民権を得るには

メープルの贈り物

私の町にはガソリンスタンドがひとつしかありません。そしてそれは、同じく町で唯一の信号の脇にあります。そういう町なのです。ガソリンを入れられるのはここだけなので、給油には長い列ができることもしばしばです。今日はみんな車の外に出て、車に寄りかかって春の日差しを浴びながら自分の番を待っています。店の棚の品揃え同様、会話の内容もおもに、生活に必要不可欠なことばかりです——ガソリンの値段、樹液の流れ具合、誰それが税金の申告を終えた、などなど。木の下にはまだ雪が残り、灰色の幹の根元と、赤くなりはじめたメープルの木の芽を、輝く毛布のように包んでいます。昨夜は早春の紺碧の空に、銀色の細い月が浮かんでいました。この新月とともに、アニシナアベの新年がやってきます——Zizibaskwet Giizis、「メープル・シュガー・ムーン（メープルシュガーの月）」。休むべくして休んでいた地球が目を覚まし、人びとへの贈り物を新しくする季節です。それをお祝いするために、私はメープルシロップを手に入れに行くところです。

丘陵地帯を通ってシュガーメープル（サトウカエデ）の林に向かう私の車の助手席には、今日届いた国勢調査の用紙が置いてあります。この町に暮らす「人」の数を、生物学的な多様性を含む形で数えたならば、メープルの木の数が人間の100倍になることでしょう。

伝統的な食文化の復興をめざすある団体がつくった、生命地域（バイオリージョン）を示す美しい地図があります。その地図には州の境界線はなく、その代わりに、その地域に棲むおもな生物によって決まる生態域（エコリージョン）が示されています。景観をつくり、私たちの日々の暮らしに影響を与え、物質的な意味でも精神的な意味でも私たちを養ってくれる、各地域を象徴する生き物たちのあなたの住んでいる地域を象徴する生き物は何ですか？

ことです。たとえばその地図には、太平洋岸北西部の「サーモンの国」、アメリカ南西部の「ピニョン〔訳注：マツの一種〕の国」などが載っています。アメリカ北東部の私たちは、「メープルの国」に暮らしています。

アニシナアベの言葉でメープルはanenemikといいます。男性の木、という意味です。隣のオノンダガ・ネーションの人びとは、メープルを木のリーダーと呼びます。リーダーが何をするかって？　メープルは環境品質管理委員会を構成し、1日24時間、年中無休で空気と水の浄化サービスを行っているのです。さまざまな行政の取り組みにも参画し、町の美化にかけては、独力で秋を真紅に染めてくれます。

それだけではありません。メープルは野鳥のすみかや野生動物の隠れ家を、踏みしめて歩ける金色の葉を、木の上の要塞を、ブランコを下げる枝を提供します。何百年にもわたって積もったメープルの落ち葉がこの土壌をつくり、そこでは今、イチゴやリンゴ、トウモロコシ、牧草などが栽培されています。

この谷の酸素のどれだけが、メープルによってつくられたものなのでしょう？　どれほどの二酸化炭素が大気中から吸収され、蓄えられたことでしょう？

この作用を生態学者は「生態系サービス」と呼びます。生命の存在を可能にする、自然界の構造と働きのことです。私たちは、メープルの材木や1ガロン〔訳注：約4リットル〕のメープルシロップに値段をつけることはできますが、生態系サービスはそれよりもずっと価値があります。それなのにこういうサービスは、人間の経済活動の中で顧みられることはありません。地方自治体が提供するサービスと同じく、それがなくなるまで私たちはその存在に気づかないのです。雪掻きや学校の教科書にはお金を払うのに、メープルによる生態系サービスに支払う正式な税金は存在しません。私たちはそれを、絶え間ないメープルからの寄付によって無償で受け取っているのです。メープルは私たちに対する責任を果たしてくれています。では、彼らは私たちの行動をどう評価しているのでしょうか？

シュガーハウスに到着するころには、すでに鍋はぐつぐつと沸騰しています。換気口からはすごい勢いで湯気が噴き出し、近隣の人たちや谷の向こう側にまで、今日メープルシロップをつくっているということを知らせています。重労働です。蒸発器を監視したりシロップを検査したりしている職員ふたりは今朝早くからここにいます。私は彼らが作業の合間にひと口ずつ食べられるよう、パイを差し入れに持ってきました。樹液が煮えるのを見ながら私は彼らに、メープルの国のよき市民であるというのはどういうことだろうか、と訊いてみます。

薪をくべる係のラリーは10分ごとに、肘まで覆う手袋とフェイスシールドを着け、炉の蓋を開けます。ものすごい熱が噴き出す中、ラリーは腕いっぱいの薪をくべます。「よぉく沸騰させとかないと」と彼。「僕たちのやり方は旧式なんです。重油やガスバーナーを使うようになった人たちもいますけどね。僕たちはいつまでも木を使いたいですね、それがしっくりくるから」

薪の山の大きさは、シュガーハウスそのものと肩を並べるほどで、乾かしたトネリコや樺の木、それにもちろん堅いメープルの木を割ったものが、高さ3メートルにも積み上げてあります。「ほらね、うまくできてるんですよ。シュガーメープルからたくさん樹液を採集できるように、日光を奪い合う木を間引く。そうするとシュガーメープルはたっぷり枝を広げて大きく育つ。間引いた木はたいがい薪になる。無駄になるものは何もない。よい市民であるって、いわばそういうことじゃないのかな？　僕たちが木の面倒を見れば、木は僕たちの面倒を見てくれる」

瓶詰め作業用のタンクの横に座っているバートが相槌（あいづち）を打ちます。「石油は、どうしても必要なことのためにとっておけばいいんですよ。この作業には木の方が合ってるし、カーボンニュートラル［訳注：二酸化炭素の排出量から吸収量を差し引いた合計がゼロになる状態］だしね。シロップづくりのために燃やす薪から出る炭素はもともと、それを吸収した木から来てるわけだし、純増加ゼロでまた木に戻っていくんだから」。彼はさらに、この森は、完全にカーボンニュートラルであろうとする大学の計画の一部なのだと説明します。「大学の森を守ると税金が控除されるんですよ、森が二酸化炭素を吸収しますからね」

ある国の国民であるということの条件のひとつは、通貨を共有することでしょう。メープルの国の通貨は炭素です。炭素は、大気から、木、甲虫、キツツキ、キノコ、丸太、薪へと、このコミュニティーの構成員の間で取引され、両替され、交換されて、再び大気に放出され、木に戻ります。浪費されることはなく、それは共有の財産であり、そこにはバランスとレシプロシティーがあるのです。持続可能な経済のあり方を示す、これほど優れたモデルが他にあるでしょうか？

私は、大きな櫂と、糖分濃度を測る比重計を手にして仕上げを担当しているマークにもこの質問をしてみました。「いい質問ですね」。ぐつぐつ煮え立つメープルシロップの泡立ちを抑えるためにクリームを少量垂らしながらマークは言います。彼は質問には答えず、出来上がったシロップの受け皿の底の栓を開け、できたてのメープルシロップをバケツに移し、それが少し冷めると、小さなカップに黄金色で温かいシロップを注いで私たちひとりひとりに手渡し、カップを上げて乾杯の仕草をしてこう言うのです。「こういうことじゃないですかね。メープルシロップをつくってそれを味わう。与えられたものを受け取って、それを正しく使うってこと」

メープルシロップを飲むと体に糖分が行き渡ります。これもまた、メープルの国の市民であるということなのです。血や骨の中にあるメープルの存在。私たちが食べるものが私たちになる。そして黄金色のシロップをひとさじ食べるたびに、メープルの中にあった炭素は私たちの体内の炭素になります。昔から伝わる考え方は正しかったと言えます。メープルは人であり、人はメープルなのです。

「僕の妻はメープルケーキをつくるよ」とマークが言います。「クリスマスにはメープルシロップをメープルの葉っぱ型に固めたキャンディをみんなにふるまうんだ」。ラリーはシロップをバニラアイスクリームにかけて食べるのが気に入っています。来月には大学主催の朝食でホットケーキが供されることになっています。シュガーハウスのスタッフ、教員やその家族が集まって、メープルの国の市民であること、互いのつながり、この土地とのつながりを、指をべたべたにしながら祝うのです。ともに祝うのもまた、市民の営みです。

蒸発器の樹液が少なくなっているので、私はラリーにくっついて、新鮮な樹液が1滴また1滴、ゆっくりとタンクを満たしているシュガーメープルの木立に行きます。私たちはしばらくの間森の中を歩きまわります——樹液を集めるタンクまで、小川のせせらぎのような音を立てながら樹液を運ぶチューブが張り巡らされているのに引っかからないよう頭を引っ込めながら。「もちろん、シロップづくりは毎年賭けみたいなもんですよ。樹液の量をコントロールできるわけじゃないしね。いい年もあればそうじゃない年もある。手に入るものに感謝するだけ。気温次第なわけで、俺たちがどうこうすることじゃないんだから」とラリー。ただし、もはやそうとも言い切れなくなってしまっています。化石燃料に対する人間の執着と現在のエネルギー政策のおかげで、二酸化炭素の放出量は年々増加し、気温が全世界的に高まっているのは明らかです。春の訪れは、たった20年前と比べて1週間早くなっています。

春の訪れは、
たった20年前と比べて
1週間早くなっています。

義務章典

シュガーハウスからの帰り道、私はメープルの国の市民であることについて考えつづけました。娘たちは子どものころ、学校で権利章典を暗記させられましたが、メープルの苗木は権利章典［訳注：アメリカ合衆国憲法の修正第1～10条の総称］ではなく「義務章典」を教わるのではないだろうか、と私は想像しました。

家に着くと私は、人間が住むいろいろな国の市民憲章を読んでみました。共通している要素がたくさんあります。施政者に対する忠誠の誓い、共有する理念、その国の法を守るという宣誓。市民権をもつというのが、ある理念を共有するということであるならば、私はすべての生き物による民主制を信じます。市民権をもつためにリーダーに忠誠を誓えと言うならば、私は木々をリーダーに選ぼうと思います。その国の法を守るのが善き市民であるならば、私が選ぶのは自然の法であり、レシプロシティー、再生、相互繁栄という法則です。

アメリカ合衆国に対する忠誠の誓いは市民に、必要とあらば武器を取り、あらゆる敵から国を守ることを要求します。もしもそれと同じ誓いがメープルの国に当てはまるならば、今頃は森に覆われた山々に集合ラッパが鳴り響いているはずです。なぜならアメリカのメープルは今、恐ろしい敵に襲われているからです。

最も信頼されるモデルによれば、ニューイングランド地方の気候は今後50年以内にシュガーメープルに適さなくなると予測されています。気温の上昇によって苗の生存率は低下し、森の再生ができなくなりはじめるのです。再生はすでに滞っています。メープルのないニューイングランド地方なんて想像もできません。燃えるような紅や黄色ではなく、茶色い秋の木々。閉鎖されたシュガーハウス。それでもそこは故郷と呼べるでしょうか？　そんな悲しみに私たちは耐えられるのでしょうか？

権利章典と義務章典はどこが違うでしょう？

私よりはるかに賢い人たちが、人間には自分たちに見合った政府が与えられるのだと言っています。そうかもしれません。でも、誰よりも寛大な私たちの後援者であり誰よりも信頼のおける市民であるメープルのために、私たちは声を上げる責任があります。政治活動や市民の社会参画は、自然にお返しをするための力強い行動です。メープルの国の義務章典は私たちに、木の人びとのために立ち上がり、メープルの叡智をもって人びとを導け、と求めているのです。

あなたにとって、市民権とは何を意味しますか？

良識ある収穫

「良識ある収穫」という考え方については、私はまだ勉強中で、深い知識をもつわけではありません。だから、私よりもはるかに賢い植物や人びとのすることを懸命に観察し、彼らの言うことに耳を傾けます。ここで私が伝えることは、そういう人たちの集合知という畑で採れた種であり、彼らの知恵という大きな山に生える苔にすぎません。私は彼らの教えに感謝しつつ、それをできるかぎり上手に次の人に伝える責任を感じています。

こうした教えがまとめて書かれたものを見たことはないけれど、仮にそういうものがあるとしたら、こんなふうになるかもしれません……。

生命の循環に貢献し、慈しむこと

自分が**光合成生物**だったらどんなにいいだろう、と私は時々思います。妙に聞こえるかもしれませんが、自分以外の生き物の健康のために差し出せるものがあったら、さぞや満足感が味わえることだろうと思うのです。私が植物だったら、キャンプファイアーの薪となり、鳥の巣を支え、傷を癒やし、ぐつぐつ沸いた鍋を満たせるのに。でもそんな寛大な行為は、生命の循環の中で私が果たせる役割ではありません——だって私は単なる**従属栄養生物**にすぎないのですから。生きるためには、私は消費するしかありません。それがこの世界の定めなのです——ひとつの生命が生きるために別の生命が差し出され、私の体とこの世界という体の間には際限のない循環があります。

光合成生物：植物のように、太陽光・水・二酸化炭素から、酸素と糖などのエネルギーを生成できる生物の総称。

従属栄養生物：他の生物が変換した炭素を食べて生きる生物。

私は、他の生き物に私の代わりに光合成をしてもらって

良識ある収穫

最初のひとつは収穫しない

許可を求める

答えに従う

自分に必要なもの以外は奪わない

与えるダメージは最小限に

収穫したものはすべて使い切る

分かち合う

感謝する

与えられたものにはお返しをする

生きています。私は鮮やかな木々の葉ではなく、籠を手にした人間の女性であって、大事なのは私がその籠に何を入れるかです。野生のイチゴを摘むにしても、ショッピングセンターに買い物に行くにしても、私たちが奪う生命に正当に報いるような消費の仕方をするにはどうしたらよいのでしょう？

私たちに伝わる最も古い物語は、それが私たちの祖先にとってとても重要な問いであったことを思い出させてくれます。自分以外の生き物に完全に依存して生きるとき、それらの生命を守ることは是が非でも必要です。わずかな所有物しかもたなかった私たちの祖先がこの問題について深く考えていたのに対し、大量の持ち物に埋もれている私たちはそのことをほとんど考えようともしません。身のまわりの生命を大事にするということと生きるためにその生命を奪うということの間にある避けようのない葛藤からは、人間である以上は逃れられないのです。

昔からこの土地に住んで動物を捕ったり植物を収穫してきた人びとに継承されてきた生態学的理解には、資源を維持するための知恵が豊富に含まれています。それらは、ネイティブアメリカン流の科学や哲学、生活様式や習慣などに見ることができますが、何よりもそれをよく表すのが物語――世界にバランスを取り戻し、生き物たちの輪の中にもう一度戻るために語られる物語です。

行動指針

生きるために他のものの生命を奪う際にネイティブアメリカンが規範とする行動指針や慣行を、総称して「良識ある収穫」といいます。それは一種のルールであり、私たちは、7代先の世代にとってもこの世界が、私たちの世代にとってと同じように豊かなものであるように、それを守ります。「良識ある収穫」は、私たちの収穫の仕方を司り、自然界と私たちの関係性を形づくり、必要以上に消費しやすい人間の性癖にブレーキをかけます。

その細かな決まりは文化によって、また生態系によってそれぞれ異なるけれど、根本的な行動指針は、自然に近しく生きるほぼすべての人びとに共通しています。「良識ある収穫」のガイドラインは明文化されているわけではないし、まとまったものとして一貫して語られるものでもありません。それはただ、日常の些細な行動を通して絶えず強化されていくものなのです。でも、もしもガイドラインを挙げるなら、こんなふうになるかもしれません。

あなたを大事にしてくれるもののことをよく知りなさい、
あなたもそれを大事にできるように。

自己紹介をしなさい。その生き物の生命を
奪おうとしている者としての責任を負いなさい。

生命を奪う前に許可を求め、その答えには従いなさい。

最初のひとつと最後のひとつの生命はけっして奪わないこと。

自分に必要なもの以外は奪わないこと。

進んで与えられたもの以外は奪わないこと。

半分以上を自分のものにしてはいけない。他の者にも残しておきなさい。

与えるダメージを最小限にする方法で収穫すること。

敬意をもって使うこと。
手に入れたものはけっして無駄にしてはいけない。

分け合いなさい。

与えられたものに感謝しなさい。

あなたが奪ったもののお返しに贈り物をしなさい。

あなたを生かしてくれるものの生命を守りなさい、
そうすれば地球は永続するだろう。

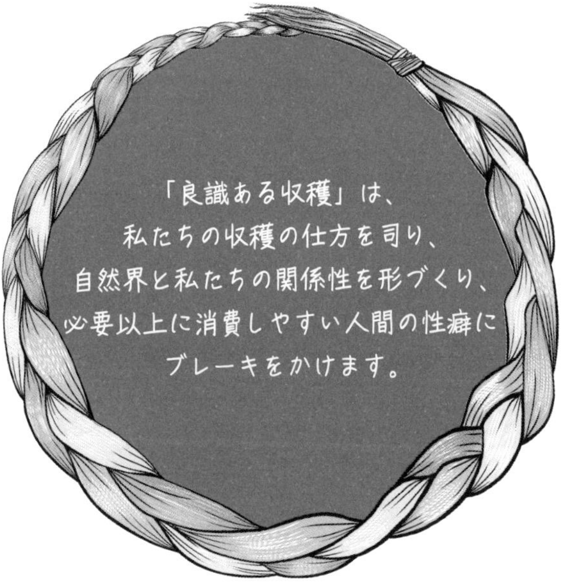

「良識ある収穫」は、
私たちの収穫の仕方を司り、
自然界と私たちの関係性を形づくり、
必要以上に消費しやすい人間の性癖に
ブレーキをかけます。

あなたを大事にしてくれるもののことをよく知りなさい、あなたもそれを大事にできるように。

　白状しますが、私は彼に会いもしないうちから彼に対して心を閉ざしていました。毛皮を採るために動物を捕獲する人間の言うことなど聞きたくもありませんでした。ベリー類、木の実、ワイルドリーキ（野生ネギ）、そして、（同意しない人もいるかもしれませんが）ハンターの目をまっすぐに見つめる鹿などはどれも、「良識ある収穫」の対象と言えます。でも、雪のように白いオコジョや足音も立てずに歩くオオヤマネコを、裕福な女性が着飾るために罠にかけるだなんて、とても正当化できません。もちろん、失礼にならないように話は聞きますが。

　ライオネルはメティ・ネーションの一員です。歌を歌うような彼のフランス語なまりが示す通り、ケベック州北部の深い森の中で育った彼は、自分を「青い目のインディアン」と呼びます。彼は、動物の知恵に対する深い敬意をもっていたおかげで罠猟の達人だった、ネイティブアメリカンの祖父からその技術を学びました。動物たちがどこを移動し、どうやって獲物を捕り、天候が悪いときはどこに隠れるか。ミンクを捕まえるためにはミンクのように考えることができなければいけないのです。

「山の中で暮らすのが大好きだった。それに動物も」とライオネルは言います。家族の食べる物は釣りと狩りでまかないました。毛皮は毎年売って、そのお金で灯油やコーヒー、豆、学校に着ていく服などを買いました。家族には、彼も当然同じ商売を継ぐものと思われていましたが、若かった彼はそれを拒絶しました。彼が罠猟に関わりたくなかったのは、そのころ、レッグホールドトラップ［訳注：トラバサミ。狩猟に使う罠のひとつで、ばねが仕掛けられた板に獲物の足が乗ると、鋭い歯のついた金属板が合わさって脚を強く挟み込む］が当たり前に使われるようになったからでした。残酷なやり方なのです。彼は、罠から自由になるために動物が自分の足を噛み切るのを見たことがありました。「俺たちが生きるためには動物が死なないわけにはいかないが、苦しんで死ぬ必要はない」と彼は言います。私が彼に会ったころには、レッグホールドトラップはカナダでは使用が禁止されていて、認可されているのは、ボディーホールドトラップと呼ばれる、獲物を瞬殺するものだけでした。

山暮らしを続けるために、彼は木こりになりました。冬、雪が毛布のように地面を覆っている間に木を伐り、凍った道路を橇で丸太を運ぶ昔ながらのやり方は

フェラーバンチャ。木を素早く伐り倒す機械で、木を伐る仕事から人間味を奪う。これを使えるのは、森林管理を目的とする特定の樹種だけだが、同時に周りの木々や林床を傷つける。

知っていましたが、こうした旧式な、環境に優しいやり方は、森を引き裂き、動物が生きるのに必要な土地をめちゃくちゃにする巨大な機械に取って代わられつつありました。彼はブルドーザーやフェラーバンチャ〔訳注：立木を伐倒し、伐った木をそのままつかんで集材に便利な場所に集める自走式機械〕の運転の仕事につこうともしましたが、彼にはそれはできませんでした。

今、ライオネルは、夏の間は生まれ故郷の人里離れた湖や川で釣りのガイドとして働いています。今では自分のためだけに働いているんだ、と彼は冗談めかして言い、自分の会社を「シーモア＆ドゥーレス」〔訳注：もっとたくさんのものを見て、行動は欲張るな、という意味のSee More and Do Lessをよくある会社名のようにもじっている〕と名づけました。なかなかいいビジネスプランです。魚のはらわたを抜き出すと、彼はそれを大きな白いバケツに集めて冷凍庫で保存します。顧客が「冬は魚のはらわたシチューを食べるんだな」と小声で言っているのを漏れ聞いたことがあります。

冬の間は、昼間は雪靴を履いて罠猟をし、夜は毛皮をなめします。膝の上にヘラジカの皮を載せ、「ヘラジカの脳みそは、自分の皮をなめすのにちょうど足りるくらいなんだよ」と、驚嘆のこもった声で彼は言います。脳みそを使ってなめすブレイン・タンニングは、工場で使われる刺激の強い化学薬品と違って、この上なくしなやかで強靭な革をつくるのです。

近頃は、罠猟（わなりょう）をする猟師ほど長い時間を山林で費やす者はいないし、彼らは獲物を詳細に記録しています。ライオネルのベストのポケットには、みっちりと書き込まれたノートが入っています。彼はそれを取り出してヒラヒラさせながら、「最新型スマートフォンを見せようか？　データはこの天然コンピューターにダウンロードするんだよ」と言うのです。

彼の罠にかかるのは、ビーバー、オオヤマネコ、コヨーテ、テン、ミンク、それにオコジョなどです。彼は生皮を撫でながら、冬に生える密度の高い下毛（したげ）と毛足の長い上毛（うわげ）のことや、その動物が健康かどうかは毛皮を見ればわかることなどを説明してくれます。彼の手は、罠を仕掛けたり伐木搬出用のチェーンを扱ったりできるほど大きくて強いのに、動物の皮を撫でただけでその厚さがわかるほど繊細です。絹のようになめらかな、豪華で美しく羽のように軽い毛皮をもつことで有名なテン（アメリカン・セーブル）の毛皮を手に取ると、彼は一瞬押し黙りました。

テンは、ライオネルのここでの生活の一部です。テンは彼の隣人であり、彼は、テンが準絶滅危惧状態から回復したことをありがたく思っています。野生動物の個体数と健全性を監視する最前線にいるのが、彼のような罠猟師なのです。彼らには、自分の生活がかかった動物を護る責任があり、罠を見まわるたびに得られるデータが、彼らが次にとる行動を決めます。「オスしかかからなければ、罠は仕掛けたままにしておくんだ」とライオネル。つがいになれずに余っているオスは、あちこち動きまわるから罠にかかりやすいし、若いオスが多すぎると他のテンの食べ物がそれだけ少なくなるからです。「でもメスが罠にかかったら、すぐに罠はやめる。余ってるオスを獲り尽くしたってことだから、それ以上は捕まえない。そうすれば、増えすぎず、誰も腹をすかせずに、個体数は増えつづける」

冬も後半になり、まだ雪は多いけれど徐々に日が長くなりはじめたころ、ライオネルは足にかんじきをくくりつけ、肩には梯子（はしご）を担ぎ、ハンマーと釘と木材の端切れを背負い籠に入れて山に入り、最適な場所を探します。一番いいのは空洞がある大きな古い木ですが、その空洞の大きさと形が、特定の動物種だけに合っていなくてはなりません。彼は梯子を登り、そこに木材で平らな餌場をつくります。そして毎日これを繰り返します。餌場づくりが終わると、冷凍庫から白いプラスチックのバケツを取り出し、薪ストーブの横に置いて解凍します。

捕食動物の多くはそうですが、テンも繁殖が遅いため、個体数が減少しやすい傾向にあります。資源として利用されている場合はなおさらです。妊娠期間は約9か月で、3歳にならないと子どもを生みません。生まれるのは1頭から4頭で、そのうち何頭が育つかは食べ物の量次第です。「母親が子どもを産む直前にはらわたを配るんだ。他の動物に届かないところに置いてやりゃ、母親はちょっといいメシが食える。そうすりゃ乳も出やすくなって生き残れる赤ん坊が増えるからね。遅い時期に雪が降ったりすりゃあなおさらだ」。優しさにあふれた彼の言い方はまるで、病気の友人と話しているみたいで、私がもっていた罠猟師のイメージとは違います。「いやさ」——ちょっと顔を赤らめながら彼は言います。「こいつらは俺の、俺はこいつらの面倒を見るってことさ」

自己紹介をしなさい。その生き物の生命を奪おうとしている者としての責任を負いなさい。生命を奪う前に許可を求め、その答えには従いなさい。

春に最初に生える野草のひとつであるワイルドリーキがびっしりかたまって生えています。その緑はあまりにも鮮やかで、まるで「私を摘んで！」と書いてあるネオンサインみたいです。彼らの誘いにすぐにも応えたいという気持ちを抑え、私は教えられた通りにリーキに挨拶します。まずは、私が何者かを忘れているといけないから自己紹介——もっとも私たちはこうやって毎年、長い間つき合ってはいるのですが。それからなぜ私がここへ来たのかを説明し、収穫の許可を求めます。丁寧に、分けていただけますか、と尋ねるのです。

リーキの中には、すでに太陽に向かって葉を広げているものもあるし、腐葉土の中から顔を出してはいるけれどまだ固く丸まった葉を尖らせたままのものもあります。私はかたまって生えている縁に沿って移植ゴテを差そうとしますが、根が深くびっしりと生えているのでなかなか差し込めません。ようやくのことで私はひと塊のリーキを掘り出し、根の土を払い落とします。

ぷっくらとした白い球根がついているだろうと思ったのに、球根のあるべきところにはみすぼらしいペラペラの葉鞘（ようしょう）があるだけです。弱々しくしぼんで、まるで水分がすっかり吸い取られてしまったように見えます。実際にそうなのです。質問をしたのなら、その答えは尊重しなければなりません。そこで私はリーキを土に戻して家に帰ります。

質問をしたのなら、
その答えは尊重しなければ
なりません。

ランプ（*Allium tricoccum*）。ラムソンまたはワイルドリーキ（野生ネギ）とも呼ばれる。

数週間後、私は再び籠を抱えて森に出かけます。私たちは、進んで差し出されたものだけしかもらってはいけないと教えられます。そして、前回私がここへ来たときは、リーキには差し出すものはありませんでした。球根は、あたかも銀行に預金するように次の世代のためのエネルギーを蓄えます。去年の秋にはつやつやと太っていたリーキの球根ですが、春先になると、地中から太陽に向かって伸びる新芽の燃料にするために、蓄えられたエネルギーが根から送り出されるので、預金口座は残高がなくなってしまいます。生まれたての葉は消費するばかりで、エネルギーを奪うだけ奪って根をしぼませ、何ひとつ還元しません。でも、葉が広がってパワフルな太陽電池となり、根に再びエネルギーを蓄えさせます。ほんの数週間で、こうして消費と生産の間にレシプロシティーが成立するのです。

今日のリーキは、前回来たときの2倍ほどの大きさになっていて、鹿が葉を傷つけたところは強いネギの匂いがします。私は最初に見つけたリーキの塊を通り過ぎ、ふたつ目の塊の横に膝をついて、もう一度、静かに収穫の許可を求めます。

許可を求めることで植物の「人格」に対する敬意を示すのですが、それは同時に、その植物の群れの健全さを測ることにもなります。だから私は右脳と左脳の両方を使って答えを受け取らなくてはなりません。分析的な左脳はいろいろなサインを読んで、その群れが、一部を収穫されても維持できるくらい大きく健康か、分け与えるだけのものがあるかどうかを判断します。一方、直観的な右脳はそれとは別のものを読み取ります。それは、その植物が醸し出す寛大な雰囲気だったり、気前よく「持ってお行き」と言っているかのようなつややかさだったりしますが、あるいはいかめしい顔をして抵抗されることもあります――そういうとき私は収穫を諦めます。言葉ではうまく説明できないのですが、私にとってそれは、立ち入り禁止の看板と同じくらいの説得力をもって訪れる理解なのです。今回は、私が移植ゴテを深く差し入れると、つやつやした白い球根の束がごっそり採れました。ふっくらして、すべすべで、いい匂いです。「どうぞ」という声が聞こえたので、ずっと使っているやわらかいタバコ・ポーチをポケットから取り出してタバコの贈り物をし、それから掘りはじめます。

リーキは分裂によって増殖するクローン植物で、群れはどんどん横に広がります。そのために群れの中心部が混み合ってしまう傾向があるので、私は中心部から収穫します。こうすれば、私が収穫したことでその部分の個体が減り、残った個体の成長を助けられるからです。ユリネ、スイートグラス、ブルーベリーから籠を編むヤナギの枝まで、私たちの祖先は、植物にとっても人間にとっても長い目で見て恩恵をもたらすような収穫の仕方を見つけたのです。

最初のひとつと最後のひとつの生命はけっして奪わないこと。
自分に必要なもの以外は奪わないこと。

アニシナアベのエルダー、バジル・ジョンストンが語る物語の中に、私たちの先生であるナナブジョが、いつものように、夕食のために湖で釣りをしていたときのお話があります。アシをかき分けながら、長くて曲がった脚、槍のように尖ったくちばしをした鷺がやってきました。鷺は魚を捕まえるのが上手だし気前がいいので、魚を捕まえる新しい方法をナナブジョに教えてくれます。この方法を使えば魚を獲るのがずっと楽になるのです。鷺はナナブジョに、魚を獲りすぎてはいけないよ、と警告しますが、ナナブジョはご馳走を食べることしか頭にありません。翌朝早く出かけた彼の籠は、間もなく魚でいっぱいになりました。籠は運ぶのもやっとなほど重く、魚は多くてとても食べきれません。そこで彼は全部の魚の内臓を取り出し、自分の小屋の外の乾燥棚に並べて干しました。次の日、まだお腹はいっぱいでしたが、彼は湖に再び出かけて鷺に教わった通りに魚を獲りました。「あぁよかった、この冬は食べるものがたくさんあるぞ」と、魚を家に運びながら彼は思いました。

来る日も来る日も彼はお腹いっぱい食べました。湖の魚が減っていく一方で、彼の乾燥棚はいっぱいになっていき、おいしそうな匂いが森に漂います。狐たちは涎を垂らしました。そしてナナブジョは再び、大得意で湖に出かけましたが、その日、彼の網には魚がかからず、小屋に戻ると、魚を干してあった棚は地面に倒され、すっからかんになっていたのです。ナナブジョは大事な教訓を学びました――必要以上に獲らないこと。

獲りすぎるとどんな結果になるかを警告する物語は、ネイティブアメリカンの文化ならどこにでもあるのですが、英語で書かれたものはひとつも思い浮かびません。ひょっとするとこのことは、消費の対象だけでなく消費する私たち自身をも破滅に導く過剰消費の罠に私たちがはまってしまっているのはなぜなのか、それを説明する助けになるかもしれません。

> この物語が伝えているのは、「良識ある収穫」のどういう原則ですか?

私たちの祖先は、この世界を完全で健康な状態に保つためにどんな生き方をしていたのか、と部族のエルダーたちに尋ねると、自分に必要なもの以外はもらわないことだ、という答えが返ってきます。ところが、ナナブジョの子孫である私たち人間は、ナナブジョと同じく自分の気持ちを抑えるのに苦労します。自分に必要な分だけもらう、という言葉にはいろいろな解釈の仕方があります。必要なものと欲しいものをごちゃまぜにしてしまっている場合は特にそうです。

この解釈の曖昧さから、必要なものをもらうということよりももっと根源的なルールが生まれます。それは昔からの教えですが、産業と技術に押されて今ではほとんど忘れ去られてしまっています。感謝の文化に深く根ざしたその古い教えとは、単に「自分に必要な分をもらう」のではなく、「進んで与えてくれるものだけを受け取る」というものです。

進んで与えられたもの以外は奪わないこと。

狩猟と採集について政府が定めた規則は**生物物理的な事象**のみを対象としていますが、「良識ある収穫」というルールは、物理的世界と**非物質的**世界のどちらに対しても責任を負うことを前提としています。生命を奪う相手を「人」――人間ではないけれど、意識も知性も精神ももっており、家で彼らの帰りを待つ家族がいる「誰か」と考えれば、自分の生命を維持するために別の生命を奪うのは、はるかに重大な意味をもちます。「誰か」を殺すのは、「何か」を殺すのとはわけが違うのです。人間ではないけれどそういう「誰か」である存在を自分の縁者であると考えれば、捕獲数の上限や合法的に狩猟採集できる季節といったこと以上の、守らなければならない規則があります。

生物物理的な事象：生物学と物理学の対象となる事象や要因。

非物質的：人間の感覚で捉えることができることを超えた現実。

国の規制と違って、「良識ある収穫」は法律として施行されているわけではありません。でも、それが人びとの間で、中でも消費する者と与える者との間で交わされた契約であることに変わりはありません。そしてその主導権は与える者の側にあります。鹿やチョウザメやベリー類は、「これこれこういう決まりを守るならば、あなたたちが生きていけるように私たちの生命をこれからもあげましょう」と言っているのです。

想像力は、私たちがもっている最もパワフルなツールのひとつです。私たちに想像できることならば、それは実現が可能です。私は、「良識ある収穫」が、昔はそうであったように、今でもこの国の行動規範であったならばどんな世の中になっていただろうかと想像するのが好きです。空いている土地にショッピングセンターをつくろうと狙っている土地の開発業者が、アキノキリンソウやマキバドリやモナークに、彼らからすみかを取り上げる許可を求めなくてはならないとしたら？　そして彼らの返答に従わなければならないとしたら？

村役場の書記をしている私の友人が入猟許可証や狩猟許可証として発行する、ラミネート加工されたカードに、「良識ある収穫」のルールが刻まれているところを想像するのも好きです。そうすれば誰もが同じ法律に従うことになります――だってそれこそが、本当の政府の命ずるところ、すなわちすべての生き物による民主制、つまり母なる自然の法則なのですから。

ところが、文化全体として見ると、私たちはこうした礼節を施す対象を自然界にまで拡大することができないようです。今では「良識のない」収穫が当たり前になってしまっています。そして私たちは、自分に与えられたわけでもないものを略奪し、修復しようのないほどにそれを破壊してしまうのです。オノンダガ湖、アルバータ州のオイルサンド、マレーシアの熱帯雨林など、例を挙げればきりが

想像力は、
私たちがもっている
最もパワフルなツールのひとつです。
私たちに想像できることならば、
それは実現が可能です。

ありません。それらはみな、地球という私たちのグランマザーからの贈り物だったのに、私たちはもらってもいいかと訊きもせず奪ってしまうのです。ではどうすれば私たちは再び、良識ある収穫ができるようになるのでしょうか？

半分以上を自分のものにしてはいけない。他の者にも残しておきなさい。与えるダメージを最小限にする方法で収穫すること。

ベリー類を摘むとき、あるいは木の実を集めるときには、差し出されたものだけを受け取る、というのはとてもわかりやすいルールです。彼らは自らを私たちに差し出し、それを受け取ることでお返しするのが私たちの責任です。そもそもそうした植物は、人間がそれを収穫し、拡散させることを目的として果実をつけるのです。彼らの贈り物を私たちが利用することによって、植物と人間のどちらもが栄え、生命が広がっていきます。でも、互いに利益になることが明らかでないのに何かを奪取し、それによって誰かが損をするとしたらどうでしょう？

地球が私たちに与えてくれているものとそうでないものを見分けるにはどうし

たらよいのでしょう？　与えられたものを受け取ることと勝手に奪い取ることの境目はどこにあるのでしょう？　相手に害を与えると思われるのはどういうときでしょうか？　エルダーたちなら、それを見分ける方法はひとつではなく、私たちひとりひとりが自分のやり方を見つけなければならない、と答えると思います。「良識ある収穫」とは、私たちに光合成しろと言っているわけではありません。生命を奪うな、と言っているのでもなく、それはただ、受け取るべき生命と、受け取り方の手本を見せてくれます。「してはいけないこと」のリストというよりもむしろ、「するべきこと」のリストなのです。良識をもって収穫したものを、一口ひとくち祝福しながら食べなさい。与える危害を最小限にする方法を使いなさい。与えられたものは受け取りなさい。

こうした考え方のガイドラインは、食べ物だけでなく、マザー・アースが与えてくれるあらゆる贈り物に当てはまります——空気や水、それに、岩や土や化石燃料など、文字通り地球の体そのものも含めて。

地中深く埋まっている石炭を掘り出すためには、回復不能な傷を地球に負わせなくてはならず、それは「良識ある収穫」のあらゆる教えに背（そむ）く行為です。どうこじつけようが、石炭が私たちに「差し出されて」いるとは言えません。私たちは石炭をマザー・アースからえぐり出すために、土地や水を傷つけないわけにはいかないのです。アパラチア山脈の古い石炭層を露天掘りしようと計画している石炭会社に法的に採取が許されているのが、進んで差し出されたものだけだとしたらどうなると思いますか？

必要なエネルギーを消費してはいけないと言っているのではなく、私たちは与えられたものだけを公正なやり方で受け取るべきだと言っているのです。毎日風は吹くし太陽は照ります。波はいつでも岸に打ち寄せ、地殻は熱をもっています。これらの再生可能エネルギーは、私たちに差し出されたものと考えることができます——なぜならそれは、地球が生まれたときからずっと、地球上の生命を生かしてきた原動力なのですから。それを利用するのに地球を破壊する必要もありません。太陽、風、地熱、潮の満ち引きなどを利用した、いわゆる「クリーンエネルギー」による発電を賢く利用するならば、それは「良識ある収穫」のための行動規範と一致するように私は思います。規範はま

あなたの住んでいる地域では、どのようなクリーンエネルギーが使われていますか？

た、エネルギーを含め、収穫したものはそれにふさわしい目的に使うことを求めています。

敬意をもって使うこと。手に入れたものはけっして無駄にしてはいけない。分け合いなさい。

狩りの季節がやってきました。霞がかった10月のある日、私たちはオノンダガ・ネーション・クックハウスに集まりました。私たちが男たちの狩りの話を聞いている間、くすんだ黄金色の木の葉がハラハラと舞い落ちます。頭に赤いバンダナを巻いたジェイクが、息子の「絶対に失敗しない」七面鳥の鳴き声の真似の話をしてみんなを笑わせました。柵に足を乗せ、椅子の背に黒い三つ編みを垂らしたケントは、熊を追ったが逃してしまったという話をしました。男たちのほとんどは、まだこれから狩猟の腕前について評判を築いていく若者でしたが、ひとりだけエルダーがいました。

「Seventh Generation（7世代先）」というロゴの入った野球帽をかぶり、白髪交じりの細い三つ編みを後ろに垂らしたオレンが話す番が来ました。私たちは彼に導かれて、鬱蒼（うっそう）とした茂みを越え、峡谷を下って彼のお気に入りの狩りのスポットへと向かいます。記憶を辿りながら彼はにっこりし、「その日、10頭は鹿を見たと思うが、わしが撃ったのは1発だ」。そして椅子を後ろに傾かせ、そのときのことを思い出しながら山に目をやります。「1頭目は、乾いた落ち葉の上をバリバリ音を立てながらこっちに近づいてきたが、そいつは茂みの陰になって、わしがそこに座ってるのに見向きもせんかった。それから若い牡鹿がわしの方に向かって斜面を登ってきて、大きな岩陰に入った。そいつのあとをつけて、小川の向こう側まで追っていくこともできたが、そいつじゃないってことがわしにはわかった」。1頭ずつ、オレンは、その日出くわしたのにライフル銃を構えることさえしなかった鹿たちの話をしました。オレンは、「わしは弾は1発しか持っていかん」と言うのです。

オレンの正面のベンチに座っている、Tシャツを着た若者が身を乗り出します。「そのとき、なぜだかはわからんが、1頭が、周りが開けたところに歩いてってわしと目を合わせたんだ。そいつにはわしがそこにいることがよぉくわかってる。

そいつは、わしが撃ちやすいように横っ腹をわしの方に向ける。わしが撃つべき1頭がそいつだってことは、わしにもそいつにもわかってる。なんと言うか、同意し合うんだな。だからわしは1発しか弾を持って行かんのだ。その1頭を待つんだよ。そいつはわしに自分の生命を差し出した。わしはそうやって教えられたんだ、差し出されたものだけを受け取り、敬意をもって扱え、とな」。そしてオレンは聞いている者たちにもう一度繰り返します――「だからわしらは、動物たちのリーダーである鹿に感謝するんだ、寛大にも、わしらに食べ物をくれるんだからな。わしらの生命を支えてくれる他の生命に感謝し、その感謝の気持ちを示すような生き方をすることが、この世界を動かしつづける力なんだよ」

そしてオレンが仕留めた鹿は3つの家族のモカシン［訳注：1枚の革でつくられた、伝統的なネイティブアメリカンの靴］になっただけでなく、彼らをお腹いっぱいにしたのです。

与えられたものに感謝しなさい。

先住民族がもつ持続可能性モデルに関するある会議で、私はアルゴンキン族の環境保護活動家であるキャロル・クロウと知り合いました。キャロルは、部族議会に会議出席の費用を出してくれと要請したときの話をしてくれました。議会のメンバーはキャロルに、「その、持続可能性というのは何のことかね？　いったい何の話だい？」と尋ねました。

キャロルは、「将来の世代の欲求を満たしつつ、現在の世代の欲求も満足させるような形で天然資源や社会的機関を管理すること」を含む、「持続可能な開発」の一般的な定義の概要を説明しました。

彼らはしばらく黙って考えていましたが、とうとうエルダーのひとりがこう言いました――「その『持続可能な開発』とやらはどうも、今まで通り、もらうだけもらいつづけたい、と言っているように聞こえるがな。もらう、ということばかりだ。行ってこう言ってやりなさい、われわれのやり方は、最初に『マザー・アースから何をもらえるか？』と考えるのではなく、『マザー・アースに何を差し出せるか？』と考える。そうでなくちゃならんのだと」

あなたはどうやってお返しをしますか？

「良識ある収穫」は、もらったものに対してお返しをすることを私たちに求めます。人間として私たちが果たさなければならない責任のひとつは、人間を超えた世界とレシプロシティーの関係を築くということです。感謝すること、儀式、土地の管理、科学、芸術、そして常日頃から畏敬の念をもって行動することなどを通して、私たちはそうすることができるのです。

あなたが奪ったもののお返しに贈り物をしなさい。

昔から伝わる教えには、それが「良識ある収穫」であるかどうかは、奪うものの代わりに自分が何を差し出すかによって決まる、とあります。ライオネルがテンの面倒を見た結果、彼の罠にかかるテンが増えるという事実は避けられません。そしてそれらのテンが殺されることもまた事実です。テンの母親に餌をやるのは、この世界の仕組み、私たちみながつながっていること、生き物から生き物へと流れ込む生命に対する、深い畏敬の念を表しているのです。彼が差し出すものが多ければ多いほど彼に与えられるものも増えます。そして彼は、自分が奪う以上のものを差し出すために人一倍の努力をするのです。

ライオネルが動物たちに抱く愛情と尊敬、動物たちが何を必要としているかについての深い知識が生むその思いやりに、私は感動します。彼は、獲物を愛するという葛藤を心に抱え、それを解決するために、「良識ある収穫」を信条とするのです。テンはライオネルの手にかかって死ぬでしょう。でもそれまでは、ライオネルにも助けられて彼らは元気に暮らすのです。知りもしないで私が非難した彼のライフスタイルは、森を護り、湖や川を護ります。彼や毛皮をもつ動物たちだけのためではなく、森に住むすべての生き物のために。「良識ある収穫」とは、奪う者だけでなく、与える者をもまた支えているのです。そして今、ライオネルは優れた教師として、各地の学校に招かれ、野生動物や動物保護に関する伝統的な知識を伝えています。与えられたものへのお返しに。

地球が与えてくれるものに対する返礼は感謝の気持ちだけで十分なこともある、と言う人もいます。感謝の気持ちを表現できるのは私たち人間だけです。なぜなら私たちには、この世界が今とは違う、これほど寛大ではない場所でもあり得るのだという認識があり、集団としての記憶があるからです。でも私たちは今、感謝する以上のことをしなければいけないと私は思います——もう一度、与え、与えられるという文化を取り戻すために。

私たちは今、
感謝する以上のことを
しなければいけないと思います。
もう一度、
与え、与えられるという文化を
取り戻すために。

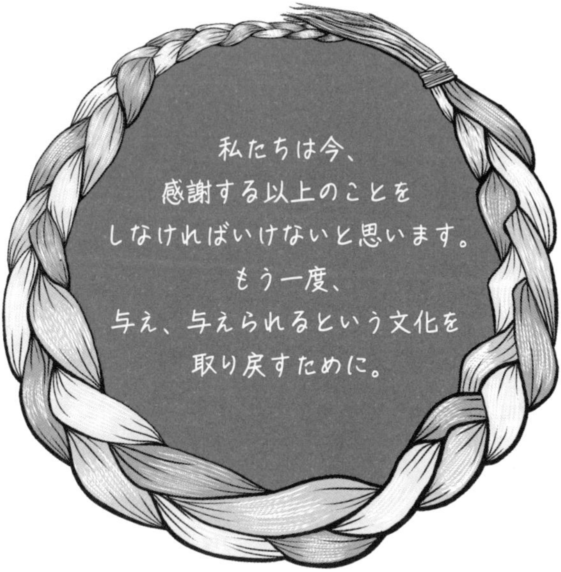

あなたを生かしてくれるものの生命を守りなさい、そうすれば地球は永続するだろう。

　都会の住民には、土地に直接お返しをする手段がほとんどなく、自分たちが消費するものの出処^{（でどころ）}から遠く離れているかもしれません。でも、お金をどう使うかによってお返しをすることはできます。リーキを掘り起こしたり石炭を採掘したりするのはあまりにも遠い世界の話かもしれませんが、消費者である私たちのポケットには、レシプロシティーを築くための強力な手段が入っています。お金という手段を使って、間接的にレシプロシティーを築くことができるのです。
「良識ある収穫」の原則を、自分の消費行動の質を評価するための鏡と考えることができるかもしれません。鏡の中には何が映っているでしょうか？　あなたは、あなたが消費した生命にふさわしい購入のしかたをしたでしょうか？
「良識ある収穫」の原則は、過剰消費が私たちの幸せをあらゆる意味で脅かしているこの時代にはとても重要です。でも、そうすることの責任という重荷を、石炭会社や土地開発業者に押しつけてしまうのはあまりにも安易です。彼らの製品を購入し、良識のない収穫に加担している私はどうなのでしょう？

お金はいわば代理人です。「良識ある収穫」を支援するために使うこともできるし、その逆も可能なのです。

ある実験

私は田舎住まいで、大きな菜園をつくり、近隣の農家から卵を手に入れ、隣の谷からリンゴを買い、雑草だらけのわずかな私の土地でベリー類を摘みます。持ち物の多くは中古品で、これを書いているデスクも、もともとは上等のダイニングテーブルを誰かが道端に捨てたものです。暖房は薪だし、生ゴミは堆肥にし、リサイクルもするし、他にもいろいろと「責任ある行動」をとってはいるけれど、私の家の中を正直に点検すれば、ほとんどの物は「良識ある収穫」の基準に合格しないと思います。

この市場経済に生きながらも「良識ある収穫」のルールを守ることが可能かどうか、私は実験したくなりました。この町のスーパーマーケットでは、自然と人間の双方が益を得られる、というお題目に気を配りながら品物を選ぶのは難しいことではありません。地元の農家と提携して、有機栽培野菜を、普通の人が買える値段で提供しているからです。環境に優しい再生利用製品にも力を入れています。気をつけながら商品の棚を見れば、その食品がどこから来たものかはほとんどの場合明らかです。ただし、チートスとディンドン［訳注：ともにアメリカのお菓子の名称］が生態的にどこからやってくるのかは未だに謎のままですが。大部分の製品については、環境にいい選択をするための手段としてお金を使うことができます。

次に行ったのはショッピングセンターで、普段私がなんとしても避けようとしているところなのだけれど、今日は私の実験のためにあえて悪の巣窟に足を踏み入れることにします。私は書き物に必要なものを長年ここに仕入れに来ています。紙売り場には、ものすごい種類の紙が並んでいます。罫線の太いもの、細いもの。コピー用紙。便箋。スパイラル綴（と）じのノート。ルーズリーフ。それらが、ブランドや目的別に分類されて並んでいるのです。私はまさに探していたものを見つけます。オオバキスミレみたいに黄色い、お気に入りの法律用箋です。

私は棚の前に立ち、収穫のときの気持ちを思い出して、考慮すべき「良識ある収穫」のルールのすべてを思い浮かべようとしますがうまくいきません。その紙の束の背後にある木の存在を感じ、そこに想いを向けようとするのですが、それらの生命が奪われたのはこの棚からはあまりにも遠いところの話で、ほんのかすかな気配しか感じられないのです。幸い「再生紙」と書かれた列があるので、他よりはちょっと高いけれど私はそれを選びます。それからちょっとの間、黄色く染めてあるものは漂白したものよりよくないのではないかと考えます。疑いつつも、私はいつものように黄色のものを選びます。その上に緑色か紫のインクで字を書くと、まるで菜園のようでとても素敵だからです。

それから私はペン類、つまり「筆記用具」の売り場に行きます。その選択肢はさらに多くて、それらの製品がどこから来たものか、石油から合成されたものであること以外は皆目見当がつきません。製品の背後に何の生命も見えないのに、どうしたら尊厳のある買い方をし、そのために私のお金を使うことができるでしょう？　レジで私は文房具と引き換えにクレジットカードを差し出し、そうやってレシプロシティーに参加します。店員も私も「ありがとう」と言いますが、その相手は木ではありません。

私はなんとかこの実験を成功させようと懸命なのですが、私が森の中で感じる脈打つような生命感はここにはありません。そして私は、レシプロシティーという考え方がここではなぜ機能しないのか、このきらびやかな迷宮がなぜ「良識ある収穫」を嘲笑（あざわら）うのか、その理由を悟ります。当たり前のことなのですが、製品の背後にある生命を探すことで頭がいっぱいになっていた私は気づかなかったのです。生命を見つけられなかったのは、それがそこにないからです。ここで売られているものはみな死んでいるのです。

「良識ある収穫」が常軌を逸しているのではありません。おかしいのはこの市場の方なのです。イチゴは汚染された土壌で育つことができないのと同様に、こんなところでは「良識ある収穫」は生き残れません。私たちは、自分たちが消費するものは地球から奪い取ったのではなくサンタクロースの橇から転がり落ちたのだ、と錯覚させるような市場経済をつくってしまいました。そしてその錯覚のお

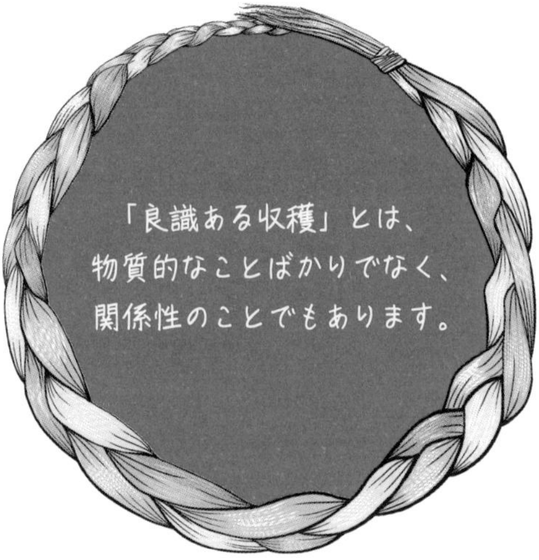
「良識ある収穫」とは、
物質的なことばかりでなく、
関係性のことでもあります。

かげで私たちは、私たちに与えられた選択肢はどのブランドを選ぶかということだけだ、と思い込むのです。

私たちは人それぞれに、自分にできることをします。「良識ある収穫」とは、物質的なことばかりでなく、関係性のことでもあります。私の友人のひとりは、「環境に優しい」製品は週にひとつしか買わない、と言います。それが彼女にできる精一杯だからそうするのです。では、あなたには何ができるでしょうか？「良識ある収穫」の原則を理解するのに役立つこうしたストーリーは、古くさくて時代遅れなルールであり、バッファローが消えるとともにとっくの昔に通用しなくなってしまっている、と思うかもしれません。でも、思い起こしてください――バッファローは絶滅などしておらず、実際、バッファローを忘れずにいる人たちの努力によって復活しつつあるのです。そして「良識ある収穫」もまた復活しようとしています――人びとは、地球のためにいいことは人間にとってもいいことである、ということを思い出しつつあるのです。

私たちには、失われたものを取り戻すための行動が必要です――水の汚染や環境破壊に対してだけでなく、世界と私たちの関係を取り戻す行動が。自然界に生きる人間以外の生き物たちから、恥じ入って目を逸らすことなく、堂々と、彼らから尊敬とともに迎えられることができるような、誠実な生き方を取り戻さなければなりません。

私たちには今日、そしてこれから毎日、「良識ある収穫」が必要なのです。

「良識ある収穫」を構成する原則をひとつ選び、来週1週間、それをあなたの生活の中に織り込むことに集中してみましょう。そのときあなたは世界に対して何を考え、どんなふうに感じ、経験するでしょうか？

スイートグラスを編む

スイートグラスはマザー・アースの髪であり、伝統的に、
その健康と幸福へのいたわりを示すために編まれてきた。
3本を編み合わせた三つ編みのスイートグラスは、思いや
りと感謝の気持ちを表すものとして贈り物にされる。

「最初の人」ナナブジョを追って

土地に根づくということ

アニシナアベの創造神話によれば、あらゆる生き物の中で最後に創造されたのが「最初の人間」、**ナナブジョ**です。創造主は4つの神聖な元素を集め、そこに生命を吹き込んで「最初の人間」をつくり、それからタートルアイランドに送り出したと言われています。そして創造主は、他の生き物たちにこれからやってくるのが何者かを知らせるため、その名前を4つの方角に向かって叫びました。「最初の人間」であるナナブジョも私たち自身も、人間は地球に一番最後にやってきた若造であり、自分たちの生きる術を学んでいるところなのです。

ナナブジョ：半分は人間、半分は偉大なる精霊であるナナブジョは、生命力の化身であり、アニシナアベの文化の英雄であり、人間としてどうあるべきかを教えてくれる偉大な教師。

ナナブジョは、自分の両親も、自分がどこから来たのかも知りませんでした。知っていたのはただ、自分が、植物や動物、風、そして水などの住人でいっぱいの世界にやってきたのだということだけでした。彼がやってくる前からこの世界はすべてここにあり、バランスと調和に満ちて、それぞれが創造の過程で与えられた目的を果たしていたのです。彼には、自分が移民であり、ここが「新世界」などではなく古くからある世界だということがわかっていました。

「聖なる教え」が与えられたときのことを、私たちは「大昔」と呼ぶかもしれません。時間を直線として捉えると、ナナブジョの物語は過ぎたことを伝える伝説であり、はるか昔、どうやってこの世界ができたのかを語っているものだと思うかもしれません。歴史は時間という1本の「線」を描きます——あたかも時間が一方向だけに行進しているかのように。でも、ナナブジョの子孫は、時間は円を

> 創造主はナナブジョに「聖なる教え」を与えました。今日、一歩一歩をマザー・アースへの挨拶とするためには、私たちはどんな生き方をしたらよいのでしょうか？

描くものであることを知っています。円を描く時間の中では、こうした物語は過去のことであると同時にまた、予言、すなわちまだこれから起こることでもあります。時間を円と捉えるなら、過ぎ去ったこととこれから起こることが交わる点があります。「最初の人」の足跡は、私たちが背後に残した道にも、この先歩いていく道にも残っているのです。過去にあったことはやがて再び巡ってきます。

アニシナアベのエルダーであるエドワード・ベントン－バナイは、ナナブジョの最初の任務を美しい言葉で語ります。スカイウーマンが生命を吹き込んだ世界の中を歩くこと。彼に与えられた指示は、「一歩一歩を、マザー・アースへの挨拶として」歩くこと、というものでしたが、それが何を意味するのか、彼にはまだよくわかっていませんでした。最初のうち、まだ他の生き物たちが彼を知らず、彼も他の生き物たちのことを知らなかったころ、地上での生活がどんなふうだったかは想像がつきます。幸いなことに、この地上に足跡を残した人間は彼がはじめてでしたが、辿ることのできる道はすでにたくさんありました。

人間のもつ力のすべてと欠点のすべてを用いて、ナナブジョは精一杯に「聖なる教え」に従い、彼の新しい故郷に根づこうとしました。

教えは時とともにぼろぼろになり、その多くは忘れられてしまいました。それでも私たちが今もその努力を続けているのは、ナナブジョから受け継いだ強さと美しさの一部です。

もしも本当に、時間というものがもう一度巡ってくるのならば、ひょっとしたら「最初の人」が辿った道に、あとに続く私たちの旅路を導いてくれる足跡が残っているかもしれません。

歩きながら学ぶナナブジョ

ナナブジョの旅路はまず彼を、昇る朝日の方向、一日が始まるところへと連れて行きました。彼には知りたいことがたくさんありました。どうやって腹を満たそうか。どうすれば道に迷わずに済むのか？　彼は「聖なる教え」のことを考え、生きていくために必要な知識はすべてこの土地にあるということを理解しました。

N
W

E
S

彼の役目は、人間としてこの世界を支配したり変容させたりすることではなく、この世界から、人間としての生き方を学ぶことでした。

Wabunong、つまり東は知識を得る方向です。私たちは、日々学び、新たな始まりを迎えられることに対して、東の方角に感謝を捧げます。東へ行ったナナブジョは、マザー・アースこそ私たちにとっての最も賢明な教師であるということを学びました。Sema、つまり聖なるタバコを知り、それを使って自分の思いを創造主に伝える方法も覚えました。

ナナブジョの足跡は次にzhawanong、南へと向かいます。誕生と成長の場所です。南からは、春になると世界を覆う緑が暖かな風に乗ってやってきます。そこでナナブジョは、南の地の聖なる木、シーダーことkizhigからその叡智を受け取りました。シーダーが広げる枝には、それが包み込む生命を清め、護る力があります。ナナブジョはそれからはいつもシーダーの枝を持ち歩きました——その土地に根ざすということは、地上の生命を護るということでもあるということを忘れないように。

北の方角を訪ねたナナブジョはそこで、薬について教えてくれる教師を見つけ

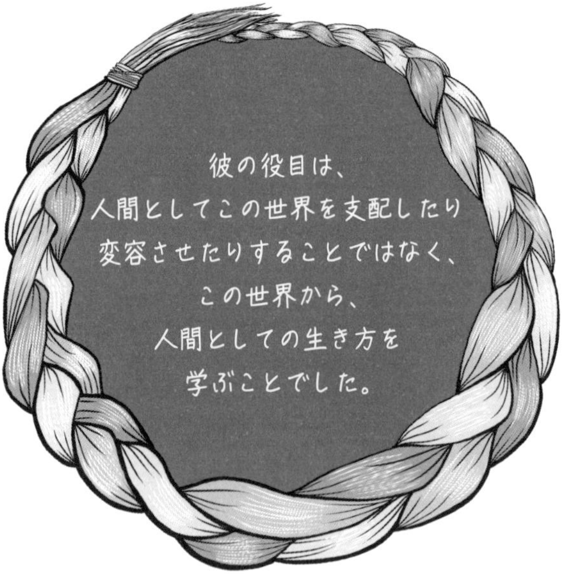
彼の役目は、
人間としてこの世界を支配したり
変容させたりすることではなく、
この世界から、
人間としての生き方を
学ぶことでした。

ました。彼らはナナブジョにスイートグラスを与え、思いやり深く、優しくあり、そしてすべての人を癒やす方法を教えました。そこにはひどい間違いを犯した人も含まれていました――だって、間違いを犯したことのない人などいるでしょうか？　その土地に根ざすということは、癒やしの輪を、すべての生き物を含むまで大きく育てることです。スイートグラスで編まれた長い三つ編みは、旅人を護ってくれます。ナナブジョも数本を荷物の袋に入れました。スイートグラスの香りのする道は、赦(ゆる)しと癒やしを必要としているすべての者にそれが与えられるところへと続いています。スイートグラスは、一部の者だけに贈り物を贈ったりはしないのです。

西の方角に来ると、そこにはナナブジョを恐れさせるものがたくさんありました。足元の地面が揺れ、自然が炎に包まれるのも見ました。西の聖なる植物である mshkodewashk、セージが、恐れを手放すのを助けてくれました。ベントン－バナイは、ファイアーキーパーその人がナナブジョの前に現れた、と語ります。「これは、お前の小屋を暖めてくれるのと同じ炎なのだよ」とファイアーキーパーは言いました。「すべての力にはふたつの面がある。創造の力と破壊する力だ。私たちはそのどちらも存在することを認めなくてはならないが、自分に与えられた力は創造することに使わなくてはいけない」

探求を続けるナナブジョに新しい責任が与えられました――あらゆる生き物たちの名前を知ること。彼はそれぞれの生き物がどんなふうに生活しているか注意深く観察し、彼らと話をして、彼らがどんな力をもっているかを学びました。自分以外の生き物たちを名前で呼ぶことができるようになると、彼はくつろいだ気持ちになり、もう淋しくなくなりました。

私たち人間は、名前を使って相手との関係を形づくります――人間同士だけではなく、この世界との関係を。自分の身のまわりの植物や動物の名前を知らないまま生きるというのはどんな感じか、私は想像してみます。私の性格や植物学者という仕事からして、そんな生き方は想像もできませんが、それはちょっと恐ろしくて、自分がどこにいるかわからないような感じなのではないかと思います。ちょうど、道路の標識が読めない外国の街で道に迷ったときのように。哲学者は、孤

あなたの生活や地域社会、あなたが住む国では、どんなところに「種の孤独」が感じられますか？　この孤独さはどんな影響を私たちに与えていると思いますか？

立して他者とのつながりを失ったこういう状態を「種(しゅ)の孤独」と呼びます——周りの生き物たちから遠く離れてしまったこと、関係性の喪失からくる、深い、名前のない悲しみです。人間による世界支配が進むにつれて、私たちはますます孤立してしまいました。

聖なる教え

ベントン－バナイの語るところによれば、「聖なる教え」に従うナナブジョはまた、兄や姉たちから生き方を学ばなければなりませんでした。食べ物が必要になるとナナブジョは、動物たちが何を食べているかを観察してそれを真似ました。鷺は彼にワイルドライスを集めることを教えました。ある夜小川の岸辺で、尾に縞模様のある小さな動物がそのか細い手で食べ物を丁寧に洗っているのを見かけると、「ああ、食べてもいいのは汚れのない食べ物だけなんだな」と考えました。

ナナブジョはまた、たくさんの植物からも知恵を分けてもらい、常にできるだけの敬意をもって彼らに接することを学びました。こうして、植物も、動物も、すべての生き物たちが、必要なことを彼に教えてくれたのです。ビーバーは斧のつくり方を教えてくれたし、クジラはカヌーの形のヒントをくれました。彼は、自然から教わったことと彼自身の賢さを組み合わせることができれば、あとに続く人びとの役に立つ新しいものを見つけることができると教えられていました。ナナブジョの頭の中で、グランマザーであるクモがかけたクモの巣は魚捕り網になりました。冬の間にリスから教わったことをお手本にして、メープルシュガーをつくりました。ナナブジョがこうして教わったことが、ネイティブアメリカン流の科学や医療、建築、農業、そして生態学的理解の伝説上のルーツなのです。

ナナブジョはその長くて強い脚で、4つの方角それぞれに歩いて行きました。歩きながら大きな声で歌っていたので、鳥たちが気をつけろとさえずる声が聞こえず、グリズリー（ハイイログマ）が襲いかかってきたときにはとてもびっくりしました。それ以降は、他の生き物の縄張りに近づいたとき、まるで世界の全部が自分のものであるかのように迂闊にそこに足を踏み入れなくなりました。森の入り口に静かに座って、招き入れられるのを待つのです。ベントン－バナイの物語によれば、招かれたら、ナナブジョは立ち上がってその森の住人にこう言いま

ナナブジョは、タートルアイランドの上で、植物や動物を観察して生きる方法を学んだ。これは食べ物を洗っているアライグマ。

す――「この世界の美しさを損なうつもりも、兄弟たちの邪魔をするつもりもありません。この地を通る許可をいただけますか？」。

彼は、雪の中で咲く花や、狼と対話するワタリガラスや、草原の夜に灯をともす虫を見ました。彼の中で、動物たちがもつ力に対する感謝の念はつのり、力をもつとはまた、果たすべき責任があるということでもあると理解しました。創造主はモリツグミに美しい鳴き声という贈り物を与え、それと一緒に、森に向かって、おやすみ、と歌う義務を与えたのです。夜遅くには、星々が輝いて道しるべになってくれることに感謝しました。

新しくこの地にやってきた人びとが、「最初の人」が動物たちに教えられたこと、つまり、創造主がつくったものをけっして傷つけず、生き物に与えられた神聖な役目をけっして邪魔しない、ということを学んでいたならば、鷹（たか）が今眼下に見下ろす世界は今とは違っていたことでしょう。そして私たちの目には、ナナブジョが見たのと同じものが映っていたことでしょう。

すべての生き物はある力を与えられ、それと一緒にある責任を与えられています。彼は自分の、空っぽの手のことを考えました。この世界が彼の面倒を見てくれるのに頼るしかありませんでした。

ナナブジョには双子の兄弟がいました。ナナブジョがものごとの調和を大切にするのと同様に、その双子は不調和をもたらすことに熱心でした。彼は創造と破壊が相互に作用し合うことを知っており、その関係を使って人びとの調和を乱しました。傲慢さというパワーを使えば、果てしのない拡大が可能であることを彼は知っていました――それは慎みを知らず、がんのように増殖し、いずれは破壊につながる創造です。ナナブジョは、双子の兄弟の傲慢さと釣り合いをとるために、自分は謙虚に生きようと誓いました。それもまた、ナナブジョの足跡を追う者の義務です。

歴史を振り返れば、移住者がこの土地に根を下ろすのを歓迎するのは、まるで押し込み強盗の一味に招待券を送るようなものに思えます。わずかに残っているものを、どうぞ無償でお持ちくださいと言っているようなものです。移住者たちがナナブジョと同じように、「一歩一歩を、マザー・アースへの挨拶として」歩く、と信じても大丈夫でしょうか？　わずかな希望は感じますが、その後ろには今もまだ悲しみと恐れが隠れています。でもその悲しみはまた、移住者たちも感じていることを忘れてはいけません。彼らだって、もう自然の水を飲むことができないのです。

白人の足跡

シトカトウヒの静かな木陰に座っていても、私の心は千々に乱れています。先人たちもそうしたように、ここに移住してきた人びとがこの土地の土着民（インディジナス）となる方法を思い描きたいのですが、私はその言葉に引っかかっているのです。移住者というのは言葉の定義からして、その土地に土着の存在ではあり得ません。「インディジナス」というのは生まれつきの権利を表す言葉なのです。どれほどの時間と努力を費やそうが、歴史は変えられないし、魂で深くつながったその土地との結びつきに代わることはできません。でも、「インディジナス」ではない人が、この世界を生まれ変わらせる深いレシプロシティーの関係に身を投じることは可能でしょうか？　それは学んで身につけることができるものでしょうか？　それを教えてくれる人はどこにいるのでしょう？　私は、ヘンリー・リッカーズというエルダーの言葉を思い出します。「あの人らは、自然を利用して金持ちになろうと思ってここへやってきた。だから鉱山を掘り返し、木を伐った。だが力をもっているのは自然の方なんだ。あの人らが自然を利用しようとしている間、自然はあの人らを教育しようとしていたんだよ」

学名*Plantago major*、俗に「白い人の足跡」とも呼ばれるセイヨウオオバコは、ヨーロッパから入植者によって北米大陸に運ばれた植物。

私はグランマザーの根の間の、松葉でふかふかの窪みから立ち上がって小道に戻り、そこで思わず足を止めました。茎と呼ぶほどのものもなく、地面の近くに押しつけられるように丸く葉を広げる植物。「白い人の足跡」——ネイティブアメリカンは、この丸い葉をした植物をそう呼びます。学名である*Plantago*とは、足の裏という意味です。

この植物は、最初の入植者とともにこの大陸にやってきて、入植者の行くところどこへでもついて行きました。ネイティブアメリカンははじめ、この植物を信用しませんでした。あまりにもたくさんの問題がその後ろにくっついてきたからです。でもナナブジョの子孫は、すべてのものには目的があり、それを邪魔してはいけないということを知っていました。「白い人の足跡」がそこに居つづけることが明らかになると、彼らはその植物がもっている力について学びはじめました。春、夏の暑さが葉を硬くしてしまう前のセイヨウオオバコの葉はおいしく食べられますし、葉を巻いたり噛み砕いて**湿布**にすれば切り傷や火傷、特に虫刺されによく効く救急薬になります。その小さな種は消化を助ける薬になるし、葉は出血をたちどころに止めて感染症を起こさずに治してくれます。この植物は何から何まで役に立つのです。

外来種の植物の中には、新しい大陸で何をすると歓迎されないのか、そのさまざまな形を教えてくれるものがあります。でも「白い人の足跡」は違います。人の役に立ち、

湿布：やわらかい状態で、通常は温めて布に塗り、皮膚に当てて、傷を治したり痛みを和らげたりするもの。

その土地が自分に
食べ物を与えてくれているのだ、
自分はそこを流れる川の水を
飲んでいるのだ、
そしてそれらが自分の体をつくり、
魂を満たしてくれるのだ、と考えて
暮らしなさい。

狭い場所にしっくり収まり、付近に育つ植物と共存し、傷を癒やす、というのがセイヨウオオバコの作戦でした。セイヨウオオバコは本当にどこにでもあり、とてもうまく周囲に溶けこんでいるものだから、私たちはそれを在来種だと思っています。セイヨウオオバコには、私たちの植物のひとつになったものを植物学者が指して呼ぶ名称が与えられています——在来植物ではなくて「帰化」植物なのです。海外で生まれた人がこの国の市民になった場合に使うのと同じ言葉です。帰化する人は、この国の法律に従うことを誓います。それならば、ナナブジョの「聖なる教え」にも従うことだってできるでしょう。

もしかすると私たちに与えられた課題は、「白い人の足跡」のやり方に従ってその土地に帰化するということなのかもしれません。その土地が自分に食べ物を与えてくれているのだ、自分はそこを流れる川の水を飲んでいるのだ、そしてそれらが自分の体をつくり、魂を満たしてくれるのだ、と考えて暮らすということです。帰化するということは、自分の祖先の骨がその地に埋まっているのを知る、ということです。そして自分のもつ力をその土地に捧げ、責任を果たすのです。帰化するということは、自分たちやすべての生き物の生命がそれにかかっているかのように自然を大切にする、ということです――だって本当にそうなのですから。

けれども時間はまさに円を描いていて、科学技術は今、ナナブジョのやり方を採り入れることでネイティブアメリカン流の科学に追いつこうとしています。つまり、自然のあり方を学び、そのデザインを真似しようとしているのです。自然界に存在する知恵に敬意を払い、それを伝えるものを大切にすることで、私たちはその土地に根を下ろしはじめます。

もともとその土地にいた人びとの権利、尊厳、教えを護りながらその土地に根を下ろすにはどうしたらよいでしょうか？

大地に抱かれて

クランベリーレイク・バイオロジカル・フィールドステーション

ほとんどの学生は、ここクランベリーレイク・バイオロジカル・フィールドステーションに嬉々としてやってきます。でも必ず何人かは、ネットワークですべてがつながっている世界から離れて暮らす5週間に耐えなければならない、と諦めきった面持ちをしています。年とともに変化する学生たちの態度は、彼らと自然の関係の変化をかなり忠実に映し出しています。昔の学生たちは、キャンプや釣りに行ったり森の中で遊んだりした子ども時代の思い出に駆られてここへやってきたものですが、今の学生は、自然への情熱が弱くなったわけではないけれど、彼らにその情熱を与えるのはスクリーンに映し出される映像です。リビングルームの外にある自然の本当の姿が彼らを驚かせる、ということが、年々多くなっているのです。

ブラッドは、ローファーにポロシャツというでたちで、汀線（ていせん）に沿って歩きながら携帯電話の電波を探すのですが見つからずにいました。「自然はすごいと思います」と彼が言います。「だけどここは木しかないんですね」。私はブラッドに、森というのは世界中で一番安全な場所である、と言って安心させようとし、私は都会に行くと同じような不安を感じるのよ、と白状します——人、人、人ばかりの場所で、どうすればいいのかわからず、ちょっとしたパニック状態になるのです。この違いに慣れるのが大変なのはわかっています。ここに来る道路はなく、幅11キロの湖を渡らなくてはなりません。医療機関までは車でゆうに1時間かかるし、ウォルマート［訳注：大型スーパーのチェーン店］までは3時間です。「だって、何かが必要になったらどうするんです？」とブラッドが言います。そのうちわかるでしょう。

ほんの数日ここで過ごすと、学生たちは野外生物学者に変貌しはじめます。器具類の使い方にも自信がついたし専門用語も覚えて鼻高々です。学名を覚えるのはいいことです――生物界の個々の生き物を見分けられるようになり、森を織り成すさまざまな糸を識別して、自然というもののありように同調しようとしているのですから。

でも同時に、彼らは科学機器を手にすると自分の感覚を信用しなくなることに私は気づいていました。そして、ラテン語の学名を暗記することにばかり一生懸命になれば、それらが示す生き物そのものを見なくなってしまいます。ここに来る学生たちはすでに生態系についてよく知っているし、感心するほどたくさんの植物を識別することができますが、そうした植物がどんなふうにあなたの役に立っているか、と訊くと答えられないのです。

授業ではまずはじめにブレーンストーミング［訳注：自由に話し合ってアイデアを出し合う会議の方法］をして、人間が必要とするもののリストをつくります。それらのニーズのうち、アディロンダック山地の植物が満足させられるものはどれかを理解するのが目的です。おなじみのリストができあがります――食べ物、住むところ、暖かさ、着るもの。喜ばしいことに、酸素と水も上位10位以内に入っています。マズローの欲求5段階説を勉強した学生がいて、生きるために必要なも

マズローの欲求５段階説

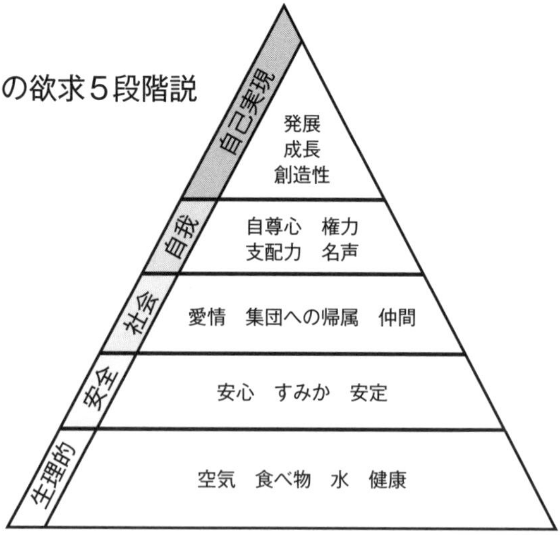

のにとどまらず、「より高次な」欲求である芸術、友情、精神性などもリストに盛り込んでいます。私たちはまず、住むところをつくることから始めます。教室を建てるのです。

すみか

学生たちは場所を選び、図面に沿って地面に印をつけ、若木を伐ってきて根元を土中深く埋めます。等間隔に立てられたメープルの柱で直径3.5メートルの円ができました。暑い中で汗だくになりながら、はじめのうちはほぼひとりひとりが個別に作業していましたが、支柱の円が完成し、最初の2本をアーチ型に結び合わせる段になると、作業する仲間の必要性が明らかになります。一番背が高い学生が支柱のてっぺんをつかみ、一番体重が重い学生がそれを曲げた状態で押さえ、体が一番小さい学生がよじ登って2本をロープで固定します。ひとつアーチができると次、というようにして、徐々にウィグワム［訳注：ネイティブアメリカンの伝統的なドーム型住居］の形が姿を現しはじめます。特有の左右対称性のおかげで、

ドーム状の構造をした住居、ウィグワム。

失敗するとそれが目立ち、学生たちはうまくいくまで何度も結んだりほどいたり。最後の2本を結び終わると学生たちは静かになって、自分たちがつくったものを眺めます。それは逆さにした鳥の巣みたいです。

私たち15人全員、円周に沿って座りやすいところを見つけて座ります。まだ覆いはありませんが、快適です。

支柱を背に寄りかかりながら、私たちはこのデザインについて考えます。先住民族の建てるものに小さくて丸いものが多いのは、鳥の巣や動物の巣穴、サケの産卵場所、卵、子宮などをお手本にしているからです。球体は体積に対して表面積が最も小さく、したがって居住空間の確保に必要な材料が最も少なくて済むのです。球というのは、水を弾き、雪の重さを分散させ、効率よく暖まり、風にも強い形です。また、輪が教えてくれることに従って暮らす、という点には文化的な意味があります。私は、入り口は必ず東を向いているのだと学生たちに教えます。夜明けを歓迎することの有用性は、まだ彼らの思考にはありません。でも太陽がそれを彼らに教えることでしょう。

骨組みだけの裸のウィグワムからは、他にも学ぶことがあります。壁はガマで編んだゴザで覆い、天井は樺の木の皮をトウヒの根で結びつけなければなりません。まだまだやることがあるのです。

ウォルマーシュで買い出し

授業の前に見かけたブラッドは、まだ不機嫌です。私は彼を元気づけようとして、「今日は湖の向こうに買い物に行くわよ！」と言います。たしかに雑貨屋はあるのです——辺鄙（へんぴ）なところにあって、必要なものは全部そろっているように見える店。でも私たちが行くのはそこではありません。今日買い物に行くのはマーシュ（沼地）です。その広大さは、ウォルマートに似ていなくもありません。今日はその沼地で買い物するのです。

沼地と言えばかつては、ヌルヌルしていやな臭いがするといって評判が悪かったものですが、やがて人びとはその貴重さに気づきました。学生たちは、ガマは水の中で刈り取るのが一番効率がいい、と説明する私を怪訝な目で見ています。私は、ここには毒のある水ヘビもいないし、流砂もないし、カミツキガメは人が近づいてくる音を聞くとたいてい隠れてしまう、と彼らを安心させます。ただし、ヒルのことは黙っています。

最終的には、全員が私のあとにつき、私たちは鷺のごとく――ただし鷺のような優雅さや落ち着きには欠けますが――沼の水の中を歩きます。学生たちは、ところどころに島のように浮かんでいる低木や草の塊の間を恐る恐る進み、一歩一歩、まず水底が堅いかどうかを確かめてから体重をかけます。これまでの短い人生でまだ学んでいないとしたら、彼らは今日学ぶはずです――堅実性など幻想であるということを。この沼の水底は、数メートルの厚さで水中に浮かんでいる腐植土の下にあります。その腐植土は、チョコレートプリン程度の堅さしかありません。

一番怖いもの知らずのクリスが先陣を切り、5歳の男の子のようににんまり笑いながら、平然と水路の真ん中に腰まで水に浸かって立って、盛り上がった**スゲ**の**ハンモック**に、肘かけ椅子みたいに肘をかけています。彼にとってもこれは初体験なのですが、「思い切りが肝心なんだよ、あとはリラックスして楽しめんだからさ」と他の学生たちを励まします。

スゲ：湿地に育つ、カヤツリグサ科スゲ属の植物。

ハンモック：小丘。何かが盛り上がってできた塊を指す専門用語。

ナタリーが「内なるマスクラットと合体！」と叫んで水に飛び込むと、クローディアは泥水がかかるのをよけようと後ずさり。クローディアは怖いのです。エレガントなドアボーイのように、クリスが優しく手を差し出してクローディアが水に入るのを助けてやります。そのとき、クリスの背後に泡が長い列になって浮かんできて、ゴボゴボと大きな音を立てて水面で割れました。クリスは泥まみれの顔を赤くして、みなが見つめる中、足の位置を変えます。と、またひとしきり、悪臭のある泡が一列になって昇ってきてクリスの後ろで破裂しました。これには全員が笑い出し、間もなく全員が水の中の泡をつぶしはじめます。沼を歩いていると、一連の「おならジョーク」が出るのは避けられません。私たちの足が、沼ガス、つまりメタンガスを放出させるのです。沼のほとんどの場所は水深は腿(もも)くらいまでですが、時おり叫び声が、続いて笑い声が聞こえてきます。誰かが、胸まで水が来る穴に落ちたのです。

ガマを引き抜くには、水の中に手を入れ、ガマの根元をつかんで引っ張ります。

堆積物がそこそこやわらかければ、またはあなたに十分な腕力があれば、根茎（こんけい）ごとまるまる引き抜くことができます。問題は、茎が折れるかどうかはあらかじめわからないので、力一杯引っ張った結果突然茎が折れ、どろどろした腐植土を滴らせながら水の中に尻もちをつくことになりかねない、ということです。

根茎とは、要は地下にある茎のことなのですが、これがとても貴重なのです。外側は茶色くて筋張っていますが、中はまるでジャガイモのように白くてデンプン質が豊富で、焚き火でローストするととてもおいしく食べられます。

ガマは学名を*Typha latifolia*といい、いわば巨大な草です。はっきり幹と呼べるものはなく、まるまった何枚もの葉が互いを包み、同心円状の層になっています。1枚の葉では風や波に耐えることはできませんが、葉が集まったものは強く、水中に大きく広がる根茎のネットワークがガマをしっかりと固定しています。8月には、葉は長さ2メートル半、幅2.5センチほどになります。ガマの葉を裂いてねじれば、一番簡単に**植物性の縄**ができます。ステーションに戻ったらこれで、ウィグワムをつくるための紐と、織物にできるほど細い糸をつくります。

植物性の縄：植物（おもに根）からつくる紐や糸。

ガマ（*Typha latifolia*）

間もなくカヌーにはガマの葉の束が山積みになります。私たちは岸までカヌーを引っ張っていき、それから一本一本、葉を一枚一枚外側から順にバラバラにします。葉を剝ぎ取ろうとしたナタリーの手からたちまちガマが地面に落ちました。「いやだ、すごくヌルヌルしてる」とナタリーは言って泥だらけのズボンに手をこすりつけますが、そんなことをしても無駄です。ガマの葉の根元をバラバラにすると、ねばねばしたゼリー状のものが、透明で水っぽい粘液のように葉と葉の間に伸びます。はじめは気持ち悪く感じますが、それがついた手はとても気持ちがいいことがすぐにわかります。私は、「薬は病気の原因のそばに生える」とハーバリスト〔訳注：ハーブ（香草、薬草）の効能を知り、有用な使い方などを指導する人〕が言うのを何度も聞いたことがあります。

ガマを収穫すれば間違いなく日焼けして肌が痒(かゆ)くなりますが、その不愉快さを解消する方法はガマそのものの中にあるのです。透明でひんやりとして清潔なそのゼリー状のものは、つけると爽やかだし、抗菌性もあります。ガマは、細菌から身を護り、水位が下がったときにも葉の根元が乾燥しないためにこのゼリーをつくります。そして、ガマを護っているこうした作用が、私たちのことをもまた護ってくれるのです。沼地版アロエベラ・ジェルです。

ガマはこの他にも、沼地に立って一生を過ごすのに最適な特徴を発達させています。葉の根元は水中にありますが、それでも**呼吸**のための酸素は必要です。そこでガマの葉には、エアータンクを背負ったスキューバダイバーよろしく、スポンジのような、空気の詰まった組織が備わっています。天然の緩衝材(かんしょうざい)です。通気組織と呼ばれるこの白い細胞は、それぞれの葉の根元に、浮力のあるフカフカの層を形成しています。また、葉はロウ質の膜で包まれていて、それはちょうどレインコートのように撥水(はっすい)性があります。ただしこのレインコートの機能は普通とは逆で、**水溶性**の栄養素を葉の中に

呼吸：生物がその細胞や組織に、代謝に必要な酸素を供給し、エネルギー生産反応によってできる二酸化炭素をそこから取り除く、物理的・化学的な過程。

水溶性：水に溶ける性質。

閉じ込め、沼の水の中に洗い流されてしまわないようにするためのものです。

長くて撥水性があり、断熱性のあるスポンジ状の細胞が詰まったガマの葉は、住まいをつくるには絶好の材料です。昔は、ガマの葉でできた薄いゴザを縫い合わせたり結び合わせたりして、夏用のウィグワムを覆ったものでした。乾季には、葉が縮んでできた葉と葉のすきまが風を通し、通風性に優れています。雨が降れば葉はふくらんですきまがなくなり、水を弾きます。また敷布団をつくるのにも向いています。地面から上がってくる湿気をロウが防ぎ、通気組織のおかげでクッション性と断熱性があるからです。やわらかくて乾いた、刈ったばかりの干し草みたいな匂いがするガマのゴザを2枚ばかり寝袋の下に敷けば、夜、気持ちよく眠れます。

ナタリーが、指でやわらかい葉を押しつぶしながら「まるで植物はこういうものを、私たちのためにわざわざつくってくれたみたいね」と言います。進化の過程で植物が見せた適応と、人間が必要とするものの類似は、実際驚くばかりです。ネイティブアメリカンの言語の中には、植物を表す単語が「私たちの面倒を見てくれる者」という意味になるものがあります。ガマは沼地で生き延びるために、自然淘汰を通じて洗練した適応を見せました。人びとは植物の問題解決方法を真似し、それによって彼らが生き延びる可能性もまた高まりました。まず植物が適

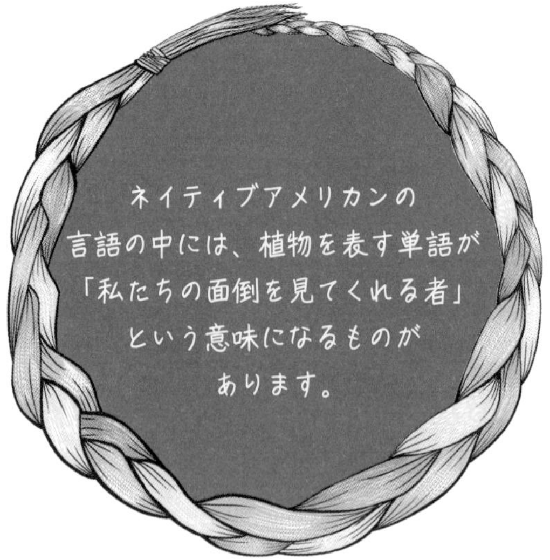
ネイティブアメリカンの
言語の中には、植物を表す単語が
「私たちの面倒を見てくれる者」
という意味になるものが
あります。

応し、それを人びとが借用したのです。

ガマの葉を剝ぎ取っていくと、穂軸に近づくにつれて薄くなるトウモロコシの皮のように、だんだん薄くなっていき、中心には小指ほどの太さの白くてやわらかい髄があります。私は髄を一口サイズに折って学生たちに回します。私がそれを食べるのを見て、学生たちはやっと、お互いを横目で見やりながらこわごわかじってみます。と思うと数分後には、笹藪にいるパンダみたいに夢中になって自分で茎を剝きはじめます。「コサックのアスパラガス」と呼ばれることもある生のガマの茎は、キュウリのような味がして、炒めてもいいし、茹でてもおいしいのです。

沼地を振り返ると、私たちがガマを刈ったところがどこかはすぐにわかります。学生たちは、自分たちが沼に与えた影響について熱心に議論を始め、自分たちが収穫したものを、自分が考えた「人間が必要とするもののリスト」と比較します。服やゴザや糸や住む家をつくるためのガマの葉。炭水化物のエネルギーを補給する根茎。茎の芯は野菜。そして、足りないものもあることに気づきます。タンパク質、火、光、音楽。ナタリーは不足しているもののリストにホットケーキも入れてくれと言います。「トイレットペーパー！」と言ったのはクローディアです。

私たちは、沼というスーパーマーケットの売り場をブラブラして他の製品を探します。学生たちは自分が本当にウォルマートにいるふりをしはじめ、もう一度沼の水の中に入りたくないランスは入り口に立っている店員役を買って出ます。
「ホットケーキでしたら5番売り場です。懐中電灯ですか？　3番売り場でございます」

ガマの花はちっとも花らしく見えません。ガマの茎の長さは1.5メートルほどで、先端にふっくらした緑色の円柱状のものがついていて、真ん中で上下ふたつに分かれています。上半分が雄花で下半分が雌花です。ガマは風媒花（ふうばいか）で、雄花の穂先が破裂して硫黄色の花粉を空中に放出します。ホットケーキ班は沼地を見まわしてそういう雄花を見つけると、茎の上からそっと紙袋をかぶせて口をぎゅっと締め、それから雄花を揺らします。紙袋の底には大さじ一杯分くらいの、鮮やかな黄色をした粉と、おそらく同じくらいの量の虫が溜まります。花粉（と虫）は、ほぼ純粋なタンパク質で、カヌーに積んである根茎を補完する高品質な食べ物です。虫を取り除いてスコーンやホットケーキに加えれば、栄養価も増すし、きれいな黄金色になります。

雌花の方は、細い緑色のソーセージを棒に突き刺したように見えます。ちょっと塩を入れて茹でてからバターをたっぷりと塗り、茎の上と下を、串に刺したトウモロコシみたいに両手で持って、まだ成熟していない花にかぶりつと、味も歯ごたえもアーティチョークにそっくりです。夕食用のガマのケバブです。

叫び声が聞こえ、綿毛が雲のように空中を漂うのが見えます。どうやら学生たちが3番売り場を見つけたようです。小さな雌花のひとつひとつは、成熟すると綿毛がくっついた種子になり、茎の先端にきれいな茶色いソーセージが突き刺さったおなじみのガマの姿になります。この季節、冬の間の風にさらされたガマの雌花は精製綿のような塊になっていて、枕か布団をつくるのにぴったりです。ポタワトミ語でガマを指す単語のひとつ、bewiieskwinukは、「赤ん坊をそれで包む」という意味です。やわらかくて暖かく、吸水性のあるガマの綿毛は、断熱材でありおむつでもあったのです。

エリオットが「懐中電灯があったよ！」と叫びます。綿毛が詰まったガマの穂は昔から、脂に浸けて火を灯し、松明（たいまつ）として使われてきました。私たちの祖先は茎を集めて、矢柄（やがら）にしたり、手で火をおこすときの錐（きり）として使ったりと、さまざまに利用しました。火おこしの道具には必ず、火口としてガマの綿毛が少々入っていました。学生たちはこれらを全部集め、手に入れた掘り出し物をカヌーに運びました。ナタリーはまだ近くの水の中を歩いていて、次はショッピングモールに行くと叫んでいます。

ガマは、適当な日光とたっぷりの栄養、それに濡れた土壌があれば、ほぼどんな種類の湿地でも育ちます。陸地と水域の中間にある淡水湿地は、地球上でも最も豊かな生態系のひとつで、熱帯雨林にも引けをとりません。ガマのおかげでスーパーマーケットのようにいろいろなものを提供してくれる沼を人びとは大切にしていましたが、そこはまた同時に、魚や動物も豊富でした。浅瀬では魚が**産卵**し、カエルやサンショウウオもたくさんいました。水鳥たちは密集して生えるガマの剣のような葉に護られてそこに巣をかけ、渡り鳥は旅の途中の安らぎの場所としてガマの生えた沼を求めるのです。

> 産卵：卵を産みつけたり、受精させたりすること。

驚くにはあたりませんが、この豊かな土壌に対する欲が原因で、今では沼地の

90パーセントが失われてしまいました――沼に頼っていたネイティブアメリカンの人びとにとって、それは大きな喪失でした。湿地は「役に立たない土地」と言われ、大々的に排水されて農地に転用されました。かつては世界でも特に多様な生物を養っていた土地が、今ではただ1種類の作物を育てるか、あるいは駐車場になってしまったのです。なんという土地の無駄遣いでしょう。

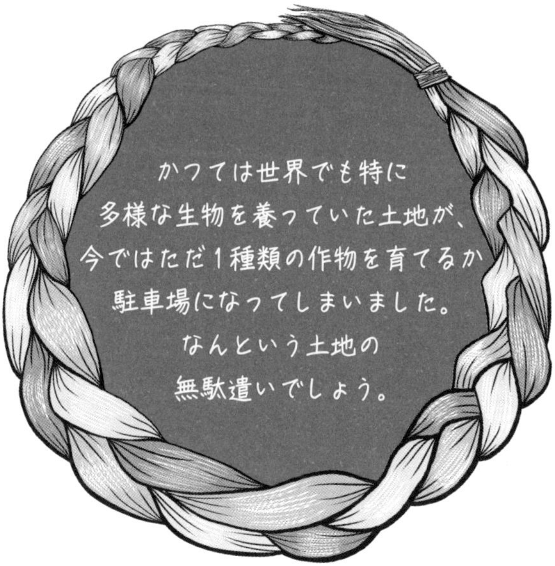
かつては世界でも特に
多様な生物を養っていた土地が、
今ではただ1種類の作物を育てるか
駐車場になってしまいました。
なんという土地の
無駄遣いでしょう。

木の根の採集

数日後、ガマの収穫やゴザ編みで指先がガサガサの私たちはウィグワムに集まり、ガマでつくったクッションに座ります。ガマを編んだゴザでできた壁から日の光が差し込み、天井は穴が開いたままです。ウィグワムづくりの仕上げは屋根です。そして予報によればもうすぐ雨になりそうなので、私たちはすぐに作業に取りかかります。天井にするための、樺の木の樹皮を延ばしたものはすでに山ほどつくってありますが、今度はそれらを固定するものが必要です。

以前の私は、自分が教えられたのと同じ方法で学生たちを教えていました。でも今は、教える仕事は全部他の人にやってもらっています。植物が人間にとって最も古い教師ならば、彼らに教えてもらえばいいのです。

宿舎からずいぶん歩いてバックパックを降ろした木陰は、まるで冷たい水に飛び込んだように快適です。私たちがここへ来たのは、watap、つまりカナダトウヒ（*Picea glauca*）の根を集めるためです。それは五大湖地方のすべての先住民族文化にとって非常に大切なものであり、樺の木の樹皮をそれで縫い合わせてカヌーやウィグワムをつくれるほど強靭であると同時に、美しい籠を編めるほどしなやかです。アブに血を少々吸われるかもしれませんが、学生たちがこれから初心で体験することを私は羨ましく思います。

私は学生たちに、林床（りんしょう）の読み方を覚え、地下の根が見えるように透視能力を身につけてもらいたいのですが、直感力をきちんとした手順に分解するのは難しいことです。

根を収穫するときには、やみくもに掘っても穴があくだけです。大急ぎで何かをしようとする癖は忘れなくてはいけません。「まず与えること。もらうのはそれから」。それがガマだろうと樺の木だろうとカナダトウヒの根だろうと、学生はこの、「良識ある収穫」を思い出すための収穫前の儀式にはもう慣れていて、目を閉じて儀式に参加する学生もいます。私は低い声で、私が何者で何のためにここへ来たのかをトウヒに伝え、どうか根を掘るのを許してくださいとお願いします。彼らにしか与えられないもの——その肉体と教えを、この大切な若い人たちに与えてやってくれないだろうか、と頼むのです。私が求めているのは「根」以上の何ものかであり、そのお返しに少々のタバコをそこに置きます。

学生たちは集まって輪になり、シャベルに寄りかかって立っています。私はナイフを取り出し、**腐葉土**層に最初の一刀を入れます——森の皮膚の表面を切り取るのです。つけた傷口の縁に指を入れて引っ張ると、一番上の層が剝がれ、私はそれを、収穫が終わったら戻せるように横にどけておきます。ムカデが1匹、慣れない日の光の中をやみくもに走り、甲虫は地中に潜って身を隠します。土の中をこうして白日のもとにさらすのは、入念な解剖のようなものです。植物の器官の秩序だった美しさ、互いに寄りかかり合いながらつくり出すハーモニーに、動物を解剖するときと同じように学生たちが息を呑みます。それらは言わば森の**内臓**です。

腐葉土：林床に積もる、一部腐敗した有機物。

内臓：身体の中の器官。

腐葉土の黒を背景にすると、色のあるものが、雨に濡れた暗い街に光るネオンライトのように目立ちます。オウレ

大急ぎで何かを
しようとする癖は
忘れなくては
いけません。

ンの根は地中を縦横に走り、サルサパリラ［訳注：サルトリイバラ科シオデ属の植物］はすべて、乳白色の根でつながっています。クリスが「地図みたいだ」と言います。大きな幹線道路にあたるのは太くて赤い根ですが、それがどこから来ているのかわかりません。そこでその1本を引っ張ると、数十センチも離れていないところでブルーベリーの茂みがそれに応えて揺れます。学生たちは今や全員、土の中に手を突っ込み、根の行く先を辿ったり、根の色と地上の植物を組み合わせようとしたりして、この世界地図を読んでいます。

学生たちは、土を見たことがあると思っています。菜園で土を掘り起こしたり、木を植えたり、耕されたばかりの土を手にしたことはあるのかもしれません。でも、耕されたいくばくかの土は、森の土の足元にも及びません。庭先の土は挽肉のようなものです――栄養分はあるかもしれませんが、そのもともとの姿がまったくわからないほど**均質化**されてしまっているのです。

均質化：ある物の、すべての部分が同じ性質をもつようにすること。たとえばホモ牛乳というのは、乳脂肪の分子が、表面に浮かび上がらず牛乳全体に均等に混ざっている状態を言う。挽肉は、筋肉と脂肪が均等に混ざり合うように肉を挽いたもの。

草が根を下ろしている表土をそっと持ち上げるとその下には、クリームを入れる前のジャワコーヒーみたいに真っ黒な土があります。しっとりと湿って重たい腐葉土です。土壌は「汚い」ものでもなんでもありません。私たちはこの美しい土を少々掘って、どの根がどの木のものかを調べます。トウヒの根は張りがあり、バネのようで、触ればそれとわかります。ギターの弦のようにはじけば、土に跳ね返ってビーンと音がするほど弾力性があって強靭（きょうじん）です。1本の根を握って引っ張ると地面から抜け出てくるので、それを辿って掘りつづけます。

やがて学生たちは散り散りになります。根を掘り出す場所を1か所に集中させないためです。私は学生たちに、収穫が終わったら、オウレンや苔はあった場所に戻し、しおれかけた葉に自分の飲み水をかけるのを忘れないように言います。

アパッチ族の言語では、土地を表す言葉の語幹はマインドを意味する言葉の語幹と同じです。根を収穫するという行為は、地中の地図と私たちの頭の中の地図を鏡のように映し出します。それは、静寂と歌、そして土に手で触れているから起きることなのだと私は思います。

近年の研究で、腐葉土の匂いが人間に、ある生理作用をもたらすことがわかりました。マザー・アースの香りを吸い込むと、私たちの体内でセロトニンが分泌されるのです。セロトニンは、人の気分や行動の調節に一役買っています。

根を採集したあと、私の学生たちは必ず変化します。どこか優しく、心が開かれた感じがするのです——まるで、それまでその存在を知らなかった誰かの腕に抱きしめられたあとのように。彼らを見ていると私まで、この世界という贈り物に心を開き、地球は自分の面倒を見てくれるし必要なものはすべてそこにある、という思いで心がいっぱいになる感覚を思い出すことができます。

宿舎に戻る途中、私たちは川に立ち寄ってトウヒの根を洗います。私は、若木を割いてつくった万力を使って根の皮を剝く方法を教えます。ザラザラした樹皮と多肉質の師部がはがれ、その下にきれいなクリーム色の根が現れます。手に糸のように巻きつきますが、乾くと木のように硬くなります。私たちは小川の岸辺に座ってはじめての籠を編みます。完璧とは言えませんが、それは始まりなのだと私は思うのです——人と自然のつながりを再び編みなおす、という行為の。

人間に必要なもののリストをつくりましょう。沼地の植物はこれらのニーズをどんなふうに満たすでしょうか。

学生同士が肩車して天井の高いところに手を伸ばし、樹皮を根で留めつけていくと、ウィグワムの屋根は苦もなく出来上がります。ガマを刈ったり若木を曲げて結んだりしたあとなので、なぜ私たちがお互いを必要とするかが学生たちにはわかっています。ゴザを編むのは単調な作業だし、携帯電話もないので、学生たちは物語を語り、歌を歌います。

この数日間、私たちはともに教室をつくり、ガマのケバブと根茎のローストを堪能し、ガマの花粉入りのホットケーキを食べました。虫刺されにはガマのゼリーが効きました。そしてまだロープと籠を完成させなければなりません。だから私たちは、丸いウィグワムの中で一緒に座り、紐を編みながらおしゃべりするのです。

感謝とレシプロシティー

クローディアが訊きます——「失礼なことを言うつもりはけっしてないんだけど。ガマに、採ってもいいかと訊いたりタバコを捧げたりするのは素晴らしいとは思うけど、でも、それで十分なのかな？　だって私たち、ものすごくいろいろもらっているわけでしょ。ガマを収穫したとき、買い物に行ったふりをしたじゃない？　だけど、もらうだけもらってお金は払ってない。よく考えると、私たち、沼で万引きしたんだわ」。そう、その通りです。もしもガマの茂みが湿地のウォルマートだとしたら、盗品をいっぱいに積んだ私たちのカヌーに、出口の警報アラームが鳴り響いたことでしょう。ガマとのレシプロシティーを築く方法を見つけないかぎり、私たちはある意味、お金を払わずに品物を持ち去ろうとしていることになります。タバコは物質的な意味での贈り物ではなくて精神的なものであり、私たちからの最大の敬意を伝える手段であるということを私はもう一度学生たちに話します。

自然から贈り物を受け取るとき、あなたはどうやって最大の敬意を伝えますか？

学生たちは、指でガマの繊維を撚（よ）って紐にしながらこのことについて考えています。ガマや樺の木やトウヒに私たちから差し出せるものには何があるかしら、と私は学生たちに尋ねます。ランスが鼻で笑って言います——「ただの植物だろ。俺たちが利用できるのはスゲエと思うけど、だからって俺たちにはべつに借りはないよ」。他の学生たちは不満の声を漏らし、どんな反応をするかと私の方を見ます。

法学部に進もうとしているクリスが口を開きます。「ガマが『無料』なら、それは贈答品にあたり、僕たちには感謝する以外の義務はない。贈り物には金を払わないだろ、ありがたく受け取るだけだ」

ナタリーが異を唱えます。「贈り物だからって、恩義はないって言える？　贈り物をもらったら必ずお返しすべきだわ」。それが贈り物であろうと商品であろうと、借りができたことに変わりはなく、前者なら倫理的な、後者なら法的な意味での借りです。だから、倫理的に行動するとしたら、植物から受け取ったものに対して何らかの代償を払わなければいけないのではないか？というのです。

こういう問題について学生たちが話し合っているのを聞くのが私は大好きです。学生たちは作業しながらとりとめのない話をし、笑っていますが、そこからたくさんの提案が生まれます。自分たちが何を差し出せるか、それを見つけるのが私たちの仕事です。自分自身に与えられた才能がどういうものであり、どうしたらそれをこの世界のために使えるかを学ぶのです。人が生きていくうえで、それはとても重要なことではないでしょうか？

授業の最終日、私たちはウィグワムで寝ることに決め、黄昏(たそがれ)時に寝袋を運び、遅くまで火を囲んで談笑します。クローディアが、「明日帰るの悲しいな。ガマの上で寝られないと、自然とこんなにつながってるって感じがしなくて淋しいと思う」と言います。地球が私たちに必要なものすべてを与えてくれるのはなにもウィグワムの中だけではない、ということを忘れないようにするには、本当の努力が必要です。お互いを知り、感謝し合い、受け取った贈り物にお返しをするというのは、ニューヨークのアパートにいるときも、樺の木の樹皮でできた屋根の下で眠るときと同様に大切なのです。

学生たちが2、3人ずつ、懐中電灯を持ち、何事か囁(ささや)きながら焚き火の輪を離れるのを見て、私は彼らが何か企(たくら)んでいるのを察します。あっという間に、彼らは間に合わせの楽譜を持ち、焚き火の炎に照らされながら合唱団みたいに並びます。「先生にプレゼントがあります」と彼らは言って、自分たちで作曲した見事な賛歌を歌い出しました。歌詞にはトウヒの根や沼のアシ、ガマの松明も登場してなかなか洒落(しゃれ)ています。歌声は徐々に大きくなって、「どこにいたって、植物があればそこが我が家」で盛り上がります。これ以上に完璧なプレゼントは想像もできません。

私たちは全員、ウィグワムの中でぎゅうぎゅう詰めで寝ます。ゆっくりと眠りに落ちていきながら、時おり誰かの笑い声や会話の最後の切れ端が聞こえます。ようやくみなが眠るころ、私は、頭上に広がる星空にも似た、樹皮でできたこの屋根の下で、私たち全員が大地に抱かれているのを感じます。

東を向いた入り口から朝日が差し込むと、最初に目を覚ましたナタリーが、爪先立ちで他の学生をまたいで外に出ます。私はガマのゴザのすきまから、ナタリーが両腕を高く上げ、新しい一日に感謝するのを見つめています。

生きているものすべてと自分がつながっている、とはじめて感じたときのことを覚えていますか？

岬を燃やす

サーモン・セレモニー

はるかかなた、太平洋岸北西部の波の向こうで、彼らはそれを感じます。太古の時計が「時間だ」と告げたのです。ありとあらゆる方角から彼らはやってきました――魚は海の中でじょうご状になり、河口に近づけば近づくほどその通り道は狭くなります。放蕩(ほうとう)息子〔訳注：聖書に登場する、家を出て親からもらった金を使い果たして戻ってきた息子を指す〕ならぬ放蕩サケが故郷をめざすのです。

目印が霧に隠れてしまうこの沿岸は道に迷いやすいところです。年寄りたちは、舟が行く先を見失い、あまりにも長いこと帰ってこないと、家族は浜へ行き、流木に囲まれて焚き火をしたという話をします――安全なところへ帰っておいで、と誘うかがり火です。とうとう帰り着いた舟は海で獲れた食べ物をいっぱいに積んでいます。漁に出た者たちは彼らを讃える歌と踊りで迎えられます。危険に満ちた彼らの旅は、感謝で輝く人びとの顔によって報われるのです。

人びとはまた、兄弟たちの到着を、同じように準備して待ちます。サケ（サーモン）です。自分の体という舟に食べ物を積んでくるサケたち。人びとは目を光らせて彼らを待ち、浜まで降りて、兄弟たちの到着のしるしはないかと沖を眺めます。でも彼らはやってきません。忘れてしまったのでしょうか？　迷って海を彷徨(さまよ)っているのかもしれません――人びとの歓迎が待っていることに自信がもてずに。

はるか遠く、砕ける波の向こう、舟も行けないところでは、彼らがひとつの体、魚群となって進みます。確信がもてるまでは西にも東にも向かわずに。サケたちは毎年ここへ、産卵のために遡上(そじょう)するのです。

日が暮れると、部族のひとりが包みを抱えて小道を歩いていきます。草原が広がる乾いた岬に向かっているのです。シーダーの樹皮とねじった草を丸めた塊の中に燃える炭を置き、息を吹きかけると、一瞬炎がゆらめきあがり、それから小さくなります。草が溶けるように黒くなって、それから突如炎が上がります。草原のここかしこにパチパチ燃える炎の輪ができ、夜を照らし出します。兄弟たちを連れ帰るためのかがり火です。

彼らは岬に火をつけたのです。炎は風に乗って燃え広がり、湿った緑色の森の壁に阻(はば)まれてようやく止まります。海抜430メートルの岬の上で、炎が高々と天を突きます。炎はこう言っているのです——「お前の生命が始まったこの川に戻っておいで。お前のために歓迎の宴を用意したよ」。

海のかなたからは、漆黒の闇に包まれた海岸に、針の先ほどの光が見えます。いよいよです。魚たちはひとつの生き物のように東を向き、岸へと、故郷の川へと向かいます。生まれ育った**母川**(ぼせん)の匂いがするところまで来ると、彼らはしばし進むのをやめ、潮の流れがゆるやかになったところで体を休めます。

母川：サケが孵化した川のこと。

サケを敬う人びとは川岸に集まり、川を遡りはじめるサケたちに歓迎の歌を歌います。でも、網はまだ岸にあるし、槍は家の中にかかったままです。群れのリーダーである鼻曲りのサケを人びとは獲りません。それが他のサケを先導し、川の上流に住む生き物たちに、人びとは感謝と尊敬の気持ちにあふれていると知らせることができるように。

4日間そうやってサケたちが遡上してからようやく、部族で最も尊敬される漁師が「最初のサケ」を獲り、儀式に則った準備が行われます。シダを敷き詰めたシーダーの板の上に乗せて、厳(おごそ)かにサケを宴の場に運ぶのです。それから人びとは神聖な食べ物を堪能します。サケ、鹿肉、根、そしてベリー類。カップを次々に回すという儀式を通して、人びとはそれらすべてをつなぐ水を祝福します。与えられたものすべてに感謝して、踊り、歌うのです。サケの骨は、顔が上流を向くようにして川に戻されます——サケの魂が他のサケたちのあとを追えるように。

それからようやく人びとは網をかけ堰(せき)をつくって、サケ漁を始めます。誰もが仕事を分担します。年寄りは、槍を持つ若者に「必要な分だけ獲ったら残りは通らせなさい、そうすればサケがいなくなることはけっしてない」と忠告します。乾燥棚が冬用の食べ物でいっぱいになれば、人びとは漁をやめ、それ以上は獲りません。

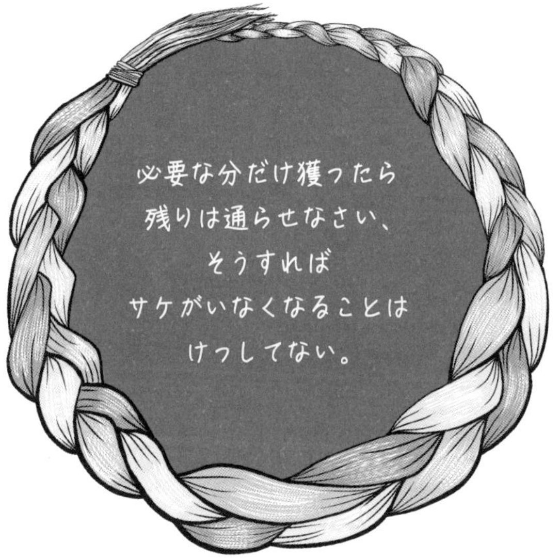

必要な分だけ獲ったら
残りは通らせなさい、
そうすれば
サケがいなくなることは
けっしてない。

川を遡上するサケの種類は、チヌークサーモン［訳注：キングサーモンとも呼ばれる］、シロザケ、カラフトマス、ギンザケなどさまざまで、おかげで人びとは飢えることがなく、森もまた同様でした。何十キロもの距離を海から遡り、サケたちは木々にとって重要な資源、窒素を運ぶのです。産卵を終えて死んだボロボロのサケの屍(しかばね)は、熊や鷲や人間によって森に運ばれ、木々の肥料になりました。科学者たちは、古代の森の木に含まれる窒素が、もともとは海から来たものであることを突き止めています。サケはすべての者に食べ物を与えたのです。

春が戻ってくると、岬は再びかがり火となります——新しい草の強烈な緑に輝くのです。燃えて真っ黒になった土はすぐに温かくなって、草の芽が上に伸びるのを促します。灰が土壌を肥沃にし、シトカトウヒの暗い森のただ中に、ヘラジカの親子のための青々とした牧草地をつくります。さらに時間がたつと、草原には野生の花々が咲き乱れます。ヒーラーたちは必要な薬草を——「いつも風が吹く場所」と彼らが呼ぶこの山の上にしか育たない薬草を集めるために、岬への長い道を登ります。

岬は岸辺から突き出していて、南の方角に**入江**が見えます。そこは巨大な砂嘴(さし)が湾口に弧を描き、河口を狭めているので、川の水の通り道は狭くなっています。

入江：川が海に流れ込むところ。陸地と水面との境界が他の場所よりも深く陸地側に切り込まれている。

陸地と海の出会いを形づくる力のすべてが、砂と水という形でそこに描かれているのです。

頭上には、ビジョンをもたらすワシが、岬沖に立ち昇る上昇温暖気流に乗って空高く舞っています。ここはかつて神聖な場所で、草が炎にその身を捧げるこの場所で何日も食を絶ち、たったひとりでビジョンを求めるという犠牲を払う者にしか、足を踏み入れることは許されませんでした。それはサケのために、人びとのために、創造主の声を聞くために、夢を見るために捧げられた犠牲でした。

入江

1830年代、天然痘と麻疹（はしか）がオレゴン沿岸にもたらされたとき、ネイティブアメリカンの人びとはそれに対する抵抗力も免疫ももっていませんでした。1850年代になって不法入植者たちがやってきたころには、ほとんどの村に先住民族の姿はありませんでした。入植者たちは勇んで牛を放牧し、自然の牧草で太らせました。やがて入植者たちはもっと多くの乳牛を求めるようになり、それはつまりもっと広い牧草地を意味していました。この地域には平地はあまりなかったので、彼らは入江の塩性湿地を物欲しげな目で見つめました。

異なる生態系がぶつかるところに位置し、川、海、森、土壌、砂、そして太陽光がまじり合う入江というところには、湿地の中でも最も高い生物多様性と生産性があり、多種多様な脊椎動物の繁殖地です。植物と沈殿物でできた高密度な海綿状の土壌にはさまざまな大きさの水路があり、その水路網を通って行き来するサケの多様なサイズにもぴったりと合いました。**産卵床**（さんらんしょう）を出てほんの数日の稚魚から、はじめて海に出る前に海水に体を慣らしている脂の乗った「**スモルト**」まで、入江はいわばサケの保養所です。鷺、鴨、鷲、それに貝類はそこで暮らすことができますが、牛の食べるものはそこにはありませんでした。入江に生える見渡すかぎりの草は水浸しだったからです。そこで入植者は堤防をつくって水が入らないようにしました。「埋め立て技術」と呼ぶこの方法で、彼らは湿地を牧草地

産卵床：メスの魚が産卵するくぼみ。

スモルト：成魚らしい銀色の体色になり、海へ出る準備が整った2歳くらいのサケ。

に変えたのです。

堤防をつくったことで、毛管系のように入り組んでいた川は、一目散に海に流れ込む1本のまっすぐな流れになりました。牛にはそれでよかったかもしれませんが、何の準備もなくあっさりと海に流し出されてしまう若いサケにとって、それは破滅的な事態でした。

淡水で生まれたサケにとって、海水への移動は、体に大きな生化学的ダメージを与えます。ある魚類生物学者はそれを、抗がん剤の投与に喩(たと)えます。サケには、徐々に体を慣らしていく移行帯が必要なのです。入江の半塩水、つまり川と海の緩衝帯となる湿地は、サケの生存に重要な役割を果たすのです。

人びとは缶詰工場で大儲けできる可能性に惹かれ、サケ漁が一気にさかんになりました。でもそこには、戻ってきてくれたサケたちへの敬意を表す儀式もなければ、戻ってきたサケが安全に川上に上れるという保証もありませんでした。それだけではなく、川の上流にダムが建造されてサケが戻れない川ができてしまい、さらに、家畜の放牧と大規模林業によって、サケの産卵はほとんどなくなってしまいました。商業主義的な考え方が、何千年もの間人びとに食べ物を与えてきたサケを絶滅寸前に追いやったのです。収入源を確保するため、人びとはサケの孵化場をつくり、養殖ザケを生産しました。川がなくてもサケをつくれると思ったのです。

海では野生のサケたちが、岬に炎が上がるのをひたすら待ちつづけましたが、何年たっても炎は見えませんでした。彼らには人びとと交わした契約があり、その面倒を見ることを約束していたので、川に戻ってはきましたが、その数は年々少なくなっていきました。戻ってきたサケたちの故郷は空っぽで、暗くて淋しいところになっていました。歌も、シダで飾られたテーブルもそこにはありませんでした。お帰り、と言ってくれる岸の明かりも。

熱力学の法則によれば、あらゆるエネルギーはどこかに向かわなくてはなりません。人びととサケの間にあった、愛情を込めて尊敬し合い、助け合う関係は、いったいどこに行ったのでしょうか？

熱力学：熱にまつわるさまざまな作用や関係についての学問。

儀式

人を愛することと自然を愛することの間に、私たちは奇妙な対立をつくり出してしまいました。誰かを愛するとき、そこにはある影響力とパワーが生まれることを私たちは知っています——それがすべてを変え得るということを。それなのに私たちは、自然を愛するというのは自分の中だけで起こっていることで、自分の意識や心の中以外では何のエネルギーももたないかのようにふるまいます。でも、岬の草原で明らかになった真実はそれとは違っていて、そこでは自然を愛するという能動的な力が目に見える形になるのです。儀式として岬を燃やすことで、人間とサケ、人間同士、そして人間と精霊の世界とのつながりが確固としたものになり、それはさらに生態系の多様性を生み出しました。儀式としての炎は、森を海辺に細長く伸びる草原に変えました。霧に包まれた暗い森にぽっかりと浮かんだ、広々と開けた生息域です。燃やしたことでこの岬には、地球上でここ以外にはない、炎がなくては存在できない植物種が生まれたのです。

同様に、サケの帰還を祝う儀式は、そのあらゆる意味での美しさとともに、世界の隅々にまで影響を与えます。愛と感謝の宴はただ単に内なる感情を表現しただけではなくて、実際に、決定的瞬間に捕食されるのを防ぐことでサケの遡上を助けたのです。またサケの骨を川に戻すことで栄養分は生態系に返還されます。それは宗教的儀式ではあったけれど、同時に実用性もあったのです。儀式という

儀式は意識を
あることに集中させ、
それによって意識は
意図となります。

ものは意識をあることに集中させ、それによって意識は意図となります。

儀式というものは、個々人という境界線を超越し、人間の領域を超えて世界に響き渡ります。畏敬の念を表すこうした行動には大きなパワーがあり、そうした儀式は生きる営みを拡大させるものです。

多くの先住民族コミュニティーにおいては、儀式のための服の袖口は長い年月と歴史によってほころびてしまいましたが、生地はまだしっかりしています。でも、地球上のおおかたの社会では、儀式はすっかり衰えてしまいました。その理由はいろいろあると思います。

今でも続いている儀式、たとえば誕生祝い、結婚式、葬儀などが対象とするのは私たち自身だけで、それらは個々人に起きる大切な出来事を記念するための慣行にすぎません。そのうち、一番広く行われているのはおそらく高校の卒業式でしょう［訳注：アメリカでは、高校を卒業することが大人への第一歩として重要視され、卒業式が盛大に行われる］。これを読んでいるあなたももうすぐそれを経験するかもしれません。それを祝ってくれる人びとがいることを私は願います――あなたを、あなたの懸命の努力を、どんなことにもくじけずあなたが達成したことを祝ってくれる人。そしてあなたの、自分を誇らしく思う気持ちやホッとした気持ちを共有してくれる人が。あなたを讃える人びとの拍手があなたに喜びをもたらし、願わくばあなたも彼らに拍手を送ってほしいと思います。泣く人もたくさんいるでしょう。そしてパーティーが始まります。私の住む小さな町では、それは形だけの虚(うつ)ろな儀式ではありません。この儀式にはパワーがあります。私たち全員の祝福は本当に、間もなく故郷から旅立とうとしている若者たちに自信と強さを与えるのです。卒業式は、自分がどこから来たのか、そして自分を支えてくれたコミュニティーに対する自分の責任を彼らに思い出させます――それが彼らを奮い立たせることを私たちは願います。そしてお祝いのカードに同封されたお祝いのお金は実際に、彼らが社会に出るときの助けになるのです。こういう儀式もまた、生きる営みを拡大させます。

> 一般的な社会において儀式がすたれつつあるのはどんな理由からだと思いますか？

私たちはこうした儀式をお互いのために行う方法を知っていますし、上手にそれをこなします。けれど、川の岸辺に立ち、サケが入江という講堂に並んで入っていくところを、それと同じ気持ちに満たされて見守るところを想像してみてください。彼らを讃えて立ち上がり、彼らが私たちの生活をさまざまな形で豊かにしてくれたことに感謝し、彼らがさまざまな困難にもめげずに懸命に努力し、達成したことを讃える歌を歌い、彼らこそが未来の希望であると伝え、広い海に出て行って成長するよう励まし、そしていつか帰ってきてくれることを祈るのです。それから宴が始まります。私たちにはそうやって、祝福と応援で心を結ぶ相手を、人間だけでなく、私たちを必要としている他の生き物たちにまで広げることができるでしょうか？

ネイティブアメリカンに伝わる伝統の多くでは、今でも儀式が大切にされ、その祝福の対象は多くの場合、人間以外の生き物や季節の移り変わりとともに起こる出来事です。一方、白人たちが築いた社会に今も残る儀式は自然界とは関係なく、家族や文化、彼らが残してきた国から持ってくることのできた価値観に関するものです。自然界のための儀式も存在したのでしょうが、どうやらそれらの多くは、移住によって消えてしまったようです。それをここで再生させるのは賢明なことだと私は思います――この土地につながる手段として。

世界に対して影響力をもつためには、儀式はお互いにとって益のある、ともに創造する有機的なものでなくてはなりません。その儀式を行う共同体が儀式をつくり、儀式が共同体をつくるのです。そしてそれは、ネイティブアメリカンの人びとや儀式からの盗用であってはなりません。

私は、一番の晴れ着を着て川の岸辺に立ちたいと思っています。100人の人たちとともに、力いっぱい歌い、足を踏み鳴らしたい――私たちの喜びが水を震わせるくらいに。この世界の再生のために、私は踊りたいのです。

入江の現在（いま）

今日、サーモンリバーの入江の岸では、人びとが再び川辺に立ち、目を凝らして待っています。その顔は期待に輝いていますが、中には不安そうにしている人もいます。彼らは晴れ着ではなく、ゴム長靴を履きキャンバス地のベストを着ています。網を持って川の中に入る人もいれば、バケツの番をしている人もいます。時々、見つけたものに対する歓声が上がります。これもまた、サケの帰還を祝う儀式の一種です。

1976年、米国森林局は、オレゴン州立大学が率いる数々の組織と協力し、入江の復元プロジェクトに着手しました。堤防やダムや潮門を撤去して、以前のように潮水の自然な流れに任せ、その本来の目的が果たせるようにするという計画でした。入江とはどういうものかを自然が覚えていることを願いながら、プロジェクトチームは人工建造物をひとつまたひとつと取り壊していきました。そして自然は、塩性湿地とはどういうものだったかを忘れてはいませんでした。水は、堆積物に開いた小さな溝の中をどうやって流れたらいいかを覚えていたし、虫はどこに卵を産めばいいのかちゃんと覚えていたのです。

今では川の自然な曲線が元通りになり、砂州と淵は、渦巻くような金色とブルーの模様をつくっています。そしてこの生まれ変わった水の世界では、あらゆる湾曲部に若いサケが休んでいます。唯一、堤防があったところの境目だけは直線で、それを見ると、川の流れがどんなふうに遮断され、それがどんなふうに再生されたのかがわかります。

物語の語り手、そしてヒーラーとしての科学者

バラバラの物語をつなぎ合わせるために最善を尽くすのが私たち科学者の仕事です。彼らに何が必要かを直接サケに訊くことはできないので、実験することによってそれを尋ね、彼らの返事を慎重に聞き取るのです。たとえば、深夜まで顕微鏡の前でサケの耳骨の年輪を観察し、水温にサケがどう反応しているかを調べます——問題を解決するために。塩分濃度が外来植物の成長に及ぼす影響を調べるための実験もします——問題を解決するために。私たちの計測・記録・分析の手法は一見機械的に見えるかもしれませんが、私たちにとってそれは、人間以外の生き物の謎めいた暮らしぶりを理解するための手立てなのです。畏敬の念と謙虚な気持ちを保ちつつ科学に携わるのは、人間を超える世界に対する力強い返礼の行為です。科学は、人間以外の生物種との親密さと彼らに対する尊敬の念を形づくる方法にだってなり得るのです。それは、昔から受け継がれた知識をもっている人の観察眼にも劣りません。科学を通じて自然界と一体になることもできるのです。

心ある科学者——彼らもまた私の仲間です。塩性湿地の泥に汚れ、数字がぎっ

しりと並んでいる彼らのノートは、サケへのラブレターでもあります。彼らは彼らなりのやり方で、サケのためのかがり火を燃やしているのです——帰ってきてもらうために。

サケの帰還を祝う「ファースト・サーモン・セレモニー」は人間のために執り行われたのではありません。それはサケたちのため、生き物たちの輝く王国、そしてこの世界の再生のためのものだったのです。人びとは、自分たちのために生命が差し出されたとき、自分たちは大切なものを受け取ったのだということを知っていました。儀式は、お返しに大切なものを差し出す方法だったのです。

季節が変わって岬の草が乾くと、準備が始まります。網を繕(つくろ)ったり、道具をそろえたり。彼らは毎年この時期にやってきます。伝統の食べ物がたくさん用意されます——食べさせなければならないスタッフは大勢なのです。データ記録装置はすべて調整が済んで準備が整っています。ウェーダー［訳注：水中に入っても濡れないように腰や胸まで覆うゴム製の胴長］を身に着けボートに乗った生物学者たちが、川で、復元された入江の水路に網を下ろして川の脈を測ります。彼らは岸辺まで降りて海を眺めますが、それでもサケはやってきません。待ちぼうけの科学者たちは寝袋を広げ、実験用の機器のスイッチを切りますが、1台だけは動かしておきます。顕微鏡のライトがひとつだけ、灯ったままになっています。

はるかな海の向こうでは、サケたちが集まって故郷の水を味わっています。真っ暗な岬にそれが見えます。誰かが残しておいた灯り——夜の闇に輝く小さなかがり火が、帰っておいで、とサケたちを呼んでいます。

先住民族の人びとや彼らの儀式を盗用してはいけないということを念頭に置きつつ、あなたが、あなたの住んでいるところの自然や水に敬意を示すために行える儀式にはどんなものがあるでしょうか？

REMEMBER
WHO YOU
ARE

スイートグラスを取り戻す

はじめてガナジョハレゲを訪れたとき、その歴史をはっきり感じたのを覚えています。はるか大昔からモホーク族の人びとは、今では彼らの名前がついているモホーク川の流域に暮らしていました。昔はこの川は魚がいっぱいで、春になると洪水が運んでくる沈泥が彼らのトウモロコシ畑を肥沃にしました。この岸辺には、モホーク語でwenserakon ohonteと言うスイートグラスが豊かに茂っていました。

18世紀、モホーク族はモホーク・バレーの故郷を捨てて、カナダとの国境をまたぐアクウェサスネに移り住まねばなりませんでした。かつてはホーデノショーニー（イロコイ）連邦の中心的存在だったモホーク族は、いくつかの小さな居留地の寄せ集めとなりました。民主主義、女性平等、大いなる平和の法［訳注：Great Law of Peace。イロコイ連邦の憲法］といった概念をはじめて言葉にしたモホークの人びとは絶滅危惧種となり、何百年もの間、あわや絶滅寸前でした。

モホーク族の言語と文化は、いわゆる「インディアン問題」に対処するために政府がとった強制的な同化政策によって大きな打撃を受けました。モホーク族の子どもたちは、ペンシルベニア州カーライルの寄宿学校に送られましたが、その学校は「(子どもの中の）インディアンの部分は殺し、人間を救う」ことを自分たちの使命としていました。三つ編みは切り落とされ、先住民族の言語は禁止され、虐待が行われました。女子生徒は料理と掃除を叩き込まれ、日曜日には白い手袋を着けました。男子生徒はスポーツを習い、大工仕事、農業、お金の使い方などを覚えました。スイートグラスの香りは、寄宿舎の洗濯部屋の石鹸の匂いに取って代わられました。土地、言葉、ネイティブアメリカンの人びとを結ぶつながりを断つ、という政府の目論見はもう少しで達成

寄宿学校は、子どもたちやその家族、そして彼らのコミュニティーにどんな影響を与えたと思いますか？

されるところだったのです。でもモホークの人びとは自分たちをKanienkeha、「火打石の人びと」と呼びます。そして火打石は、アメリカという巨大な人種のるつぼの中でおいそれと溶けはしないのです。

自然保護区の一部が発電用のダムとなって水没すると、安い電力と便利な輸送ルートを利用しようと重工業が移転してきました。アルコア社、ゼネラルモーターズ社、それにドムタール社は、「感謝のことば」のレンズを通してこの世界を見ようとはしません。そしてアクウェサスネは、アメリカでも有数の汚染地域となってしまいました。漁師の家族は獲れた魚を食べることができなくなり、アクウェサスネの母親たちの母乳には多量のPCB［訳注：ポリ塩化ビフェニル。人工的につくられた化学物質で人体に有害］とダイオキシン［訳注：物を燃焼させる過程で生成される毒性の強い物質］が含まれていました。産業汚染のせいで、伝統的な暮らし方をするのは安全でなくなり、人びとと土地の結びつきは危うく失われかけました。カーライルの寄宿学校で始まったことが、産業有害物によって完成されようとしていたのです。

カーライルの寄宿学校、故郷からの追放、400年間におよぶ苦難の歴史にもかかわらず、屈することのない何か、「生きた石」の核となる何かがこの世には存在します。何が人びとの生きる支えとなったのかはわかりませんが、それは言葉の中にあると私は思っています。土地に根を下ろしたままでいた人びとによって、モホーク族の人びとの言葉は部分的に生き残りました。こうして残された言葉のひとつ、「感謝のことば」で、人びとは一日の始まりを歓迎しました。「生きるために必要なものすべてを与えてくれる大いなる母、地球に感謝します」。この世界との、石のように確かな、感謝に満ちたレシプロシティーが、あらゆるものを奪われた彼らを支えたのです。

ガナジョハレゲ

トム・ポーターことサゴグニュングワスは、ベア・クラン［訳注：クランとは氏族のこと］のメンバーです。熊は、人びとの守護者、また薬に関する知識の守り手とされています。子どものころ彼は、いつかある日、モホーク族の数人がモホーク川沿いの故郷に戻って暮らしはじめるだろう、という予言を繰り返し祖母から聞かされました。1993年、その「ある日」がやってきました。トムとその仲間はモホーク・バレーの祖先たちの土地をめざしてアクウェサスネをあとにしました。彼らは、その古い故郷で新しい村をつくるというビジョンをもっていたのです。

彼らは、ガナジョハレゲの、森と農場からなる400エーカー［訳注：約49万坪］の土地に落ち着きました。これは、この谷にロングハウスが立ち並んでいたころからのこの土地の名前です。この土地の歴史を調べるうち、ガナジョハレゲが、昔のベア・クランの村があった場所であることがわかりました。今、古い記憶は新しい物語と織り混ざっています。一度は製材業者によって荒れ放題にされてしまった山々には、再びマツとオークがまっすぐに育ち、崖の割れ目から湧き出る泉は水量が豊かで、どんなにひどい干魃（かんばつ）にも負けずに、苔の生えた澄んだ泉を満たしています。その静かな水面には顔が映るほどです。この場所は、再生という言葉を象徴しているのです。

トムたちがここにやってきたとき、建物は壊れかけ、無残な状態でした。それから何年もかけて、たくさんのボランティアがその修復に協力しました。大きなキッチンには、祝日になると再びコーンスープやイチゴのドリンクの匂いが漂うようになりました。古いリンゴの木に囲まれたところにダンスのためのあずまやが建てられ、人びとはそこに集ってホーデノショーニーの文化を再び学び、祝うことができるようになったのです。目標は「カーライルの逆転」。ガナジョハレゲは、人びとに、彼らから奪われたもの——言語、文化、精神性、アイデンティティー——を取り戻すのです。失われた世代の子どもたちが故郷に戻ってこられるように。

建物の修復の次は、言葉を教えました。トムは「インディアンを癒やし、言葉を救う」をモットーとしました。さまざまな理由から、寄宿学校を卒業した者たちは、自分の子どもたちにはネイティブの言葉を教えませんでした。こうして言語も土地とともに徐々に失われていったのです。流暢に話せる人は数人しか残っておらず、そのほとんどが70歳を超えています。彼らの言葉は絶滅の危機に瀕していました。

言語が死ねば、言葉だけではなく、たくさんのものが同時に失われます。言葉には、他のどこにも存在し得ない思想が宿ります。人は言葉というプリズムを通して世界を見

ネイティブアメリカンの親が子どもに自分たちの言語を教えなかったのはなぜだと思いますか？

ガナジョハレゲで踊る人びと。

るのです。トムは、数という基本的な言葉にさえ、幾重にも重なった意味が染み込んでいると言います。たとえば私たちがスイートグラスの草原で本数を数えるときに使う数字は、天地創造の物語を想起させます。Én:ska（ひとつ）。これは、スカイウーマンが天上の世界から落ちてきたことを思い起こさせる言葉です。彼女はたったひとり（én:ska）で地上に落ちてきました。でもじつはひとりではありませんでした——彼女のお腹には2人目の生命が育っていたのです。Tékeni、ふたつの生命。そしてスカイウーマンは娘を産み、娘は双子の男の子を産んだので3人になりました。Áhsen。ホーデノショーニーは、自分たちの言葉で数を3まで数えるたびに、創造物と自分のつながりを確認するのです。

自然と人間のつながりを取り戻すためには、植物もまた欠かすことができません。ある土地が、あなたが生きるための糧を与え、肉体と精神に栄養を与えてくれるとき、そこはあなたの故郷になります。故郷を取り戻すためには、植物も戻ってこなくてはならないのです。私は、彼らの故郷にスイートグラスを持ち帰る

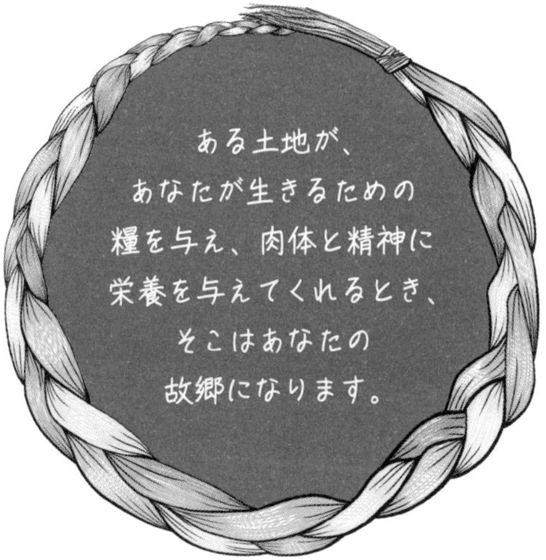
ある土地が、
あなたが生きるための
糧を与え、肉体と精神に
栄養を与えてくれるとき、
そこはあなたの
故郷になります。

方法を探しはじめました。

3月のある朝私は、春になったらスイートグラスを植えようという話をしにトムの家に行きました。実験的な環境復元に関するいろいろな計画で頭の中がいっぱいで、私は我を忘れていました。でも、客人が食事をするまで、仕事の話はご法度です。だから私たちはまず、ホットケーキと濃厚なメープルシロップでたっぷりの朝ごはんを食べました。料理をするのは赤いフランネルのシャツを着たトム。がっしりした体格で、黒い髪には白髪が交じっていますが、70歳を超えるというのに顔にはしわがほとんどありません。彼の口からは、崖の下の泉から水が湧き出るように言葉が淀みなく流れ出しました――物語、夢、冗談。トムは笑顔でおしゃべりしながら私のお皿にお代わりのホットケーキを乗せました。彼の言葉の中には、古くから伝わる教えが、お天気の話をするのと同じくらい自然に織り込まれています。

「ポタワトミの人がこんなとこで何してる？」とトムが言います。「家はずいぶん遠いんじゃないのかね？」

私は一言、カーライル、と答えるだけで十分でした。

私たちはコーヒーを飲みながら延々と、トムがガナジョハレゲについて夢見ていることを語り合いました。トムが思い描くガナジョハレゲは、人びとが再び伝統の食べ物の育て方を学べる実際の農場であり、季節の移り変わりを祝う伝統の儀式のための場所であり、「すべてのものに先立つ言葉」を捧げる場所です。トムは、「感謝のことば」がモホーク族と自然の関係の核をなすものであるということを長い時間話しました。私は、以前からずっと訊きたいと思っていた問いを思い出し、「お返しに自然がありがとうと言ったことはあるのかしら？」と訊きました。

トムは一瞬黙っていましたが、さらにホットケーキを私のお皿に乗せ、メープルシロップの入ったピッチャーを私の前に置いて「これ以上の答えは知らんね」と言いました。

桃の種

トムは、テーブルの引き出しからフリンジのついた鹿革のバッグを出すと、中から1枚の鹿革を取り出してテーブルに広げ、その上に、カラカラと音を立てるすべすべの桃の種をひとつかみ置きました。桃の種は片側が黒く、反対側が白く塗ってあります。私たちは賭けの真似事を始めました。種をサイコロのように投げて、白がいくつ、黒がいくつ出るかを当てるのです。桃の種を振っては投げながら、トムは、このゲームがいちかばちかの賭けに使われたときのことを話してくれました。

スカイウーマンの孫である双子は、世界をつくったり壊したりするのに長いこと悪戦苦闘していましたが、その成否は今、この賭けの結果にかかっていました。もしも種が全部黒だったら、彼らがつくったあらゆる生命は破壊され、種が全部白だったら、この美しい地球はそのまま残るのです。ふたりは何度も何度も種を投げましたが結論は出ず、ついに最後の一投になりました。すべての種が黒ならそれでおしまいです。この世界の善きものをつくった双子の片方は、自分が創造した生き物すべてに向かって心の中で、助けてほしい、生命の味方をしておくれ、と語りかけました。最後の一投、桃の種が空中に浮かんだその一瞬、あらゆる生き物たちが声をそろえて生命を支える言葉を力のかぎり叫びました。そして最後の種が白に転んだのです。その選択はいつだって可能です。

ゲームに加わろうとやってきたトムの娘が、赤いベルベットの袋の中身を鹿革の上にあけました。ダイヤモンド？　トムが、ハーキマーダイヤモンドだよと言いました。水のように透明で火打ち石より硬い、美しい水晶です。地中深いところにありますが、時おり川に沿って押し出され、流れ着くことがある、自然からの贈り物です。

破壊と創造

スカイウーマンがはじめて植物を地上にばら撒いたとき、スイートグラスはこの川に沿って元気に育ちましたが、今ではその姿は消えてしまっていました。モホーク族の言語が英語やイタリア語やポーランド語に取って代わられたように、スイートグラスは外来種によって追い出されてしまったのです。ある植物を失うということは、言語を失うのと同じように文化を脅かします。スイートグラスが生えなければ、7月、幼い少女たちが祖母に手を引かれて草原にやってくることもなく、そうしたら少女たちが語り伝えるお話はどうなってしまうのでしょう？　スイートグラスがなければ籠はいったいどうなるのでしょうか？　その籠を使う儀式は？

植物の歴史は、人びとの歴史、破壊と創造の力と深く結びついて切っても切り離せません。カーライルの寄宿学校の卒業式で、若者はこう宣誓させられました――「僕はもうインディアンではありません。弓と矢は永遠に手放し、これからはこの手に鋤（すき）を持ちます」。鋤と牛は、植生を大きく変化させました。モホークの人びとのアイデンティティーは彼らの使う植物と結びついていましたが、ここを故郷にしようとしてやってきたヨーロッパからの移住者たちにとってもそれは同じでした。彼らは自分に馴染み深い植物を運び、くっついてきた雑草が彼らの鋤のあとを追って先住植物のすみかを奪ったのです。植物は、その土地の文化や、その土地が誰のものであるか、その変遷を映し出します。

今この草原には、スイートグラスを摘みに来た昔の先住民族が見ても何だかわからない外来植物――シバムギ、オオアワガエリ、クローバー、デイジーなど――が勢いよく生い茂っています。スイートグラス減少のおもな原因は土地の開発だと思われます。湿地が排水され、野生の土地の農地化や舗装によって、自生していたスイートグラスが排除されたのです。参入した外来植物が増えてスイー

植物は、
その土地の文化や、
その土地が
誰のものであるか、
その変遷を
映し出します。

トグラスを押し出したせいもあります――人間に起きたことが植物においても繰り返されたわけです。スイートグラスを再び連れ戻し、籠づくりの材料を収穫できる草原を取り戻すには何が必要か、とトムが訊きます。「種はどこで手に入る？」

私はこの日のために、大学の苗床でスイートグラスを育てていました。苗床をつくるためのスイートグラスの苗を売ってくれる人を津々浦々まで探しまわり、ようやくカリフォルニアにそういうところを見つけたのです。不思議でした――なぜならスイートグラス（*Hierochloe odorata*）はカリフォルニアには自生しないからです。もともとはどこから苗を手に入れたのか尋ねると、びっくりする答えが返ってきました――アクウェサスネ。お告げです。

生態系復元というのは科学的に言えば、苗以外にもたくさんの要素が影響します――土、虫、病原菌、草食動物、競争。でも植物には、科学の予想を裏切って、自分がどこで生きるかを決める独自の感覚が備わっているようです。なぜならスイートグラスにはもうひとつ、必要なものがあるからです。スイートグラスの茂みは、籠をつくる人たちが面倒を見ると一番勢いよく生育します。スイートグラスがよく育つためにはレシプロシティーが重要なのです。大切にされ、尊敬とともに扱われれば、スイートグラスは繁茂します。そしてその関係が崩壊すれば、スイートグラスもまた枯れてしまうのです。

これは単なる生態系復元以上のものです。それは、スイートグラスと人間の関係を取り戻すということなのです。科学者たちは、生態系を元通りにする方法の一部を理解しました。でも科学の実験が焦点を当てるのは**土壌のpH**であり**水文地質学**(すいもん)であって、それは精神を排除したやり方です。だから私たちは、そのふたつを紡ぎ合わせるための助言を「感謝のことば」に求めましょう。

自然が人間に感謝してくれる、そんな日を夢見て。

土壌のpH：土壌が酸性かアルカリ性かを測る指標。

水文地質学：地表の水や地下水、大気中の水分の性質、分布、循環などを研究する学問。

カーライル

ガナジョハレゲには、コミュニティーの活動資金をつくるためのギフトショップがあります。本や美しい絵、ビーズを縫いつけたモカシン、鹿角でできた彫刻、そしてもちろん、籠がたくさん並んでいます。トムと私が中に入ると、梁(はり)から下がったスイートグラスの甘い匂いがします。

トムは本棚に歩いて行って赤い表紙の厚い本を取り出します。『インディアン実業学校, ペンシルベニア州カーライル, 1879-1918』。巻末に、何ページにもわたってずらりと名前が並んでいます。シャーロット・ビッグツリー（モホーク）、ステファン・シルバー・ヒール（オネイダ）、トーマス・メディスン・ホース（スー）。トムは自分の叔父の名前を指差します。「俺たちがこれをやっている理由だよ。カーライルでなくしたものを取り戻すんだ」

私の祖父の名前もここにあるのを私は知っています。名前が並んだ長い列を辿る私の指が、アサ・ウォール（ポタワトミ）という名前で止まります。ピーカンを拾い集めていた、まだたった9歳のオクラホマの少年は、大平原を横断する列車でカーライルに送られました。その次には祖父の弟で、故郷に逃げて帰ったオリバーの名前があります。でも祖父は逃げず、二度と故郷に戻れない「失われた世代」のひとりとなりました。努力はしたものの、カーライルを卒業した祖父に故郷と呼べる場所はなく、そのため祖父は軍隊に入りました。そのあとは、インディアン保護区に戻って家族・親族と暮らすのではなく、ニューヨーク州北部に居を構え、移民たちの世界で子どもたちを育てたのです。祖父は腕のいい機械工になり、いつでも、壊れた車を修理し、何かを直し、元通りの姿にしようとしていました。しかし祖父にも元通りにできないものがありました。祖父と同じ欲求が――ものごとを元通りの完全な姿にしたいという欲求が、私の生態系復元の仕事の原動力なのだと思います。

私が子どもだったころ、ポタワトミ族もモホーク族と同じようにスイートグラスを4つの聖なる植物のうちのひとつとして大切にしていることを、誰も教えてはくれませんでした。それがマザー・アースで最初に育った植物であり、だから私たちはそれを母親の髪のように三つ編みにして、愛情を示すのである、ということを教えてくれる人はいなかったのです。バラバラにされてしまった文化の断片の中で、物語は失われてしまいました。カーライルの寄宿学校で盗まれてしまったのです。

祖父はそのころのことをあまり語りませんでしたが、祖父抜きで家族が暮らすショーニーの町の、あのピーカンの木立ちを思い出すことはあったのでしょうか。祖父の姉妹たちは、祖父の孫である私たちにいろいろなものを箱に詰めて送ってくれました。モカシン、パイプ、鹿革でつくった人形。そうした品々は普段は屋根裏にしまわれていて、祖母が優しく箱から取り出しては私たちに見せてくれた

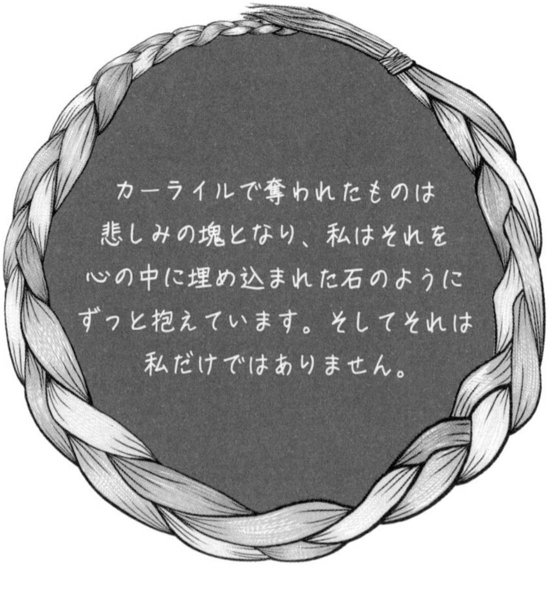

カーライルで奪われたものは
悲しみの塊となり、私はそれを
心の中に埋め込まれた石のように
ずっと抱えています。そしてそれは
私だけではありません。

ものでした。そして祖母は「自分が誰なのかを忘れちゃいけないよ」と言いました。

祖父は、大切にするよう学校で教わった「アメリカ流の生活」を手に入れ、子どもや孫に「よりよい」生活をさせることに成功したと言えるでしょう。私は、頭では祖父が払った犠牲に感謝していますが、私の心は、スイートグラスのお話を聞かせてくれる人がいなかったことを嘆きます。生まれてこのかた、私にはその喪失感がつきまとってきました。カーライルで奪われたものは悲しみの塊となり、私はそれを心の中に埋め込まれた石のようにずっと抱えています。そしてそれは私だけではありません。その悲しみは、あの赤い表紙の本に名前が載っているすべての子どもたちの家族が今も抱えているのです。

和解

ペンシルベニア州カーライルという街は、その歴史に誇りをもっています。カーライルの街はもともと、アメリカ独立戦争の際の兵士たちの集合場所として始まりました。やがて、インディアン管理局がまだ陸軍省の一部だったころに、これらの建物はカーライル・インディアン実業学校になりました。かつて、ラコタ、ネズ・パース、ポタワトミ、モホークの子どもたちが寝た鉄製の寝台がずらりと並んでいた質素な宿舎は、現在は将校たちの洒落た住居になっています。

300周年を記念して、ここに送られた子どもの子孫全員がカーライルに招かれました。「追悼と和解の儀式」と名づけられた式典に参加するためです。私の家族からは3世代が一緒に参加しました。数百人におよぶ彼らの子どもたちや孫たちがカーライルに集結したのです。そのほとんどはこのときはじめて、家族に伝わる話の中ではわずかに言及されるにすぎないか、まったく口にされないこの場所を実際に目にしました。私は黙って宿舎の中を歩きまわりました。許す気にはなれませんでした。

ネイティブアメリカンにとっては伝統の破壊者を象徴する、身も凍るような名前であるカーライルが、アメリカでは、街の歴史と伝統を熱心に保護している街として有名だというのは、なんとも奇妙なことです。

私たちは、練兵場［訳注：兵隊の訓練をする場所］の横にある、フェンスで囲まれた

カーライル・インディアン実業学校の生徒たち。1900年。

長方形の墓地に集まりました。墓石が4列並んでいます。カーライルに連れてこられた子どもたちの中には、カーライルを二度と去ることのなかった者もいたのです。その墓地には、オクラホマで、アリゾナで、アクウェサスネで生まれた子どもたちの灰が横たわっていました。ドラムの音と、セージとスイートグラスの燃える匂いが、人びとを祈りで包みこみ、私たちの周りで、神聖な祈りの言葉を唱える声がしました。

・・・

ガナジョハレゲに戻ると、私は川沿いの土に手を突っ込み、私なりの和解の儀式を見つけようとしました。腰を曲げて、掘る。曲げて、掘る。土の色になった手で、私は最後の苗を植え、歓迎の言葉をつぶやき、そして上から土を押さえます。植えたばかりのスイートグラスの草原を照らす太陽が黄金色に輝いています。見方によっては、数年後にここを歩いている女性たちが見えるような気がします。

腰を曲げて、引っ張る。曲げて、引っ張る——手に持つ束がだんだん太くなっていきます。今日一日、この川のそばで過ごせたことがうれしくて、私は感謝のことばをつぶやきます。

カーライルから続くたくさんの小道がここで交わっています。こうして根を土に植えることで私たちは、桃の種を黒から白にひっくり返した精一杯の叫びに加わることができます。私の心の奥に埋もれた石を取り出してここに埋め、自然を、文化を、私自身を取り戻すことができるのです。

地中に差し込んだシャベルが石に当たりました。私は石を取り出して脇に放り投げかけましたが、それが妙に軽いことに気づいて手を止め、よく見てみます。卵よりちょっと小さいくらいの石。泥だらけの親指で土を落とすと、ガラスのような表面が現れました。ひとつだけ、長い時間の間に磨耗して曇っている面がありますが、それ以外はピカピカで、光が透けて見えます。それはプリズムとなって暮れていく光を反射し、虹をつくりました。

私はそれを川の水できれいに洗い、手の中のその石に感嘆します。このまま返さなくてもよいものかと私は悩みますが、元の場所に戻すと考えると悲しくなります。見つけてしまった今、手放すことなどできません。私たちは用具類を片づけ、帰る前の挨拶をしにトムの家に向かいました。私は手の中のその石をトムに見せます。「世界はこういうふうにできているんだ、互いに与え合うようにね。私たちは大地にスイートグラスを贈り、大地はダイヤモンドをくれた」。彼はにっこり笑って私の指を石の周りにそっと閉じながら言いました——「もらっておきなさい」。

この章では、アメリカの先住民族の歴史について、あなたが知らなかったかもしれない真実が語られています。あなたが学んだことで、もっとよく理解したいことがあるとしたらそれは何ですか？　そしてどうすればそれが可能でしょうか？

原生林の子どもたち

裕福な女性をつくる木

カリフォルニアの北部からアラスカの南東部まで、山と海に挟まれた帯状の原生林が広がっています。ここでは、太平洋から立ち昇る湿気をたっぷり含んだ空気が山にぶつかって年間2,500ミリ近い雨を降らせ、地球上に肩を並べるもののない豊かな生態系をつくっています。世界一の巨木がここにあります。セイリッシュ語で「裕福な女性をつくる木」「マザー・シーダー」と呼ばれる、コロンブスの航海よりも前に生まれた木々です。

木だけではありません。ここには夥(おびただ)しい種類の哺乳類、鳥類、両生類、野草、シダ、苔、地衣類、菌類、それに昆虫がいます。ここは、地球上で最も見事な森のひとつなのです。一番低いところ、森の地面に生える苔から、高い木々の梢(こずえ)から垂れ下がる地衣類まで、樹冠は幾重にも重なり合った彫刻です。何百年にもおよぶ**風倒**、病気、嵐のせいであちこちボロボロだし凸凹していますが、そこにはまた、菌類のフィラメントやクモの糸、そして銀色の糸のような水の流れが織りなす緊密なつながりがあります。「単独で」という言葉はこの森では何の意味ももちません。雨の多いこの土地は、サケの故郷であり、常緑針葉樹、ハックルベリー、タマシダが豊かに生い茂ります。

風倒：強風で木が倒れること。

太平洋岸北西部の先住民族はここで何千年もの間、森と海を股にかけ、その両方からたくさんのものを収穫して豊かな生活を送ってきました。科学者たちはベイスギを*Thuja plicata*と呼びます。ウェスタンレッドシーダーとも言います。太古の森に生えていた巨木のひとつで、高さ60メートルにも達します。一番背が高いわけではありませんが、その巨大な逞(たくま)しい胴まわりは直径15メートルにもなることがあり、レッドウッドにもひけをとりません。深い縦の溝が刻まれた、

ベイスギ（*Thuja plicata*）の葉を近くで見たところ。

流木の色をした樹皮に覆われた幹は根元からだんだん細くなり、枝は優雅に垂れ下がったあと、まるで飛んでいる鳥のように上向きになります。

よく見ると、小枝のひとつひとつに、重なり合った小さな葉がついているのがわかります。種名の*plicata*というのは、その折りたたまれたような、三つ編み状の見た目を指している言葉です。しっかりと編まれた、輝くようにつややかな緑の葉は、小さなスイートグラスの三つ編みのようにも見えます。まるでこの木そのものが、優しさで織られているかのように。

何もかもを腐敗させる雨の多いこの土地では、腐りにくいベイスギは理想的な資材になります。細工がしやすくて浮揚性があり、幹は太くてまっすぐなので、いかにも20人乗りの船にしてくださいと言わんばかりです。そして、船に付随するもの——櫂も、浮きも、網も、ロープも、矢も、そして銛も、すべてがベイスギからの贈り物でした。船に乗る者たちは帽子やケープさえベイスギでつくりました。やわらかくて暖かく、風や雨から護ってくれるのです。

人びとはベイスギのあらゆる部分を利用しました。縄のような枝は割って、道具や籠、魚を獲る網をつくったり、長い根を掘り、洗って皮をむき、細くて強靭な繊維にして、おなじみの円錐形の帽子や、かぶっている人のアイデンティティーを表す儀式用のかぶり物をつくったり。とても寒くて雨が多い冬の間、誰が家に明かりを灯し、暖めたかと言えば、弓錐（ゆみぎり）も、火口も、薪も、そのすべてが「マザー・シーダー」だったのです。

温帯雨林に暮らした先住民族は、軽くて撥水性が高く、いい香りがするベイスギを、家を建てるのに好んで使いました。ベイスギの丸太と板の両方を使って建てた家は、この地域を象徴するものです。ベイスギは簡単に割れるので、うまい人がやれば、ノコギリを使わずに構造枠組材をつくることさえできます。材木を採るために木を伐ることもありましたが、薄板はおもに、自然に倒れた木を割ってつくりました。意外にも、まだ生きているマザー・シーダーから薄板を採るこ温帯雨林を構成するものは何でしょう？

ともできました。石や鹿の角でできた楔（くさび）を立ち木の樹皮に打ち込むと、まっすぐな木目に沿って長い板が剝がれるのです。木部そのものは死んだ支持組織なので、大きな木から板を何枚か剝ぎ取っても木全体が枯れる危険はありません。これは、維持可能な林業という概念の定義を覆すものです——木を殺すことなく木材を収穫するのです。

人びとは、病気になったときもベイスギを頼りました。ベイスギは、針葉、しなやかな枝、根、そのすべてが薬になります。そして木の全体に、パワフルな霊力が宿っています。昔から伝わる教えによれば、ベイスギのパワーはとても大きく、またやわらかいので、その力に相応しい者がベイスギの幹に寄りかかればその中に流れ込むのだそうです。死が訪れるときには、ベイスギの棺（ひつぎ）がつくられました。人間は、生まれるときも死ぬときも母なるベイスギの腕に抱かれたのです。

原生林が豊かで複雑であったのと同様に、その足元で生まれた文化もまた豊かで複雑でした。持続可能な生き方とは生活水準が低くなることだと考える人がいますが、太平洋沿岸の原生林に暮らす先住民族の人びとは、世界でも最も豊かな人びとでした。夥しい種類の海と森の資源を賢明に利用し、大切にすることで、彼らはそのどれひとつ乱用することなく、見事な芸術、科学、そして建築を開花させたのです。その繁栄ぶりは、**ポトラッチ**という伝統を生みました。物品を儀式によって分け与えるのです——人間に対する自然の寛大さそのままに。豊かさとは、人に与えるに十分な物をもつ、ということを意味しました。ベイスギは豊かさを分かち合う方法を教え、そして人びとはそれを学んだのです。

ポトラッチ：贈り物を分け与える、儀式的な宴。

原生林は、見た目が美しいだけでなく、機能の優美さもまた見事です。栄養資源が不足しているので、野放しに成長したり資源を無駄遣いしたりすることはできません。森の構造そのものがもつ「環境への優しさ」は、エネルギー効率のお手本です。樹冠の高さが異なる木々の葉が重層的に重なって、与えられる太陽エネルギーを最大限に利用するのです。自立型コミュニティーのお手本が欲しいなら、原生林、あるいは、原生林と共生することで生まれた原生林的文化を見ればいいでしょう。

ベイスギは、人びとに惜しみなく与え、人びとは感謝とレシプロシティーでそれに応えました。今では人びとはベイスギを製材所から送られてくる商品と勘違

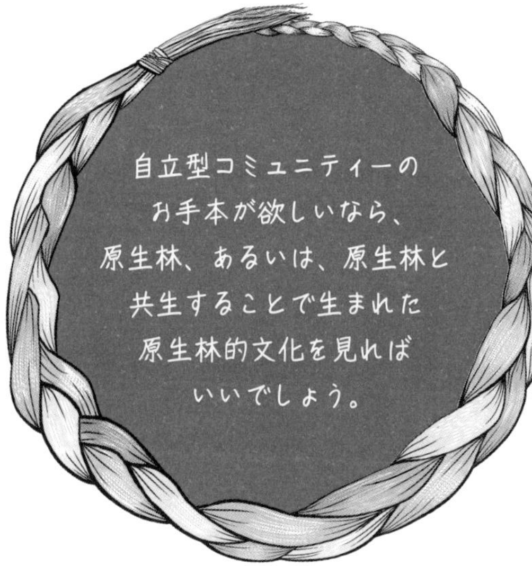
自立型コミュニティーの
お手本が欲しいなら、
原生林、あるいは、原生林と
共生することで生まれた
原生林的文化を見れば
いいでしょう。

いし、贈り物という認識は失われつつあります。人間がベイスギに負っている借りを知っている私たちは、いったいお返しにベイスギに何をしてやれるでしょうか？

古いベイスギがほとんどなくなってしまった今になって人びとはそれを欲しがり、昔の伐採地を、残された倒木を求めて探しまわります。古い倒木から高価なベイスギのウッドシェイク（屋根板）をつくることを彼らは「シェイク・ボルティング」と呼びます。柾目（まさめ）がまっすぐなので、簡単に割ってシェイクをつくることができるのです。

地面に横たわる古いベイスギの木の一生の間に、崇敬される存在だったものが不要物とされ、ほとんど全滅させられたあとになって誰かがそのことに気づき、再び求められるようになった、というのは、考えれば驚くべきことです。

1880年代にオレゴンのコースト・レンジではじめて伐採が許可されたとき、高さ90メートル、外周15メートルにもなる木々はあまりにも大きく、会社のお偉方はどうしたらいいかわかりませんでした。やがて哀れな2人の従業員に「ミザリー・ウィップ」を使えとのお達しがありました。2人で使う薄い横引きノコギリです。彼らはそれを使って、何週間もかかって巨木を伐り倒しました。アメ

ブリティッシュコロンビア州（カナダ）の南部沿岸に近いところにある自然保護区内の、ベイスギ（ウェスタンレッドシーダー）の原生林。

リカ西部の町はそうした木材を使って建造され、成長するにつれてもっと多くの木材を必要とするようになりました。そのころは、人びとは「原生林を全部伐ることなんてできっこない」と言ったものでした。

皆伐の影響

皆伐された土地では何もかもが変わってしまいます。突如として太陽の光が降り注ぎ、地面は伐採用の機器で掘り起こされ、温度が上がって、腐葉土に覆われていた鉱物豊富な土壌が地表に現れます。**生態遷移**の時計は巻き戻され、アラームが高らかに鳴り響くのです。

生態遷移：ある生態系が時間とともに成熟するにつれて、そこに棲む生物種や生息地が変化すること。

森の生態系には、風による倒木、土砂崩れや火事などの大々的な攪乱に対処する術が備わっています。攪乱が起こるとすぐに、遷移初期の植物――これらの植物は日和見種とか**先駆植物**とか呼ばれます――が生えます。光やスペースが潤沢にあるので、それらは急速に育ちます。できるだけ早く成長・繁殖するのが目的なので、幹を太くすることよりも、ペラペラの葉をとにかくたくさんつけることに力を注ぎます。

先駆植物：サーモンベリー、エルダーベリー、ハックルベリー、ブラックベリーなど、先駆植物の多くはベリー類。

日和見種が繁茂できるチャンスは短い期間に限られます。いったん木が生えはじめれば先駆種は先が長くないので、光合成で貯めた財産を使って、次の裸地まで鳥に運んでもらう赤ん坊をつくります。

先駆植物には、とにかくどんどん成長して広がり、どんどんエネルギーを消費し、資源をできるだけ速やかに吸い上げる、という行動指針があり、他者と競争してその土地を奪取したあとは次の場所へと移動します。資源が足りなくなりは

ブリティッシュコロンビア州バンクーバー島の、皆伐された森。

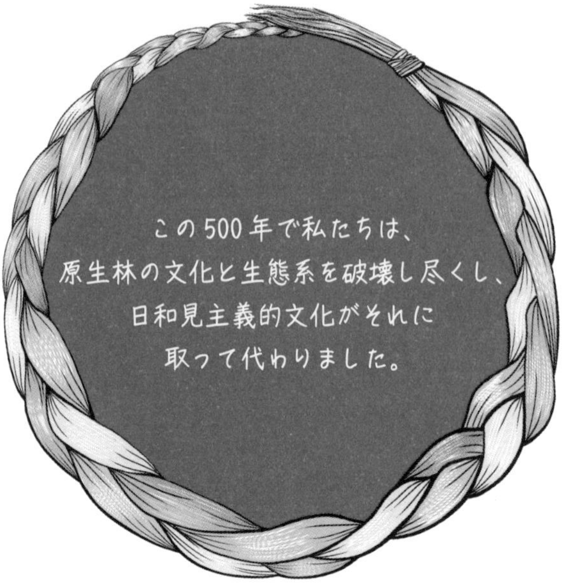
この500年で私たちは、
原生林の文化と生態系を破壊し尽くし、
日和見主義的文化がそれに
取って代わりました。

じめると――いつかは必ずそうなるわけですが――進化の過程は、植物相をより安定させるような協調と戦略を好むようになります。多岐にわたって深く存在する互恵的共生関係は、長く継続するためにできている原生林ではことのほか発達しています。

産業としての林業、資源採取、その他、人間が無秩序に行ってきたことは、いわば先駆植物であるサーモンベリーの茂みと同じです。資源を使い果たし、種の多様性を低下させ、より多くを得ることに夢中になっている社会の求めるままに生態系を単純化しているのです。この500年で私たちは、原生林の文化と生態系を破壊し尽くし、日和見主義的文化がそれに取って代わりました。先駆的な人間社会は、先駆植物のコミュニティーと同様、森が生まれ変わるためには重要な役割を果たしますが、長い目で見ればそれは維持不可能です。容易に手に入るエネルギーが限界に達してしまえば、バランスと再生によってしかその先へは進めないのです。

フランツ・ドルプ

フランツがショットパッチ川沿いの土地に移り住んだとき、彼も、その土地も癒やしを必要としていました。フランツは結婚が破綻して愛していた農場を売ったところでしたし、ショットパッチ川は皆伐されていたのです――2度も。最初に皆伐されたのは原生林、2度目はその子どもたちでした。フランツは日記に、「木を植えて原生林をつくることを僕のゴールにしよう」と書いています。

でも彼の野心は、森を物理的に復元することにとどまりませんでした。「復元に携わる中で、森やそこに住む生き物たちとの個人的な関係を取り戻すことが大切だ」。自然を相手にしていく中で、彼と自然の間に生まれた愛情ある関係について彼は、「まるで、自分の中の、失われていた部分をもう一度見つけたようだった」と書き綴っています。

「ティンバーランド（木材用の樹木を産出するための森林地）」に指定されているショットパッチに土地を所有するために、フランツは入手した土地の森林管理計画の承認をとって登録しなければなりませんでした。フランツは日記に、自分の土地が「フォレストランド（森林地）ではなくティンバーランド」に分類されていること――まるで、木というものは製材所行き以外の道はないとでも言うように――に対する失望を皮肉を込めて書いています。フランツは材木など欲しくはありませんでした。彼は森が欲しかったのです。ベイマツばかりの世界の中で、フランツは原生林のことばかりを考えていました。

オレゴン州の森林局とオレゴン州立大学の森林学部はフランツに技術的な支援を申し出て、下草の繁茂を抑えるため除草剤を使い、遺伝子操作で改良されたベイマツを植え直すよう勧めました。低木層との競争を排除して日光が十分に当たるようにしてやれば、ベイマツは周囲のどんな木よりも速く材木に育つのです。「この土地への愛情が、僕がショットパッチに土地を買った動機なのだ」と彼は書いています。「ここでは正しいことをしたかった。『正しいこと』が何を意味するのか皆目わかっていなかったけれど。そこが大好きなだけではダメなんだ、それを癒やす方法を見つけなければ」。除草剤を使えば、その化学薬品の雨に耐えられるのはベイマツだけです。そして彼はあらゆる種類の木が欲しかったのです。そこで彼は、下草を手作業で払うと決心しました。

産業用の森林を植え直すのは大変な重労働です。当時は、自然な森を植樹するための決まった処方があるわけではありませんでしたから、フランツは唯一の先生を見習うことにしました――森そのものです。

森を教師として

原生林が残されたわずかな場所での木の生え方を観察して、彼はそのパターンを自分の土地で再現しようとしました。ベイマツは日当たりのいい開けた斜面、アメリカツガは陰の多い方角、ベイスギはあまり日の当たらない湿った場所に。当局はハンノキやビッグリーフ・メープルの若木を取り除くように勧めましたが、フランツはそれらを抜かずに土地を肥やす役割をさせることにし、その下には日陰でも育つ木を植えました。木には一本一本すべて印をつけてマッピングし、世話をしました。彼の目標は、古い原生林というものについて彼がもっているビジョンと、彼の土地がもっている可能性を融合させることでした。でも、単に長い時間がたっただけで彼が思い描くような原生林に戻るという保証はありません。皆伐された区画と、ベイマツが芝生のように並ぶ区画がつくるモザイク模様に周りを囲まれていては、必ずしも自然林が復活できるとは限らないのです。種はどこから来るでしょうか？　そしてここの土壌は、それらを歓迎できる状態でしょうか？

この最後の質問は、「裕福な女性をつくる木」の再生にはことさら重要です。ベイスギは巨大ですが、その種はごく小さくて、繊細な球果から風に乗って飛んでいく種はわずか1センチちょっとの薄片状です。ベイスギの種を40万個集めてやっと450グラムほどになります。成木には自分の子孫を残すための時間が何千年もあるのはありがたいことです。森に茂る草木の多さを考えれば、そんなちっぽけな生命が新しい木に育つ可能性はゼロに近いのです。

常に変化する世界が与えるさまざまなストレスに、成木は耐えることができますが、若木は脆弱（ぜいじゃく）です。ベイスギは成長が遅いので、成長が速い他の木々はすぐにベイスギより背が高くなり、日の光を奪います。とりわけ火事や伐採のあと、乾いて遮るもののない場所によりよく順応している他の木々との競争では勝ち目がありません。仮に生き残ると、アメリカ西部の木種の中では最も日陰に強い木であるにもかかわらず、ベイスギは、あまりパッとしない状態で、他の木が風で倒れたり枯れたりして林冠に穴が開くのをじっと待ちます。そしてそういうチャンスがやってくると、そのつかの間の太陽の光の中を一歩、また一歩と、林冠に向かって伸びていきます。でも、ほとんどの若木は生き残れません。森林生態学者の推定によれば、ベイスギが成長できるチャンスは100年にわずか2度ほどです。だからショットパッチの森では、森が自然に元通りに復活する可能性はありませんでした。復元した森にベイスギが欲しければ、フランツは植樹する他なかったのです。

ベイスギの特徴、つまり、成長が遅くて競争力が低く、草食動物に食べられやすくて種から育つ可能性が極端に低いことを考えると、ベイスギは非常に稀な木だと思うかもしれません。でも実際は違います。その理由のひとつは、ベイスギは高地では競争力がない一方、他の木は育たない**沖積土**、沼地、水のほとりなどで元気に育つからです。彼らのお気に入りの生息地が、競争からの避難場所になるのです。だからフランツは、慎重に川のほとりを選んでベイスギをたくさん植えました。

沖積土：地表水によって堆積した、粘土、沈泥、砂など。

「僕の作業は予想のつかないことだらけで、それはまるで森の中の陰のようにそこら中にあった」とフランツの日記には書かれています。たとえば川岸にベイスギを植えるというのはいい考えでしたが、そこはビーバーのすみかでもありました。ビーバーがデザートにベイスギを食べるなどと誰が知っていたでしょう？フランツのベイスギ苗園は跡形もなく食べ尽くされてしまいました。フランツは再びベイスギを植え、今度はそれを柵で囲みましたが、ビーバーたちはそんなものにはたじろぎませんでした。フランツは森の気持ちになって考え、次には、ビーバーの大好物であるヤナギの木を川岸に沿って植えてみました。彼らの注目をベイスギから逸らそうとしたのです。

ベイスギには、人の命もベイスギの命も救う特有の化学成分が含まれています。特に、抗酸化作用の高い成分をたっぷり含むので、菌類に耐性があります。どんな生態系もそうですが、アメリカ北西部の森も病気が発生しやすく、中でも多いのが、*Phellinus weirii* という菌が引き起こす根株心腐病です。ベイマツ、アメリカツガ、その他の木にとっては致命的な菌ですが、ベイスギは幸いにもこの菌の影響を受けません。この病気で他の木が枯れれば、競争相手がいなくなった空隙を埋めようとベイスギが待ち構えています。死のただ中でも「生命の木」は生き残るのです。

フランツは、学習しては木を植えることを繰り返し、その過程でたくさんの過ちを犯し、たくさんのことを学びました。木を植える、というのは信念の証となる行為です。彼の土地には、1万3,000本の信念の証が生きているのです。「僕はこの土地の一時的な管理人であり、世話人にすぎない。介護人と言った方が正確かもしれない。厄介なのは細かい点だと言われるが、何かにつけて厄介な細かい点だらけだった」と彼は日記に書いています。彼は、最初の皆伐のあとに植樹された「原生林の子どもたち」がその生育環境にどう反応するかを観察し、問題があればそれを改善しようとしました。「この森の再生は、菜園の世話をするのにも似ている。とても深い関係で結ばれた林業だ。森にいると、どうしてもあちこちいじらずにはいられない。木をもう1本植える。枝を1本切る。一度植えたものをもっといい場所に移す」

彼が植えたベイスギの多くは今、ひょろっとした10代の若者といった風情で、手足ばかり長くて幹はまだやわらかく、まだまだ成長の途中です。鹿やヘラジカにかじられるおかげでますます不恰好で、絡みつくツタカエデの下から光を求めて、こっちに1本、あっちに1本と枝を伸ばしています。でも、彼らの時代はやがてやってきます。

再生のダンス

最後の植樹を完了したフランツは日記にこう書いています。「僕はこの土地を癒やしているかもしれない。だが本当は誰が誰の恩恵を被(こうむ)っているかは疑いようがない。レシプロシティーというルールに従っているのだ。僕が与えるものは僕に返ってくる。この土地を回復させることで、僕自身が回復したのだ」

原生林が完全になくなってはいないのと同様に、そこに暮らした人びとの古い文化も消えたわけではありません。この土地には、その記憶と再生の可能性が残っています。これは単なる民族や歴史のことを言っているのではなく、自然と人の間にあるレシプロシティーから生まれる関係のことです。フランツは、植樹によって原生林を育てることが可能であることを示して見せましたが、彼はまた、遠い昔の文化とその世界観を、完全な、元通りの形で広げることを心に思い描いていました。

10年間に1万3,000本を植樹し、数えきれないほどの科学者や芸術家たちにインスピレーションを与えたあと、彼は日記にこう書きました──「今なら、僕に休息の時が訪れたら、僕は引退して、とても素晴らしい場所に続く道を歩いていくみんなにあとを任せられる自信がある。巨大なモミ、ベイスギ、アメリカツガが立ち並ぶ古代の森へと」。そしてその通りでした。多くの者が、イバラの茂みから原生林の子どもたちに続く、彼が切り開いた道を辿ったのです。

フランツ・ドルプは2004年に、ショットパッチ川へ向かう途中、製紙工場のトラックとの衝突事故で亡くなりました。

彼の家の扉の外に輪になって並んだ若いベイスギの木は、雨の雫がビーズのように光る緑色のショールをかぶり、ステップに合わせて羽のようなふさ飾りを揺らしながら優雅に踊っている女性のように見えます。木々は枝を大きく広げて輪をつくり、再生というダンスに加わらないか、と私たちを誘っているのです。

再生のダンスに加わるために、あなたには何ができるでしょうか？

スイートグラスを燃やす

儀式の際に三つ編みにしたスイートグラスを燻して出る煙は、それを浴びる者を優しさと思いやりで包んで清め、その体と心を癒やしてくれる。

ウィンディゴの足跡

明るい冬の日差しの中、聞こえる音といえば、私のジャケットの布地が擦れ合う音、スノーシューズのパフン、パフンという音、木の割れ目が零下の寒さで内側から破裂する音、そして私の心臓の音だけ。スコールとスコールの合間の空は痛いほど青く、地上では雪原が割れたガラスのようにきらめいています。

私は、狐の足跡や、ノネズミが掘ったトンネルに沿って歩き、鷹の翼の跡に縁取られた真っ赤な血痕があるのに気づきました。

みんなお腹がすいているのです。

風が再び強くなり、また雪が降るのがわかります。数分もたたないうちに、**スコールライン**が木々の梢の上で唸(うな)りを上げ、灰色のカーテンのような雪がまっすぐに私をめがけて吹きつけます。真っ暗にならないうちに屋根のあるところに戻ろうと、私はすでに雪で覆われはじめている自分の足跡を逆に辿ります。よく見ると、私の足跡には、私のものではない足跡が重なっています。徐々に暗くなっていく周りを見まわして生き物の姿を探しても、雪が激しく降っていて何も見えません。私の後ろで遠吠えが聞こえます。それともただの風でしょうか？

ウィンディゴが歩きまわるのはこういう夜です。吹雪の中で獲物を探し求めるウィンディゴの、ぞっとするような甲高い叫び声が聞こえます。

スコールライン：寒冷前線とも言う。嵐が近づくときの、冷たい空気と温かい空気の境目。

あなたの住んでいるところでは、天候の変化を知らせる匂いはありますか？

ウィンディゴ

ウィンディゴはアニシナアベの人びとに伝わる伝説の怪物で、北の森の凍えるような夜に語られる物語に登場する悪党です。木の幹のように太い腕とスノーシューズのように大きな足で、ウィンディゴは、食べ物がない季節の吹雪の中をいとも軽々と歩き、私たちを追います。その正体を何よりもよく表しているのは、心臓が氷でできているということ。ウィンディゴの物語はその昔——そして今でも時おり——火を囲んだ集まりで、危ないことをしてはいけないよ、と子どもたちを怖がらせるためのものでした。ウィンディゴは熊でもなければ狼でもありません。自然界の動物ではないのです。ウィンディゴは生まれるのではなく「つくられる」もの。人間が人食い鬼になったのがウィンディゴです。咬まれれば咬まれた者も人を食べるようになります。

私は嵐を逃れて家に入り、表面が凍りついた服を脱ぎます。そこには薪ストーブに燃える火があり、シチューがぐつぐつ煮えています。でも、私たちの部族の人びとにとって状況がいつもそうだったわけではありません。吹雪で小屋が雪に埋まり、食べ物がなくなれば、人びとには飢えが待っていました。この季節のことを、彼らは「空腹の月」と呼んだのです。

ウィンディゴの物語は、気も狂わんばかりの空腹と孤立感が冬の小屋に忍び寄るこの季節、カニバリズムに対するタブーを強化するためのものでもありました。そんなおぞましい衝動に負けた者は、ウィンディゴのように、骨をかじり、彷徨いながら永遠の時を過ごすのです。ウィンディゴはけっして霊界に入れず、欠乏の痛みに永遠に苦しみ、その本質である空腹感はけっして消えることがないと言われます。食べれば食べるほどウィンディゴの空腹はひどくなります。渇望は叫び声となり、食べたいという思いで頭がいっぱいのウィンディゴは、満たされない欲望にのたうちます。

人間が
人食い鬼になったのが
ウィンディゴです。

ウィンディゴは、単に子どもを怖がらせるためにつくられた伝説の怪物ではありません。天地創造の物語は、その民族の世界観を、彼らが自分たちをどう理解しているかを、世界におけるその

立ち位置を、そして彼らが近づこうとする理想を垣間見せてくれます。それと同じように、その民族が恐れていること、一番深いところにある価値観もまた、彼らがつくり出す怪物の様相に表れます。私たちの恐れと欠点が生み出したウィンディゴとは、私たち自身の中にある、自分が生き残ることを何よりも大事に思う部分のことなのです。

昔の子どものしつけ方は、自制力を養い、不必要に多くのものを得ようとする、たちの悪い衝動に対する抵抗力を高めようとするものでした。古い教えは、ウィンディゴ的な性質は私たちの誰もがもっているということを知っており、自分の中にある貪欲さを避けるべきなのはなぜなのか、それを私たちが学べるように、ウィンディゴの物語がつくられたのです。だからこそ、自分自身を理解するためには、自分にふたつの顔、明るい一面と暗い一面があることを認める必要がある、とスチュワート・キングをはじめとするアニシナアベ族のエルダーたちは言います。暗い面に目を向け、それがもつパワーを認識し、ただしそれに餌を与えてはいけない、と。

オジブワ族の研究者バジル・ジョンストンによれば、ウィンディゴ（Windigo）という言葉はもともと、「余分な脂肪」または「自分のことしか考えない」という意味の言葉から発生しています。

ジョンストンをはじめとする大勢の研究者たちが、昨今蔓延している自己破壊的な行動――アルコール、薬物、賭け事、テクノロジーなどなどへの依存――は、私たちの中にまだウィンディゴが健在である印だ、と指摘します。オジブワ族の倫理観では、「どんなものにでも、耽溺（たんでき）するのは自己破壊的であり、自己破壊がまさにウィンディゴなのだ」とスティーブ・ピットは言うのです。ウィンディゴに咬まれるとその人もウィンディゴになってしまうのと同じように、自己破壊的な行動は多くの犠牲者を生むことを私たちはよく知っています。そしてその犠牲者は人間だけにとどまらず、人間以外のものを含む世界にもいるのです。

ウィンディゴはもともと北の森の生き物ですが、その生息地は拡大しています。ジョンストンの言う通り、多国籍企業が、地球の資源を「必要性（need）からではなく貪欲さ（greed）から」とどまるところを知らずに貪る新種のウィンディゴを生み出してしまいました。いったんそれがどんなものかがわかれば、その足跡は私たちの周り中いたるところにあります。

ウィンディゴの足跡

ウィンディゴの足跡はいたるところにあります。オノンダガ湖のヘドロ。残忍な皆伐のために土壌が川に流されてしまっているオレゴン・コースト・レンジ。ウェストバージニア州の、山の頂上が削られてしまった炭坑。メキシコ湾岸の油まみれの浜。一辺の長さが1キロ半もある産業用大豆畑。ルワンダのダイヤモンド採掘場。洋服で満杯のクローゼット。それはみんなウィンディゴの足跡です——飽くことを知らない消費の跡なのです。あまりにも多くの人がウィンディゴに咬まれてしまいました。彼らはショッピングモールの中にもいるし、宅地開発をしようとあなたの農場を狙っていたり、国会議員選に出馬したりもします。

あなたが住んでいる町やコミュニティーでは、どんなところにウィンディゴの足跡がありますか？

私たちはみな、この問題を形づくる一部なのです。自分たちにとって何が大切かを「市場」が決めることを許してしまった私たちは、ウィンディゴ的な経済の中で暮らしているように思います。でっち上げの需要と衝動的な過剰消費が蔓延し、売り手を豊かにする一方で人びとの心と地球を貧しくする贅沢なライフスタイルがなければ「公共の利益」が得られない時代です。

ウィンディゴ的な思考

警告としてのウィンディゴの物語は、生存のためには分かち合うことが必要不可欠であり、ひとりの貪欲さが全体を危険にさらした、共同体を基盤とした社会で生まれました。昔は、自分のためにあまりにも多くを奪うことでコミュニティー全体を危険にさらした者は、まずは忠告され、次に村八分（むらはちぶ）にされ、それでも貪欲な行為が続けば追放されました。ウィンディゴ伝説は、そうやって共同体から追放され、空腹を抱えてひとりで彷徨うしかなく、自分を拒絶した者たちを恨んで復讐した人間の記憶から生まれたのかもしれません。家族やコミュニティー、レシプロシティーのネットワークから追放されるというのは恐ろしい処罰です。誰と分かち合うこともできず、大切に思う人が誰もいないのです。

この世にただひとつの美しい生を、よりたくさんお金を稼ぎ、よりたくさんの物を買うという、けっして満たされずどんどん大きくなっていくだけの欲望に費

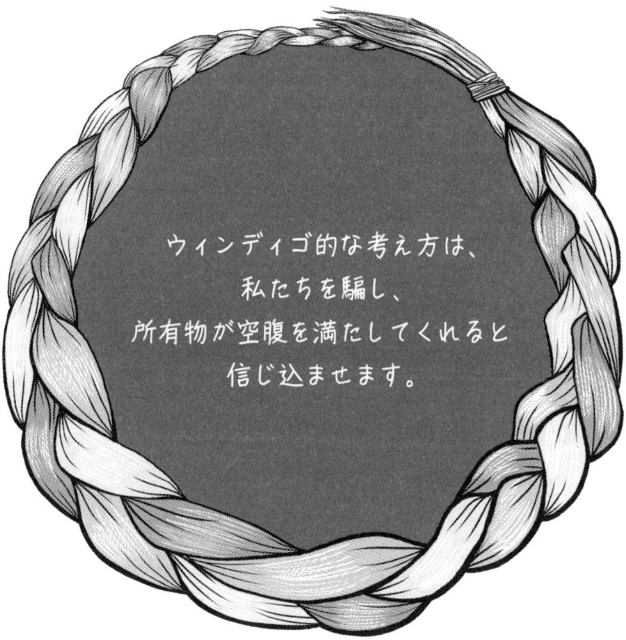
ウィンディゴ的な考え方は、
私たちを騙し、
所有物が空腹を満たしてくれると
信じ込ませます。

やすことで、私たちは自分自身からの追放さえ受け入れてしまいました。ウィンディゴ的な考え方が、私たちを騙し、所有物が空腹を満たしてくれると信じ込ませるのです。私たちが本当に望むのは、人びとに受け入れられ、その一部となることなのに。

私が恐ろしいと思うのは、私の中にもウィンディゴがいるということだけではありません。私が恐ろしいのは、世界が裏表になってしまったということなのです――闇と光が逆さまになって。かつて先住民族が非常に醜悪なものと考えた、甘やかされた身勝手さが、今では「成功」として称賛されます。私の祖先たちにとって許しがたかったものを賛美することが求められているのです。消費に駆り立てられる考え方は「生活水準の高さ」を装って私たちを内側から貪ります。それはあたかも、饗宴（きょうえん）に招かれながら、テーブルに並んだ食べ物は空虚さを――けっして満腹にならない胃袋のブラックホールを――大きくするばかりであるかのようです。私たちは怪物を解き放ってしまったのです。

生態経済学者は、経済を改革し、生態学的法則と熱力学の制約に則った経済を構築すべきであると主張しています。そして、生活の質を保ちたければ自然資本と生態系サービスを維持しなければならない、という考え方を受け入れるよう強く促します。政府は今でも、人間による消費は世界に何の悪影響も及ぼさないと思い込んでいます。私たちは、限りある惑星の上での無限の成長を要求する経済システムを容認しつづけます――まるで、どういうわけかこの宇宙が、私たちのために熱力学の法則を無効にしてくれたかのように。

果てしのない成長など、自然の法則とはけっして相容れません。それなのに、ハーバード大学、世界銀行、そしてアメリカ合衆国国家経済会議などで知られる著名な経済学者ローレンス・サマーズはこんなことを公言するのです――「考えられる将来に、環境収容力の限界に達する可能性のある生物はない。自然の限界を理由に、成長を制限すべきと考えるのは大きな誤りである」。この国の政治家たちは、地球上で生きる人間以外のあらゆる生物種――もちろん、すでに絶滅した生物種は除きますが――がもつ叡智と手本を故意に無視しているのです。ウィンディゴ的な思考です。

あなたの生活、またはあなたが暮らす町のコミュニティーで、ウィンディゴ的な思考が与える被害を少なくするにはどうしたらいいでしょうか？　ウィンディゴ的思考の影響を少なくするために、あなたにできることはありますか？

トウモロコシの人びと、光の人びと

私たちと地球の関係についての物語は、本よりも土地そのものに正直に書かれています。そこに書かれた物語は消えることがありません。土地は、私たちが言ったことやしたことを覚えています。物語を語るというのは、その土地や、土地と私たちの関係性を復元するための最も強力なツールのひとつです。

未来に続く道をしっかりと進むために、私たちは、古い物語を掘り起こし、新しい物語をつくりはじめなければなりません。私たちは単に物語の語り手であるだけではなくて、物語の書き手でもあるのですから。古い物語の糸から新しい物語が織られ、すべての物語はつながっています。祖先から伝わる物語で、今再び私たちが新たに耳を傾けるべきものの中に、マヤの創造神話があります。

マヤの創造神話

はじめに虚無がありました。大いなる存在、偉大な叡智の持ち主たちは、ただその名を口にすることで世界を存在せしめることができました。世界には、言葉によってつくられた植物と動物が満ちあふれていました。でも大いなる存在たちは満足しませんでした。彼らがつくった生き物はどれも言葉をもたなかったのです。歌ったり、叫んだり、唸ったりすることはできましたが、天地創造の物語を語り、賛美する言葉をもつものがいませんでした。そこで神々は人間をつくることにしました。

最初、人間は土でつくられましたが、神々はその仕上がりに不満でした。彼らは美しい心をもたず、話すこともできませんでした。歩くことがやっとできるだけで、踊ったり、歌ったり、神々を賛美することなど到底できません。もろく、不器用で無力で、子どもをつくることさえできず、雨に溶けてしまいました。

そこで神々は再び、よい人間をつくろうとしました。敬い、賛美し、与え、育むこ

とのできる人間を。彼らは木から男性を、アシの茎から女性をつくりました。美しい人間ができました。強くしなやかで、話すことも踊ることも歌うこともできます。頭もよく、自分たち以外の植物や動物を自分たちの目的のために使うことを覚え、農場、陶器、家、魚を獲る網など、いろいろなものをつくりました。その素晴らしい体と頭、そして懸命な努力の結果、人間は子孫を増やし、世界中を満たしていきました。

でもしばらくたつと、すべてを見通す神々は、人間たちの心に慈悲と愛が欠けていることに気づきました。歌ったり話したりはできましたが、その言葉には、彼らが受け取った聖なる贈り物に対する感謝の気持ちがありませんでした。彼らは頭はよかったのですが、感謝することも思いやりも知らなかったため、人間以外の生き物たちを危険にさらしました。神々はこの、人間についての実験の失敗に終止符を打とうと、世界に大いなる災害をもたらしました——洪水と地震を起こし、そして何よりも、他の生き物たちに、木でつくられた人間が彼らにはたらいた無礼を悲しみ、怒るための声が与えられました。木々は人間が振り下ろした鋭い斧に対して、鹿は人間が彼らに放った矢に対して、粘土でできた壺さえも、人間が不注意に彼らを焦がしてしまったことに対して大いに怒りの声を上げました。人間によって不当に扱われた生き物のすべてが結集して、自己防衛のために、木でできた人間を破壊したのです。

神々は三たび人間をつくることにしましたが、今度は、太陽の聖なるエネルギーである光だけを使いました。彼らは眩いほどに魅力的で、太陽の7倍明るく、美しくて賢く、そしてとてもパワフルでした。あまりに多くのことを知っていたため、彼らは自分たちに知らないことはないと考えました。与えられたその力に感謝する代わりに、彼らは自分たちを神と対等の存在と思い込んだのです。大いなる存在は、光でつくられたこの人間たちがもたらす危険を知り、再び彼らを滅ぼしました。

そして神々はもう一度、今度こそ彼らがつくった美しい世界の中で、敬意と感謝と謙虚さをもった正しい生き方をする人間をつくろうとしました。黄色いトウモロコシと白いトウモロコシ、ふたつの籠のトウモロコシから、神々は粉を挽き、水と混ぜ合わせて、トウモロコシの人間をつくりました。トウモロコシの酒を飲んで生きる彼らは、それはそれは善き人びとでした。踊り、歌い、物語を語ったり祈りを捧げたりできる言葉ももっていました。心は他の生き物たちに対する思いやりに満ち、感謝するだけの賢さもありました。神々は以前起きたことに懲りていたので、彼らの前に生きた、光からつくられた人びとの強烈な傲慢さから彼らを護るために、トウモロコシの人びこの物語には、美しい、という言葉が何度も出てきます。この言葉が意味する美しさにはどんな種類がありますか？

との目の前にヴェールをかけ、息が鏡を曇らせるように彼らの目を曇らせました。このトウモロコシの人びとは、自分たちの生命を支えてくれる世界に敬意をもち、感謝したので、彼らはこの地球上で生かされることとなったのです。

トウモロコシの人びと

この物語は、マヤの聖典『ポポル・ヴー』に載っているもので、単なる物語以上のものと考えられています。私はこの神話を、一種の歴史物語として——誰も知らない大昔にトウモロコシから人間がつくられ、それからずっと幸せに暮らしましたとさ、というお話のひとつとして——読み、大切にしてきました。もしかするとそれは、なぜ私たちがトウモロコシでつくられているのかを理解する助けになるかもしれません。土や木や光ではなく、トウモロコシでつくられた人びとが地球を受け継ぐことになったのはなぜなのでしょう？　それはもしかしたら、トウモロコシでつくられた人びとは「変容した存在」だからではないでしょうか？　だってトウモロコシというのは、光が関係性によって変化したものに他なりません。トウモロコシが存在するためには、土、空気、火、水という4つの元素のすべてが必要です。創造主の神聖な植物が人びとをつくり、人びとがトウモロコシをつくり出しました。トウモロコシは、人間が種を蒔き、手をかけて栽培しなければ存在できません。ふたつの存在は、**絶対共生**という関係で結ばれているのです。

絶対共生：ふたつの生物が共生関係にあり、相手がいなければ生存できない状態。

先住民族の考え方には、時間は川ではなく湖で、その中に過去と現在と未来がともに存在している、とするものが数多くあります。だとすれば天地創造は今も進行中のプロセスであり、この物語は単なる歴史ではありません。それは同時に予言でもあるのです。私たちはもうトウモロコシの人びとになれたでしょうか？　それともまだ木でできている人、あるいは自分自身の力に囚(とら)われた、光からできた人間のままでしょうか？　地球と私たちの関係は私たちを変容させたでしょうか？

イルバル

『Wisdom of the Elders（エルダーたちの叡智）』の中でデヴィッド・スズキが言っているように、マヤ神話は「イルバル」、つまり「見るための大切な道具」と理解されています。神聖な関係性を私たちに見せ、導いてくれるレンズです。では科学、芸術、物語はいったいどうやって、トウモロコシでできた人びとに象徴される世界との関係を理解するための、新しいレンズを私たちに提供するのだろうか、と私は考えます。

そしてまたこうも考えます――移民たちはどうやって、その土地との関係について自分たち自身の物語を書くのでしょう？　それは、私たちがここにやってくるはるか以前からずっとここに住んでいた者たちの叡智を大切にし、でも盗用はしない、新しいイルバルです。先住民族に伝わる物語には数々の叡智が含まれ、私たちはそれに耳を傾けなくてはいけないのは確かだけれど、それを盗用することは勧めもしないし許されることでもありません。

もしもトウモロコシの人びとが、化学という言語で書かれた詩の中に描かれていたなら、それはふたつの節からなり、こんなふうになるでしょう。

> 二酸化炭素と水は、生命体がもつ膜で覆われた美しい組織の中で光とクロロフィルと結びつき、糖と酸素をつくる。

> ミトコンドリアという名の、膜で覆われた美しい組織の中では、糖が酸素と結びついて始まりに戻る――二酸化炭素と水に。

レッドウッド、スイセン、トウモロコシといった植物が、日光に照らされると水と二酸化炭素を糖分に変えるのが光合成です。同時に光合成は私たちに酸素をくれます。植物は私たちに、食べ物と息吹をくれるのです。

呼吸作用とは、植物の吐く息が動物を生かし、動物の吐く息が植物を生かす、エネルギーの源です。私の吐息はあなたの吐息であり、あなたの吐息は私の吐息なのです。与え、与えられる関係、レシプロシティーという素晴らしい詩が世界に生命を吹き込みます。これは語るに値する物語

> この詩で気づいたことはありますか？　第2節が第1節を逆から言っているということに気がつきましたか？

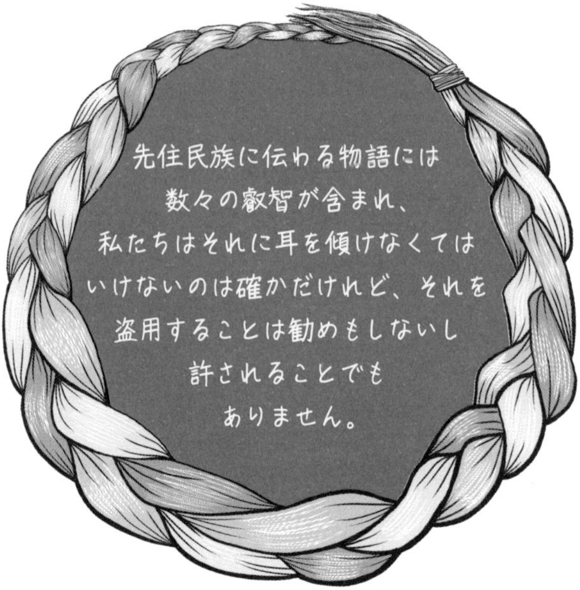

先住民族に伝わる物語には
数々の叡智が含まれ、
私たちはそれに耳を傾けなくては
いけないのは確かだけれど、それを
盗用することは勧めもしないし
許されることでも
ありません。

ではないでしょうか？　人は、自分の生命を支えている共生関係を理解してはじめて、感謝の気持ちと互恵の関係をもつことのできるトウモロコシの人びととなるのです。

この世界で起こっていることこそが、詩そのものなのです。光が糖になり、サンショウウオは地球が放射する磁力線を辿って昔からの生息地である沼に戻ります。草を食むバッファローの唾液が草をいっそう大きく成長させ、タバコの種は煙の匂いを嗅ぐと発芽し、産業廃棄物の中の微生物は水銀を破壊することができる——こうした物語のすべてを、私たちは知るべきではないのでしょうか？

こういう物語を知っているのは誰か、と言えば、その昔、それはエルダーたちでした。21世紀の今、それは往々にして科学者です。バッファローやサンショウウオの物語を書いたのは自然ですが、科学者には、それを翻訳する者のひとりとして、物語を世界に伝える大きな責任があります。

それなのに、ほとんどの科学者はこうした物語を、ほとんどの人には理解できない言葉で語ります。それは環境に関する開かれた議論の大きな妨げとなるし、真の民主主義にとっても大きなマイナスです——とりわけ、すべての生物種を含む民主主義にとっては。思いやりを伴わない知識など何の役に立つでしょう？　科学は私たちに知識を与えてはくれますが、思いやりは別のところから訪れます。

もしも西欧社会に、さまざまな関係性を見る方法としてのイルバルがあるとすれば、それは科学であると言っていいでしょう。科学は私たちに、染色体の華麗な動きを、苔の葉状体を、はるか彼方の銀河を見せてくれます。でもそれは、ポポル・ヴーのように神聖なレンズでしょうか？　科学は、この世界にある神聖なものを私たちに見せてくれているでしょうか、それともそのレンズは光を歪めて、聖なるものを見えなくしてしまってはいないでしょうか？　私たちがトウモロコシの人びとに変容するために必要なのは、より多くのデータではなく、より多くの知恵であり、そして、人間以外の生き物から学ぶという謙虚さです。私が夢に描いているのは、科学によって明らかになったことをベースとし、先住民族の世界観に従って構成された物語によって導かれる世界です。そうした物語の中では、物質と精神がともに声を与えられています。

与えられたものと責任

先住民族の多くは、生き物にはそれぞれ固有の贈り物、その生き物特有の能力が与えられているという考え方を共有しています。鳥は歌い、星は輝く、というように。ただしこうした力には二面性があります。力は同時に責任でもあるのです。美しい鳴き声が鳥に与えられた贈り物であるなら、鳥には一日を美しい調べで迎える責任があります。鳥はさえずる義務があり、私たちにはその歌を贈り物として受け取る義務があるのです。

私たちの責任は何かと問うのはまた、私たちに与えられた贈り物が何であり、私たちはそれをどう使うべきか、と問うことでもあります。トウモロコシの人びとの物語は、世界を贈り物として捉え、それにどう応えればいいのかを考える手引きとなります。地上で生きることが許されたのは、トウモロコシの人びと、自分たちに与えられた贈り物と責任を知ることで変容した人びとだけでした。一番大切なのは感謝することですが、感謝するだけでは十分ではないのです。

人間以外の生き物には、人間には備わっていない力が与えられています。空を飛べたり、暗闇でも目が見えたり、爪で木を引き裂いたり、メープルの樹液をつ

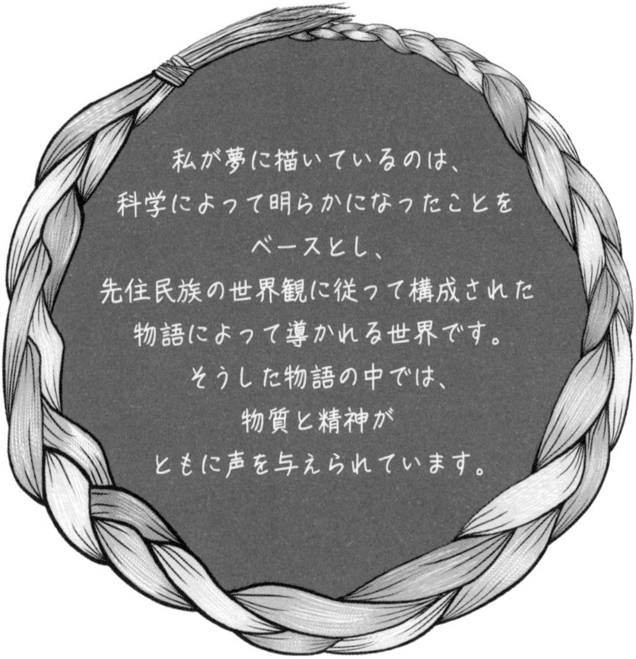

私が夢に描いているのは、
科学によって明らかになったことを
ベースとし、
先住民族の世界観に従って構成された
物語によって導かれる世界です。
そうした物語の中では、
物質と精神が
ともに声を与えられています。

くったり。では人間には何ができるでしょう？

私たちには翼も葉もないかもしれませんが、言葉があります。言語は私たちに与えられた贈り物であり、そして私たちの責任です。私は書くということを、自然界から与えられたものにお返しをする行為と考えるようになりました。古い物語を伝えるために。そして、科学と魂を再びひとつにし、私たちがトウモロコシの人びとになるのを助けてくれる新しい物語を語るために。

自分に与えられた才能が何なのか、まだわからなくても心配はいりません。大人でも、自分に贈られたものが何なのかを知らない人は大勢います。これについて話したり考えたりすることはあまりないからです。それが何なのかを知る方法のひとつは、あなたがやっていて楽しく、あっという間に時間が過ぎることを考えてみることです。私にとって、それは書くこと。あなたはどうですか？

7番目の火の人びと

火をおこす

大事なのは、この火をつけられるかどうかです。平らに並べた焚き付けは乾燥したメープル、モミの木の下の方から折り取った小枝をその上に並べ、細かく裂いた樹皮を鳥の巣みたいに丸めて火種を待ち受ける火口の上に、折ったマツの枝を、炎を上に引き上げるように立てて並べます。燃料はたっぷり、酸素もたっぷり。必要な要素は全部そろっています。でも火がつかなければそこにあるのはただの死んだ木の棒です。だから火種がとても重要なのです。

我が家では、マッチ1本で火をおこせるようになることが誇りとされていました。先生は父と、森そのもの。正しい薪の探し方を父は辛抱強く見せてくれました。私たちは、遊びながら父のすることを観察して学んだのです。父は良質な薪の山をとても大事にしていて、私たちが森で過ごした日々の多くは、枝を切り、それを運び、薪割りをすることに費やされました。私たちが汗をかきかき森から戻ると、父はよく「薪はお前たちを2度暖めてくれるんだよ」と言ったものです。そうやって私たちは、樹皮や材木の質で木の種類を見分けられるようになりました。燃やす目的によって、燃え方の違う木を使うことも覚えました。明かりのためには樹脂を多く含むマツ、炭を乗せるためにはブナの木、パイを焼くときはシュガーメープル、といった具合に。

父がはっきりそう言ったことはありませんでしたが、父にとって火をおこすというのは単なる技術ではありませんでした。上手に火をおこすのは簡単なことではありません。辺りの植物相を知っているのはもちろんのこと、さまざまな木の正しい扱い方も知らなくてはなりません——木を傷めずに薪を集められるように。すでによく乾燥し、すぐに燃料にできる立ち枯れの木はいつでもたく

> 火はどんな贈り物を私たちに与えてくれますか？

さんありました。いい火をおこすのに使っていいのは自然の素材だけ。紙もダメだし、ガソリンなんてとんでもありません。それに生木［訳注：伐ったばかりで十分に乾燥していない薪］を燃やすのは、美的にも倫理的にも許されない行為です。ライターは使ってはいけません。マッチ1本で理想的な火がおこせればとても褒められたし、10本以上マッチを必要としても父は頑張れと言ってくれました。そしていつの間にか、火おこしはごく当たり前の、簡単にできることになっていました。私は必ず火おこしがうまくいく秘訣を見つけました。火口にマッチで火をつけるとき、火に歌を歌ってやるのです。

火のおこし方について教えながら父はまた、森が私たちに与えてくれるものすべてに感謝すること、それにお返しをする責任のことも一緒に教えてくれました。気を配ること、準備をしっかりして焦らないこと、最初の1回できちんとできるようにすること。火をおこすのに必要な技術と価値観はとても深く絡み合っていて、私たちにとって火おこしは、ある種の美徳を象徴するものになりました。キャンプした場所を去るときには必ず、次にここへやってくる人たちのために薪を積んでおきました。

マッチ1本で火をおこせるようになると、次は雨、それから雪の中でも、マッチ1本で火をおこせなくてはなりませんでした。適切な材料を慎重に集めて、空気や木の性質を尊重すれば、どんな状況の中でも火はおこせます。火をおこせるというのは素晴らしい才能であり、それを有効に使うという重大な責任が伴っていました。

火の人びと

火をおこすというのは、祖先と私たちの間にある大切なつながりでした。ポタワトミ——もっと正確に部族の言葉で言えばボデワドミですが——とは、「火の人びと」という意味です。私たちは火おこしの達人であり、火おこしは人びとと分かち合う贈り物でした。私は次第に、本当に火を理解するためにはマッチを使わず、弓錐を使わなければ、と思うようになりました。2本の棒を擦り合わせて火種をおこすのです。

Wewene、と私は自分につぶやきます——焦らずに、落ち着いて。近道などありません。正しいやり方をしなければいけないことはわかっています。火がどんなに必要でも、焦る気持ちを抑え、落ち着いて呼吸しなくてはいけません――エネルギーを、苛立つことにではなく火をおこすことに使えるように。さまざまな力の間にバランスと完璧なレシプロシティーがなければ、何度やっても失敗することでしょう。

弓と錐を摩擦させ、圧力をかけることで火がつく。

父は孫たちにもマッチ１本で火をおこすことを教え込みました。83歳の父は今、ネイティブアメリカンの子どもたち向けの科学教室で火のおこし方を教えています［訳注：2013年当時］。ある日父は、切り株に座って焚き火をつつきながら子どもたちに尋ねました。「火には４種類あるのを知っているかい？」

さまざまな力の間に
バランスと完璧な
レシプロシティーがなければ、
何度やっても
失敗することでしょう。

「まず、ほら、あんたらがおこしたこのキャンプファイアーがあるね。これで料理もできるし、横に置いておけば料理が冷めないね。周りで歌を歌うのもいいね。それにコヨーテが寄ってこない」

「マシュマロも焼けるよ！」と子どものひとりが甲高い声で叫びます。

「そうだね。ジャガイモを焼いたり、トウモロコシのパンも焼けるし、大概のものはキャンプファイアーで料理できる。じゃあ他の種類の火を知ってる子はいるかな？」

「山火事？」と生徒のひとりが恐る恐る言います。

「なるほど。昔の人はサンダーバードの火と呼んだね。雷が落ちて森が火事になることだね。雨で消えることもあるが、大きな山火事になってしまうこともある。ものすごく熱くて、何キロも先まで、何もかも燃やしてしまう。そういう火が好きな人はいないね。でもご先祖様たちは、害にならず、むしろ役に立つような小さい野火（のび）を、ちょうどいいところにちょうどいいときにおこすことができるようになった。その土地の世話をするために、わざと火をつけるんだよ――ブルーベリーが育つようにしたり、鹿のために草原をつくってやったりするためにね」。父は1枚の樺の樹皮を子どもたちに見せます。「あんたらが火をおこすのに使った樺の皮を見てごらん。アメリカシラカバの若木は、野火の跡にしか生えないんだ。だからご先祖様たちは、森を燃やして樺の木が生えるところをつくってやったんだよ」。火をおこす材料を育てるために火を使う、ということの調和のとれた美しさは、生徒たちにも理解できます。「ご先祖様たちは、樺の樹皮が必要だったから、火についての知識を使って樺の木の森をつくった。火はいろいろな植物や動物の役に立つんだ。創造主はそのために人間に火をおこす道具を与えたのだというよ。人間が自然のためにしてやれる一番のことは、何もせず放っておいてやることだと言う人たちがたくさんいる。その通りの場合もあるし、ご先祖様たちもそれはわかっていた」

「だがわしたちには同時に、この土地を世話する責任も与えられた。それはつまり、積極的に関係するという意味だということを――自然界は、人間がよい行動をとることが頼りだということを、人は忘れがちだ。愛しているものを柵の中に押し込めても、愛情や思いやりを示すことにはならない。関わり合いをつくらなけりゃいけない。この世界が健全でいられるよう、貢献しなけりゃいかんのだ」

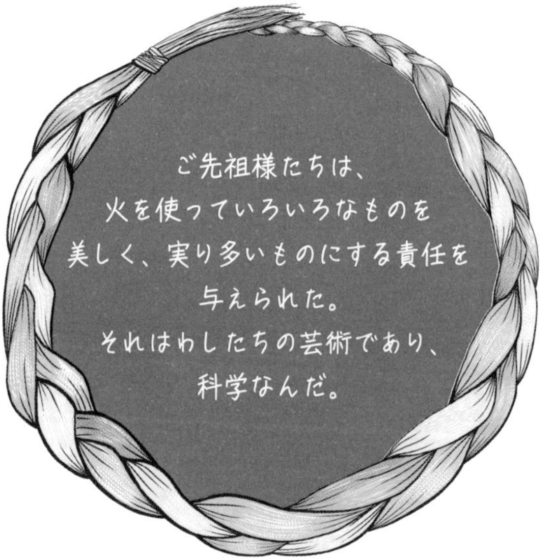
ご先祖様たちは、
火を使っていろいろなものを
美しく、実り多いものにする責任を
与えられた。
それはわしたちの芸術であり、
科学なんだ。

「自然はわしたちにたくさんの贈り物をくれる。火は、わしたちがそのお返しをする方法のひとつなんだ。今の時代、人はみな、火は破壊するものだとしか思ってないが、人間が火を創造する力としても使ってきたということを忘れとる。いや、もともと知らんかったのかもしれん。火を燃やすのは、自然に対して炎という絵筆をふるうようなもんだった。ここんとこを一塗りするとヘラジカのための緑の草原になる。あの辺にパラパラッと触れば藪が燃えてオークのどんぐりがもっとできるようになる。樹冠の下をポツポツと触れば木立が間引かれて、壊滅的な山火事を防げる。炎の筆で川の岸をなぞれば、次の春には黄色いヤナギがびっしりと生える。草原をさっと一筆なぞれば、ユリネの花で真っ青に染まる。ブルーベリーを育てたければ、何年間か間を空けてから繰り返す。ご先祖様たちは、火を使っていろいろなものを美しく、実り多いものにする責任を与えられたんだよ。それはわしたちの芸術であり、科学なんだ」

カバノアナタケ

先住民族の野焼きによって維持されてきた樺の木の森は、贈り物の宝庫です。カヌーをつくる樹皮、ウィグワムの屋根を覆う野地板（のじいた）、いろいろな道具、籠、文字を書くための巻紙、それにもちろん、火をおこすための火口。しかもこれらは目に見えるものだけです。アメリカシラカバとキハダカンバにはどちらも、カバノアナタケというきのこが生えます。このきのこは樹皮を破り、ソフトボールくらいの大きさの、ざらざらした黒い腫瘍状の菌核（きんかく）［訳注：植物に菌類の菌糸が付着してできる固い塊］をつくります。表面はひび割れてごつごつし、燃えかすのようなもので覆われています。シベリアの樺の森ではチャーガと呼ばれる貴重な伝統薬です。ポタワトミの人びとはこれをshkitagenと呼びます。

樺の木の幹に育つカバノアナタケ。

黒い瘤（こぶ）状のカバノアナタケを見つけて木から取り外すのはなかなか大変ですが、切り開くと、菌核の中は輝くような金色と銅色の縞模様になっていて、細い糸と空気の詰まった小さな気孔からなる、やわらかくて弾力性のある木質部みたいな手触りをしています。カバノアナタケは火口として使われるきのこ、ファイアーキーパーであり、「火の人びと」にとっては大切な友人です。カバノアナタケに火がつくと、火は消えずにその中でゆっくりとくすぶりつづけ、熱を保ちます。どんなに小さくてはかなく、すぐに消えてしまいそうな火種でも、カバノアナタケの塊に着地すれば消えることがなく大切に育まれるのです。でも、森が伐採されたり、火を放つことが禁止されて焼け跡にしか育たない植物に絶滅の危機が迫るにつれ、カバノアナタケを見つけるのは難しくなっています。

聖なる炎

「よし、じゃあ他にはどんな種類の火があるかな？」と、足元の火に細枝をくべながら父が訊きます。

答えたのはタイオトレケという子です。「『聖なる火』。儀式に使うやつみたいな」

「その通り」と父。「祈りを運んだり、癒やしのためやスウェットロッジ［訳注：ネイティブアメリカンが浄化や病気の治癒のために行う儀式、またはそのための小屋］で使ったりする火だね。そういう火はわしたちの生命と魂、そして世界が始まったときから伝わっている魂の教えを表している。その世話をするために特別な火守り、ファイアーキーパーがいる。こういう種類の火にはそうしょっちゅうはお目にかかれんかもしれんが、毎日手入れをしなきゃいかん火もある。そして、手入れするのが一番大変なのがここにあるこの火だ」。そう言って父は指で胸をトントンと叩く。「あんたら自身の火、魂だよ。わしたちは誰もみんな、心の中にその神聖な火を抱えている。それを大切にして、面倒を見てやらんといかん。ファイアーキーパーはあんたら自身なんだよ」

「この全部の種類の火に対する責任があんたらにあることを忘れんでな」と父が

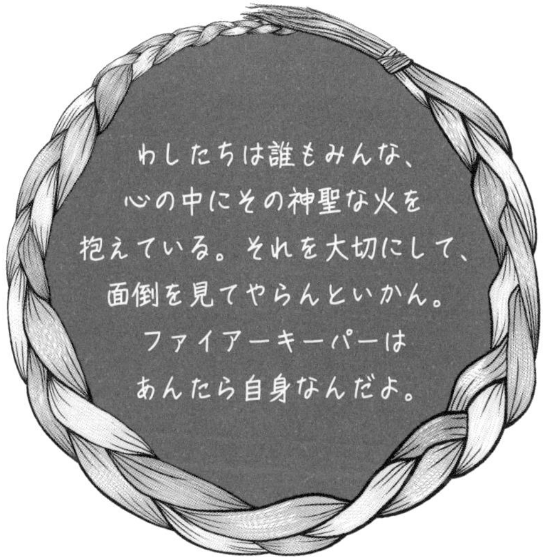
わしたちは誰もみんな、
心の中にその神聖な火を
抱えている。それを大切にして、
面倒を見てやらんといかん。
ファイアーキーパーは
あんたら自身なんだよ。

念を押します。「それがわしたちの仕事だ、特に男のな。わしたちのやり方では、男と女は釣り合いがある。男には火を守る責任があるし、女の責任は水だ。このふたつは、お互いにバランスを取り合う力なんだ。生きるためには両方とも必要だ。さて、火について、忘れちゃいかんことを教えてやろう」

子どもたちの前に立つ父に、最初の教えの残響が重なります――ナナブジョがその父親から受け取ったのと同じ、火についての教えです。「火にはふたつの顔があることを忘れてはいかん。どちらもとてもパワフルだ。ひとつは創造の力だ。火はいいことに使える。たとえば家の中や儀式だ。それに、あんたらの心の中の火もいいことのための力だ。でもその力が、破壊する力に変わることもある」。父は一瞬黙り、それから続けます。「火は自然の役に立つこともあるが、壊すこともある。あんたらの心の火だって、悪いことにも使える。人間は、この力の両面を理解し尊重することを、けっして忘れちゃならん。その力はわしたちよりはるかに強い。慎重に使うことを覚えんと、これまでつくられてきたものすべてを破壊しかねない。バランスをとらなければいけないよ」

7番目の火の予言

アニシナアベの人びとにとって火はまた、私たちが暮らした場所や、それぞれの火にまつわる出来事や教えを指しています。アニシナアベの**ナレッジ・キーパー**（知識の守り人）は、「海の向こうの人びと」zaaganaashがやってくるはるか昔、最初の成り立ちからの物語を伝えています。そしてそのあとに起きたことも。なぜなら私たちのこれまでの歴史は否応なく、未来に編み込まれているからです。この物語は「7番目の火の予言」と呼ばれ、エドワード・ベントン－バナイをはじめとするエルダーたちによって広く語られてきました。

> ナレッジ・キーパー：深い知識をもつ部族のエルダーたちの教えを受け、昔から伝わる知識、ものごとのやり方、教訓、物語、歌などを守り伝える人。彼らはこうした贈り物の正しい扱い方や、それらを他者と分かち合うべき時、分かち合ってはいけない時を知っている。

最初の火の時代、アニシナアベの人びとは、大西洋岸の「夜が明ける場所」に暮らしていました。彼らにはパワフルな魂の教えが与えられ、人間のために、そしてその土地のために、その教えに従わなければなりませんでした。でも予言者は、アニシナアベの人びとは西に移動しなければならない、さもなくば、これから起こる変化によって滅んでしまうだろう、と予言しました。彼らは「水の上に食べ物が育つ」場所が見つかるまで探しつづけなければならず、そしてそこで無事に新しい暮らしを始めるだろうと。部族のリーダーたちはこの予言に従い、人びとを、セントローレンス川に沿って西の内陸、現在のモントリオールの近くに連れていきました。彼らはそこで、カバノアナタケを入れたボウルの中で運んできた火をもう一度大きく燃やしたのです。

やがて彼らの中から別の指導者が現れ、さらに西に進んで大きな湖のほとりに暮らすように忠告しました。人びとはこのビジョンを信じて彼の言葉に従い、現在のデトロイトに近いところにあるヒューロン湖の岸に野営地をつくって、2番目の火の時代が始まりました。間もなく、アニシナアベはオジブワ、オダワ、そしてポタワトミという3つのグループに分かれ、五大湖地方周辺で暮らす場所を求めてそれぞれ違った方向に進みました。ポタワトミ族は南へ進み、ミシガン州南部からはるかウィスコンシンへと移動しました。でも予言にあった通り、数世代後には3つのグループが再びマニトゥーリン島で集結して「3つの火の同盟（Three Fires Confederacy）」をつくり、それは今日まで続いています。

「3つの火の同盟」は、現在はどんな活動をしているでしょうか？

3番目の火の時代に人びとは、予言にあった「水の上に食べ物が育つ」場所を

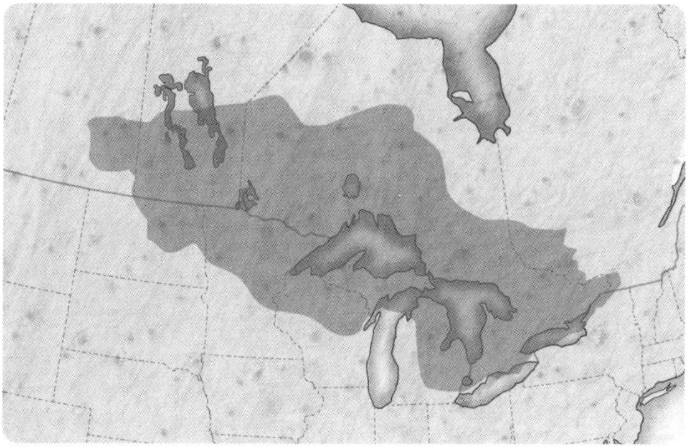

その昔アニシナアベの人びとが暮らしていた土地のおおよその位置を示す地図。

Source: Native Lands Digital

見つけ、ワイルドライスが育つ地域が彼らの故郷となりました。人びとは、メープルや樺の木、チョウザメやビーバー、鷲、水鳥たちに護られて、長い間そこで健やかに暮らしました。彼らを導いた精神的な教えによって人びとは、強く、団結したまま、人間以外の親戚たちに囲まれて繁栄しました。

4番目の火の時代には、別の民族の歴史が私たちの歴史に織り込まれることとなりました。ふたりの予言者が現れて、白い肌をした人たちが東から船に乗ってやってくると告げましたが、それから何が起こるのかについて、ふたりのビジョンは食い違っており、道筋は明らかではありませんでした。未来というのはそういうものなのです。予言者のひとりは、海の向こうからやってきた人たち、zaaganaashが友好的な人びとであるならば、彼らは素晴らしい知識をもたらし、それをアニシナアベの知恵と組み合わせれば、新しく、偉大な部族が生まれるだろうと言いました。ところがもうひとりの予言者はこう警告したのです――友好的に見える顔は、死の顔かもしれない。その人びとは友好的なふりをしながら、この土地の豊かさが欲しくてやってくるのかもしれない。そのどちらの顔が本当の顔か、どうすればわかるのでしょうか？　魚が毒に汚されて食べられなくなり、水が飲むのにふさわしくなくなったら、どちらの顔だったかがはっきりします。そしてその行動によって彼らは、「海の向こうからやってきた人びと」ではなく、chimokman、「長いナイフの人びと」と呼ばれるようになりました。

予言されたことは、最終的にはその通りになりました。予言者は、黒い服を着て黒い本を抱えてやってきて喜びと救済を約束する者には気をつけろ、と警告しました――もしも人びとが、彼ら自身の神聖な生き方に背いて黒い服を着た者たちに従えば、何世代にもわたって苦しむことになるだろうと。そしてまさに、5番目の火の時代に人びとはスピリットの教えを忘れてしまい、あわやバラバラになってしまうところでした。居留地に強制的に押し込められた人びとは、故郷から引き離され、互いのつながりもなくしました。子どもたちは、海の向こうからやってきた人びとの考え方を学ぶために親元から引き離され、寄宿学校に送られました。自分たちの信仰を法律によって禁じられた彼らは、昔からの世界観を失いかけたのです。

自分たちの言葉を話すことも禁止されて、わずか一世代の間にたくさんの知識が失われてしまいました。土地はバラバラにされ、人びとは分断され、伝統は風に飛ばされてしまったのです。植物や動物たちさえ私たちから顔を背けるようになりました。子どもたちが年寄りたちに背を向ける時が来ることを予言は告げていました——人びとは自分たちの生き方を忘れ、生きる目的を失うだろうと。そして、6番目の火の時代には「生命を湛(たた)えた盃は、ほとんど悲しみでいっぱいになる」と予言者は言いました。それでもなお、これらすべてのことが起こったあとでも、変わらずに残ったもの、ずっと消えなかった火があります。昔むかし、最初の火の時代に人びとは、彼らの強さを守るのはその精神生活であると教えられたのです。

伝わるところによれば、その目に不思議な、遠くを見るような光を宿した予言者が現れました。その若者は人びとに、7番目の火の時代には神聖な使命をもった新しい人たちが現れるだろうと言いました。彼らの役目は易しいものではありません。彼らは強く、固い覚悟でその使命に取り組まなくてはなりません——彼らは岐路に立っているのですから。

先祖たちは、焚き火のチラチラと揺れる火で遠くから新しい人たちを眺めました。この時代には、若者たちは再び年寄りたちに教えを求めましたが、与えるものを何ももたない年寄りも多いことがわかりました。7番目の火の人びとは、今はまだ前進はしません。彼らの神聖な使命とは、先祖たちが歩いた道を逆向きに辿り、その道に沿ってバラバラに散ってしまっているかけらを拾い集めることなのです。

土地のかけら、ズタズタにされた言葉、歌や物語や聖なる教えの断片——道すがら落としてしまったもののすべてを。私たちは今、7番目の火の時代に生きているのだとエルダーたちは言います。先祖たちが口にした、聖なる火を再び燃え上がらせ民族を再生させるために、バラバラになったものを再びつなぎ合わせるという使命に全力で取り組む者たちとは、私たちのことなのです。

ネイティブアメリカンが暮らす地域のそこかしこで、言語や文化を復興させようというムーブメントが起こっています。儀式に生命を吹き込み、再び自分たちの言葉を教えるためにその言葉を話せる者を集めたり、古い品種の種を蒔いたり、自然を元通りに復元したり、若者を自分たちの土地に呼び戻したりする勇気をもったひと握りの人たちの献身的な努力です。私たちの中に7番目の火の人びとがいるのです。彼らは最初に創造主から与えられた根本の教えという火種を使って、人びとに健康を取り戻し、人びとが再び花開くのを助けています。

7番目の火の予言は、やがて私たちが迎えようとしている時代についてもうひとつの見方を示しています。予言によれば、地球上のすべての人は、この先は道がふたつに分かれていることを理解するでしょう。そしてひとりひとりが、どちらの道を進むか選ばなければならないのです。

私たちは今まさに、岐路に立っています。科学的なエビデンスによれば私たちは、気候変動の臨界点、化石燃料の終焉、資源枯渇の始まりまでもうちょっとのところにいます。環境保護活動家は、私たちがつくり出した生活様式を今後も維持するためには、地球が7つ必要だと推定します。しかもこの生活様式にはバランスも正義も安らぎもなく、私たちに満足をもたらしませんでした。そして私たちは、相次ぐ絶滅によって親戚である生き物たちを失ったのです。認めようが認めまいが、私たちは選択しなければなりません——どちらの道を行くかを。

この予言と歴史の関係を、私は完全には理解していません。でも、比喩というのは科学的なデータが示すことよりもはるかに大きい何かを私たちに伝えるものであるということは知っています。目を閉じて、エルダーたちが予見した岐路を思い描くと、そのイメージは私の頭の中で、まるで映画のように動きだします。

その分かれ道は丘の頂上にあります。左側の道は、やわらかくて緑色で、朝露に濡れています。裸足になりたくなります。一方、右へ行く道は普通の舗装道路で、最初はなめらかに見えますが、遠くの方は見えません。視界から消えるとすぐに、道は暑さで歪み、崩れてギザギザした破片になってしまいます。

丘の下に広がる谷では、7番目の火の人びとが、集めたものすべてをまとめた荷物を抱えて分岐点に向かって歩いているのが見えます。その荷物の中には、世界観を変容させるための貴重な種が入っています。過去の**理想郷**（ユートピア）に戻ろうとしているのではなく、私たちが未来に歩を進めるための道具をみつけようとしているのです。人間が忘れてしまったことを、自然は覚えています。私たちは、自然に耳を傾け、そこから学ぶ謙虚さと能力をもたなければなりません。その道には世界中のすべての人が、メディスン・ホイール［訳注：中が十字で仕切られ、4つの方角をはじめさまざまな意味が込められた、ネイティブアメリカンの信仰や世界観を表す輪］のすべての色——赤、白、黒、黄色——の

理想郷：あらゆるもの、あらゆる人が完璧である、想像上の場所や時代。

人たちがいます。彼らは前方に待ち受ける選択を理解し、敬意とレシプロシティー、人間を超えた世界とともに歩むというビジョンを共有しています。男性と火、女性と水、バランスを取り戻し、世界を再生するために。彼らはみな友であり仲間であって、足並みをそろえ、長い列をつくって、裸足で歩ける道に向かっていきます。手にはカバノアナタケのランタンを持ち、その道筋を光で描きながら。

人間だけではありません。その道を進む間、人間ではない人たちがずっと助けてくれます。彼らだって生きたいのです。

でも、もちろんそこにはそれとは別の道もあります。私には、エンジンを轟(とどろ)かせて突進する乗り物が、埃を巻き上げるのが見えます。猛スピードで走る彼らは目が見えず、自分が轢き殺そうとしているものも、自分が突っ走っている美しい緑の世界もその目には見えていません。どちらが先に分岐点に着き、私たちすべてのための選択をどちらがするのか、私は心配です。

ベーリング海の水位が上がって呑みこまれようとしているアラスカの町の人たちはどうなるのでしょう？　畑が水浸しになったカナダの農民たちは？　メキシコ湾で燃えている石油は？　海水の温度上昇によって失われた珊瑚礁。アマゾンの森林火災。ロシアの永久凍土が解け、1万年もそこに閉じ込められていた炭素を気化させるという地獄絵図。どちらを向いても、焼けただれた道を燃やした炎が見えます。これが7番目の予言でありませんように。私たちがすでに分岐点を過ぎてしまったのでないことを、私は祈ります。

7番目の火の人になるということ、祖先たちが歩いた道を逆に辿り、遺(のこ)されたものを拾い集める、というのは、いったい何を意味するのでしょう？　どうすれば私たちは、取り戻すべきものと、価値のない危険なものとを見分けられるのでしょう――生きた地球を本当に癒やすものと偽(いつわ)りの薬とを？　そのすべてを見分けられる人などひとりもいないし、それを全部ひとりで抱えることなど到底できはしません。私たちはお互いを必要としているのです――歌を、言葉を、物語を、道具を、儀式を見つけて拾い上げ、私たちの荷物に加えるために。私たちのためではなく、これから生まれてくる者のため、私たちにつながるすべての生命のために。私たちみなが一丸となって、過去の叡智から未来のためのビジョンを組み立てるのです。ともに繁栄することで形づくられる世界観を。

私たちの精神的指導者はこの予言を、自然と人びとを脅かす物質主義社会という道と、最初の火の教えにあった、叡智、敬意、レシプロシティーに根ざしたやわらかな道の間の選択であると解釈します。人びとが緑の道を選べば、すべての生き物はともに前進して、8番目でこれが最後となる平和と友愛の火を灯し、はるか昔に予言された偉大な国ができるのです。

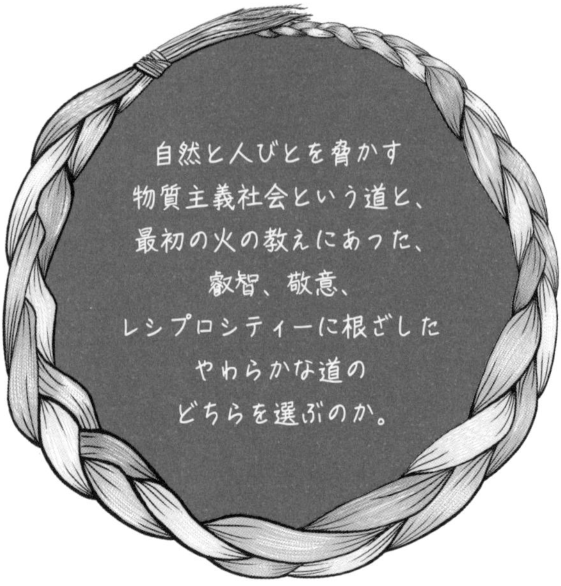
自然と人びとを脅かす
物質主義社会という道と、
最初の火の教えにあった、
叡智、敬意、
レシプロシティーに根ざした
やわらかな道の
どちらを選ぶのか。

8番目の火

8番目の火をつけるためには何が必要なのでしょう？　もしかすると、手で火をおこすということから、今の私たちに役立つ何かを学べるかもしれません。地球はその材料と熱力学を提供します。火のパワーをよいことのために使えるよう、知識と知恵を提供して実際に火をおこすのは人間の役目です。火をおこすためにはまず、火口を集め、心を静め、炎が燃えやすいようにしてやらなければいけないことを私たちは知っています。火花そのものがなぜ起こるのか、それは神秘です。

火をおこすとき、弓錐の使い方に苦労することがあります。火が燃える仕組み熱力学の法則とは何でしょうか？　火をおこすのに、また人間の幸福のために、それはどのような役割を担っているでしょうか？

についての知識と、身体の位置と、意識のフォーカスと、私の魂のすべてを調和させてこの世界とのレシプロシティーを形づくるのは簡単ではありません。人間に与えられた力を活用して地球への贈り物をつくり出すのはとても難しいのです。道具が不足しているわけではありません。道具はすべてそろっているのに、何かが足りないのです。私の中で。7番目の火の教えが聞こえてきます――来た道を戻り、道の脇に置き去られたものを拾い集めなさい。

私は森へ、叡智の宿るところへ戻り、謹(つつし)んで助けを求めます。すべてはカバノアナタケが育んだ炎にかかっています。火を守るきのこ。けっして消えない火種を保持するもの。

生きていく中で、その内側に火種をもっている、カバノアナタケのような人を探すことが大切です。火をおこす人と火を守る人はあちらにもこちらにもいます。感謝の心と謙虚さをもって彼らを歓迎しましょう。彼らはどんな困難にもめげずにその火種を、やがて再び生命を吹き込まれるその日まで守り通してくれたのですから。

森に生えているカバノアナタケを探すとき、そして心の中のカバノアナタケを探すとき、私たちは、開かれた目とオープンなマインドをもてることを願います。人間以外の生き物たちを受け入れ、彼らの叡智を進んで取り入れる広い心を。この美しくて寛大な緑の地球が贈り物を与えてくれること、そして人間はその贈り物に報いることができるということを、私たちは信じなくてはなりません。

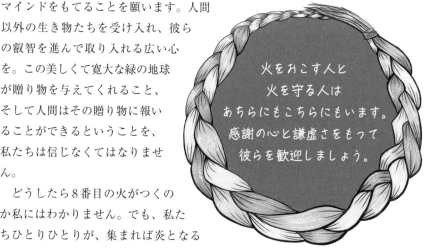

火をおこす人と
火を守る人は
あちらにもこちらにもいます。
感謝の心と謙虚さをもって
彼らを歓迎しましょう。

どうしたら8番目の火がつくのか私にはわかりません。でも、私たちひとりひとりが、集まれば炎となる

燃えさしを拾い集めることができるということは知っています。私たち自身がカバノアナタケになって、私たちが受け取ったように、火を次の人に受け継ぐことができることを私は知っています。火を燃やす——なんと神聖なことでしょう？　火がつくかどうか、すべては最初の火花にかかっているのです。

どうすればあなたはカバノアナタケになれますか？　前進のための道を照らすのを、あなたはどうやって助けることができますか？

ウィンディゴに打ち勝つ

春になると私は草原を横切って私の森へ行く。それは、木々や草花が惜しみなくその力を分けてくれる魔法の森だ。「私の」というのは、それが法的に私のものであるということではなく、私がその森を慈しんでいるという意味だ。何十年も前から、私はここへ、森とともに過ごし、その声に耳を傾け、学び、採集するためにやってくる。

雪のあったところには、今はエンレイソウが咲き乱れているが、なんだか寒い。光の感じがなんとなくいつもと違う。この冬の吹雪のときに、誰のものかわからない足跡が私の足跡を追いかけてきた、あの尾根を横切る。私はその足跡の意味を察するべきだったのだ——足跡があったところには今、草原を横切って森に続くトラックのタイヤの跡が深く刻まれていた。太古の昔からそうしてきたように花々は今も咲いているが、木はなくなっている。

冬の間に隣人が森を伐採したのだ。良心的に収穫する方法はいくらでもあるのに、隣人は違うやり方を選び、全部伐ってしまった——製材所には用無しの、病気の樺の木と古いアメリカツガ数本だけを残して。エンレイソウ、アカネグサ、ベルワート、アメリカカタクリ、ショウガ、そしてワイルドリーキは、春の太陽に向かって微笑みを投げているが、木のない森に夏がやってくれば太陽は彼らを灼き尽くしてしまうだろう。彼らはそこにメープルがあるものと信じていたのに、メープルはもうない。そして彼らは私のことも信じていた。来年は、ここはイバラだらけだろう——アリアリアやクロウメモドキなど、ウィンディゴの足跡を追う侵入種だ。

贈り物でできている世界が、商品でできている世界と共存するのは無理なのかもしれない。残念だけれど私には、愛するものをウィンディゴから護る力はないのかもしれない。

> 贈り物でできている世界と商品でできている世界は共存できるでしょうか？　できるとしたらどのように？

伝説の中で人びとは、ウィンディゴに襲われるのを恐れるあまり、ウィンディゴを打ち倒す方法を考えようとしました。現代のウィンディゴ的な考え方がもたらす破壊の数々を思い、私は、古い物語の中に、私たちが参考にできる知恵が含まれてはいないかと考えました。

ウィンディゴを追放したり、溺れさせたり、焼いたりして殺そうとした物語もありますが、ウィンディゴは必ず生き返ってしまいます。勇敢な男たちが雪靴を履いて、猛吹雪の中ウィンディゴのあとを追い、殺してしまおうとする物語も無数にあるのですが、たいていいつも嵐の中でウィンディゴに逃げられてしまうのです。

何もする必要はないと主張する人たちもいます。強欲と経済成長、それに二酸化炭素が邪悪な同盟を結べば、それが世界を熱くしてウィンディゴの心臓を溶かし、ウィンディゴは二度と生き返らないだろう、と彼らは言います。気候変動によって、常に奪ってばかりで何のお返しもしない経済は完全に無に帰すことでしょう。でもそれでは、ウィンディゴが死ぬ前に、私たちが愛するもののあまりにも多くが奪われてしまいます。気候変動がこの世界とウィンディゴを溶かして赤みがかった水たまりにしてしまうのを待つか、雪靴を履いてウィンディゴを追い詰めるか、選ぶのは私たちです。

豊かさの時代

ポタワトミの物語では、人間の力だけではウィンディゴを打ち負かすことができないと考えた人びとは、彼らの庇護者であるナナブジョに、闇の中の光、ウィンディゴの金切り声を打ち消す歌となってほしい、と助けを求めました。エルダーのバジル・ジョンストンは、ナナブジョに率いられた大勢の戦士たちが何日も戦いつづけた壮大な物語を語ります。ウィンディゴの隠れ家を包囲しようとするその戦いは熾烈で、数々の策略と勇気ある行為が語られます。

私はその背景に、それまで聞いたことのあるどんなウィンディゴの物語とも違う点があることに気づきました。花の香りがするのです。雪も吹雪も出てきません。唯一登場する氷はウィンディゴの心臓の中にあります。ナナブジョは怪物退治に夏を選びました。ウィンディゴが一番強いのは、人びとがひもじい季節、冬であり、暖かな風が吹けば、その力は衰えるのです。

私たちの言葉で、夏はニイビン（Niibin）と言います。豊かな季節という意味です。そしてナナブジョがウィンディゴに立ち向かい打ち勝ったのは、ニイビンでした。ここに、過剰消費という怪物の急所を突き、現代の病を癒やす薬があります。それは「充足」です。冬、欠乏がその頂点に達するときにはウィンディゴは手のつけようがないほど大暴れしますが、豊かさが行き渡るときにはひもじさは姿を消し、それと同時に怪物のパワーも消えてしまうのです。

文化人類学者の故マーシャル・サーリンズは、ほとんど所有物をもたなかった狩猟採集民を裕福な社会の原点として解説したエッセーの中で、「近代資本主義社会は、富にめぐまれているのに、稀少性の命題に終始している。世界でもっとも富んだ人々の第一原理が、経済手段の不備なのだ」（『石器時代の経済学』法政大学出版局、山内昶訳）と書いています。物の不足は、それがどのように交換あるいは循環されるかによって生じます。

市場のシステムは、生産者と消費者の間の流れを遮断することによって人工的な欠乏状態をつくり出します。お金がなくて穀物が買えず飢える人がいる一方で、穀物が倉庫の中で腐るということもあり得ます。その結果、飢えに苦しむ人びともいれば、金を儲ける人たちもいるのです。私たちを生かしている地球そのものが、不正を助長するために破壊されようとしています。企業には人格を与えながら、人間以外の生き物は人として扱わない経済——それこそがウィンディゴ経済です。

ではそれに代わるどんなやり方があるでしょう？そして私たちはどうやったらそこに辿り着けるのでしょうか？

あなたが住んでいる町には、「過剰」という不健全な状態がありませんか？　それによってどんな不公平が生まれていると思いますか？

ひとつのボウルと１本のスプーン

確信はありませんが、その答えは、ホーデノショーニーの人びととアニシナアベの人びとの間で交わされた、「ひとつのボウルと1本のスプーン」という契約の中にあるのではないかと私は思います。このわかりやすい喩えのおかげで私たちは、地球を、人間が必要とするすべてのものでいっぱいの見事な丸いボウルだ

と考えることができます――たとえばベリー類や、魚や、水です。でもボウルはひとつしかありません。私たちはみなこの、同じボウルから食べるのであり、その量は限られています。ボウルが空になったらそれでおしまいです。

全員がそのボウルから食べられるように、ボウルをいっぱいのままにしておく責任は私たちにあります。ただしその「全員」というのは人間だけではなく、すべての生き物です。では、ひとつしかないこのボウルからずっと食べつづけられるのはどうしてでしょう？　答えは、スプーンが1本しかないからです。私たちはみな、同じボウルから、同じスプーンを使って食べるのです。これは、正義というものの素晴らしい隠喩だと私は思います。どんな人も、家族も、国も、他者を傷つけたり、他者が欠乏することで得をすることはありません。人によって小さなティースプーンだったり大きなおたまだったりはしないのです。

共有という概念に根ざす経済概念は、水、土地、森林といった、私たちが満足して生活するために必須の資源を、商品として扱うのではなく、共有するものと考えます。今のものに代わるこうした経済の考え方は、地球は誰かが個人的な利益を得るためのものではなく共有財産であり、敬意とレシプロシティーに根ざして、すべての人の益となるように管理すべきであるというネイティブアメリカンの世界観とよく似ています。

破壊的な経済構造に代わるものを構築することが必須であるのは確かですが、それだけでは十分ではありません。私たちに必要なのは単に政策を変えることではなく、私たちの心が変化しなければなりません。欠乏と充足、それは経済の特性であるばかりでなく、考え方や気持ちの属性でもあるのです。

感謝する心

私たちの祖先はみな、元を辿ればかつてはその土地に根ざして暮らしていた人びとです。私たちは、生きた地球と私たちのかつての関係を築いた、感謝の文化をもう一度取り戻すことができます。地球から私たちへの贈り物について、またお互いのつながりについて深く自覚すれば、それは癒やしの薬となります。感謝する心が種となって豊かさが育つのです。

感謝の気持ちは、ウィンディゴ的な精神の病に対する強力な解毒剤です。感謝

感謝する心が
種となって
豊かさが育つのです。

の心をもつことで、やかましい物売りの宣伝文句は、ウィンディゴのお腹がグーグー言っている音にしか聞こえなくなります。豊かさとは人と分かち合うに足りるものをもっているということであり、富の大小はお互いに益となる関係をどれくらいもっているかで測られる、そんな、再生につながるレシプロシティーの文化を感謝の心は尊びます。そして感謝は私たちを幸せにしてくれます。

地球が私たちにくれたものすべてに対する感謝の気持ちは私たちに、忍び寄るウィンディゴに立ち向かい、愛する地球を破壊してまで貪欲な者の懐を潤わせる経済への加担を拒み、生命に敵対するのではなく生命とともに歩む経済を要求する勇気をくれます。

もちろん、言うは易(やす)く、行うは難(かた)しだけれど。

・・・

私は地面にくずおれ、拳を叩きつけて、私の魔法の森に加えられた暴行を嘆く。どうしたら怪物をやっつけることができるのか私にはわからない。私には武器もないし、ナナブジョとともに戦った戦士たちもいない。私はイチゴに育てられたのだ——そのイチゴは今も足元に芽を出している。芽を出したばかりのアスターやセイタカアワダチソウ、それに、太陽に輝くスイートグラスの葉に交じって。その瞬間、私は自分がひとりではないことを知る。草原に横たわる私を、たくさんの味方が囲んでいる。どうしたらよいのか、私にはわからなくても彼らは知っている。そして彼らはいつも通り、癒やしの贈り物を与えてこの世界を守るのだ。ウィンディゴに対して何もできないわけではないよ、と彼らが言う。必要なものは全部あることを忘れないで。そうして私たちは画策する。

立ち上がると私の横に、目に固い意志を宿らせ、いたずらっぽい笑みを浮かべたナナブジョが立っている。「怪物をやっつけるためには、怪物と同じように考えなくてはだめだ。同類は同類を溶かす、と言うからね」。そう言ってナナブジョは、森の縁にびっしりと生えている灌木を目で示し、「自分で自分の薬を味わわせてやるといい」と、わけ知り顔で言う。灰色の藪の中に歩いていく彼の姿はやがて見えなくなり、笑い声だけが聞こえる。

私はこれまで一度もクロウメモドキを摘んだことがないが、クロウメモドキの方があとからついてくる。クロウメモドキは獰猛な侵入種で、攪乱されたところに生え、森を乗っ取り、他の植物から光と場所を奪い取る。クロウメモドキが生えたところは土地が毒され、他の植物が一切育たなくなる。

私は夏の間中、1種類ずつ、私がしようとしていることのためにその身を差し出してくれる植物の横に腰を下ろし、耳を傾け、その植物がもつ力について学んだ。それまでも、風邪をひいたときのためのお茶や肌につける軟膏をつくったことはあったけれど、これははじめてのことだ。薬をつくるというのは迂闊にできることではない。神聖な責任だ。私の家の梁には乾燥中の植物がぶら下がり、棚は植物の根や葉を入れた瓶がずらりと並んで冬を待っている。

そして冬が来ると、私は雪靴で森を歩いて踏みならし、家までのわかりやすい通り道をつくる。扉の横にはスイートグラスの三つ編みが下がっている。つややかな3本の房を編み込んだ三つ編みは、私たちを完全にするマインド、ボディ、スピリットの融合を象徴している。ウィンディゴの中ではこの三つ編みがほどけてしまっていて、それこそが、彼を破壊に向かわせる病なのだ。マザー・アースの髪を編むとき私たちは、与えられたものすべてを思い出すのだということを、扉の横に下がったその三つ編みは気づかせてくれる。そして私たちは、お返しにその贈り物を大切にする責任が自分にあることを思い出すのだ。贈り物はそうやって引き継がれ、すべての者のお腹を満たす。腹をすかすものは誰もいない。ひとつのボウルと1本のスプーン。

昨夜、私の家は食べるものと友人たちで満ち、笑い声と光が外の雪の上にあふれ出た。私は彼が窓の外を通りかかり、物欲しそうに中を覗き込むのが見えた気がした。でも今夜は家には私ひとりで、外は強い風が吹いている。私は、もっている鍋の中で一番大きい鋳鉄製の深鍋をストーブにかけて湯を沸かし、片手に山盛りの乾燥ベリーを入れる。それからもう1杯。ベリーは溶けて、青黒いインクのような、どろどろした液体になる。ナナブジョの助言に従って、私は祈りの言葉を唱え、瓶の中の残りのベリーを鍋にあける。

別の鍋には、純粋で汚れのない泉の水を水差しから注ぎ、その水面に、瓶のひとつから取り出したひとつまみの花びらと、別の瓶に入っている砕いた樹皮を散らす。木の根、ひとつかみの葉、それにスプーン1杯分のベリーも加えて、バラの花のようなピンク色がかった金色のお茶ができあがる。どれも目的に合わせて慎重に選んだ材料だ。私はそのお茶をことことと煮ながら火のそばに座って待つ。

ヒューヒューと音を立てて雪が窓に当たり、木々をわたる風が唸る。来た——思った通り、私が家までつけた足跡を辿って。私はスイートグラスをポケットに入れ、深呼吸して扉を開ける。怖いけれど、今扉を開けなかったら何が起こるか、そちらの方がもっと恐ろしい。

ウィンディゴは私を見下ろすように立ち、狂気じみた赤い目が、霜に覆われた白い顔に爛々（らんらん）と光る。黄色い牙を剥き出しにし、骨ばった手で私につかみかかろうとするが、私は震える手で、血のついたウィンディゴの指に、火傷しそうに熱いクロウメモドキのお茶の入ったカップを押しつける。ウィンディゴはすぐにそれを飲み干し、もっとよこせと唸り声を上げる。空腹の痛みに呑み込まれて、いつでももっと欲しくてたまらないのだ。ウィンディゴは私の手から鍋ごと取り上げると、がぶがぶと一気に飲み干す。どろどろした液体はすぐさま凍りついて顎から黒いつららがぶら下がる。空になった鍋を脇に投げ捨てると、ウィンディゴは再び私につかみかかろうとするが、その手が私の喉元に届く前に体の向きを変えて、雪の中を後ずさりする。

ウィンディゴは激しい吐き気に襲われ、体をふたつに折る。腐ったような吐息に、クロウメモドキでゆるくなったお腹から漏れ出した便の臭いが混ざる。少量のクロウメモドキは便秘に効果があるが、鍋一杯飲み干せば嘔吐を催（もよお）す。最後の一滴まで飲み干したのはウィンディゴの性分だ。おかげで今ウィンディゴは、硬貨やら石炭スラリー〔訳注：細かく粉砕された石炭と水の混ざったもの〕やら、私の森を伐採したときのおがくずやタールサンドの塊、細かな鳥の骨などを吐き出している。ソルベイ廃棄物〔訳注：古い土壌を粉砕し、炭酸ナトリウムの生産成分を絞り出したあとの産業廃棄物〕が口から噴き出し、油膜をまるまる吐き出す。ひとしきり吐き終わると、まだ吐き気は収まらないが、もはや吐き出されるのは淋しさというさらりとした液体だけだ。

ウィンディゴは疲れ果てて雪に横たわる。だが、新たにできた虚（むな）しさを埋めようと空腹感が湧き上がるのでまだ危険だ。私は家に走って戻り、ふたつ目の鍋を持ってウィンディゴの脇に運ぶ。ウィンディゴの目はどんよりと曇って生気がないが、お腹がグーグーと鳴るのが聞こえるので、私はカップをその唇に当てる。ウィンディゴはそれが毒ででもあるかのように顔を背ける。私は安心させるためにカップからひと口飲んでみせる――それに、そのお茶を必要としているのは彼だけではないから。私は薬の力が私に寄り添っているのを感じる。それからウィンディゴがそれを飲む。ピンクがかった金色のお茶をひと口ずつ――欲望の熱さを鎮めるためのヤナギと、心の傷を癒やすためのイチゴのお茶。滋養たっぷりの3人姉妹のスープに、ピリッとしたワイルドリーキを加えたその薬湯（やくとう）がウィンディゴの血流に入っていく――ストローブマツの調和、ピーカンの正義、トウヒの根の謙虚さ。ウィッチヘーゼルの慈愛、シーダーの敬意、シルバーベルの祈り、そのすべてにメープルの感謝の甘さを添えて。自分に贈られたものを知ってはじめてレシプロシティーが理解できる。ウィンディゴは、それらの力の前になすすべもない。

ウィンディゴの頭がガクリと後ろに倒れる。カップにはまだお茶が入ったままだ。そして彼は目を閉じる。この薬には、まだあともうひとつの要素がある。もう怖さはなくなり、私はウィンディゴの横の、新しく生えてきた草の上に腰を下ろす。「お話を聞かせてあげるわね」――解けていく氷の傍で私はウィンディゴに語りかける。

「その人はメープルの種のように、
秋の風にくるくると回転しながら落ちていきました……」

著者あとがき

私がこの本を書きはじめたとき、世界はまだ無邪気だったような気がします。それは、世界中でCOVID-19が流行し、大混乱を巻き起こす前のことでした。気候変動についても、土地やすべての生き物が公正に扱われることについても、誰かがリーダーシップを発揮してくれるだろうと人びとは楽観的でした。

私がこの本を書いたのは、自分たちの価値観や日々の営みが、私たちが正しい生き方に立ち戻るための手引として認められることを切望する先住民族の人びとの思いに応えるためでした。そこにはまた、さまざまな不公平に囲まれながら盗み取った土地に暮らす植民者たちの、どこかに自分の居場所を見つけ、責任を分かち合いたいという熱望があり、踏みにじられた大地そのものの、再び愛され、尊敬されたいという思いがあり、そしてカナダヅルやモリツグミやアヤメの、生きたい、という切なる思いがありました。

私はこの本を、アニシナアベの人びとや植物から教わったことに対するお返しのつもりで書きました。私たちの祖先がこうした教えをこれほど大切に守ってきたのは、植民者たちが抹殺しようとした私たちの世界観が、すべての生き物にとって必要なものになるときがいつかやってくるからだ、と言われています。7番目の火の時代――気候が混乱し、人びとが分断されて節操を失っている今こそ、そのときなのだと私は思います。

共有したい、という衝動とともにまた、守りたい、という思いもあります。先住民族のもつ知識はこれまで、あまりにもしばしば盗用され、勝手に自分のものとされてきたので、知識を誰かに与えるときには、その知識に対する責任がしっかりと伴っていなければなりません。先住民族の叡智が、壊れてしまった地球との関係を癒やす薬になれるのならば、その癒やしの力を分かち合うという道徳的義務には、同時にその乱用を防ぐための処方箋がついてこなくてはならないのです。誰か他の人のやり方を借りてくるのではなく、自分の根っこを見つけ、自分で育てる方法を思い出すことで、人と自然との関係が真に回復するためにこの本が役立つことを私は願っています。

シャイアン族のエルダーだったビル・トール・ブルの言葉を思い出します。私が若かったころ、私は彼に向かって暗い気持ちで、植物や私が愛する土地に話しかけることのできるネイティブの言語を私は知らない、と嘆いたことがあります。「たしかに彼らは、古い言葉を聴くのが大好きだ。でも……」唇に指を当てながら彼は言いました。「ここで話さなくたっていいんだ。ここ」――胸を手の平で軽く叩きながら――「ここで話せば、彼らには聞こえるよ」。

この本で私が書いたことや紹介した物語は、スイートグラスに似ています。そのそれぞれに固有の歴史があり、それらは贈り物であり、薬でもあります。まったく同じスイートグラスがふたつとないように、先住民族ひとりひとりの経験、真実、教え、やり方もまたそれぞれに異なっているのです。

ロビン・ウォール・キマラー

訳者あとがき

私は小学校5年生のときに、本の翻訳家になろうと決めました。まだ英語のアルファベットさえ知らないのに、なぜ翻訳家になりたいと思ったのかと言えば、子どものころの私は本の虫で、学校の図書室の本を貪るように読んでおり、その中に、海外の児童文学の翻訳版がたくさんあったからです。テレビや映画では見るけれど行ったことのない遠い世界で起こる出来事の物語に私は夢中になり、大人になったら私も、世界を旅しながら面白い本を見つけて日本に紹介できたらどんなに素敵だろう、と思ったのでした。英語教育の質の高さで知られた私立の中学を選んで受験し、中高一貫教育の私立女子校に入学した私は、幸いにも英語の授業が楽しく、翻訳家になるという思いをますます強くしていきました。

そして、高校生のときにはじめて出会ったのがネイティブアメリカンの文化でした。『アメリカ・インディアン悲史』という朝日選書の本を読んで彼らの悲しい歴史を知ったとき、中でも「ウンデッド・ニー」(1890年に大虐殺があったところ)という言葉を読んだときに、胸がズキンと痛んだのを今でもはっきり覚えています。

大学を卒業し、広告代理店で働きはじめましたが、ネイティブアメリカンの歴史や文化についての本を読んだり映画を観たりするうちに、関心はますます高まっていきました。その会社を辞め、映像をつくる仕事を始めてしばらくたったころには、かつて現在のモンタナ州の辺りに暮らしていたクロウ族の友人ができ、全米から何千人ものネイティブアメリカンが集まるパウワウを取材したり、ネイティブアメリカンのミュージシャンを日本に紹介するテレビ番組の制作に携わったりもしました。そんな中で実際に話を聞いたネイティブアメリカンの人びとの多くは、お年寄りから若者、子どもまで、本当に見事なまでに「自然を敬い、自然から学ぶ」という考え方が身についていました。

その後、子どものときに決めた通りに翻訳家にはなったものの、児童文学を訳す機会にはまだ巡り合っていない私ですが、この本を通して、私が多大な影響を受けたネイティブアメリカンの人びとの考え方をこうして若い方にお伝えできることは、翻訳家としてこの上ない喜びです。

この本は、2018年に出版された『植物と叡智の守り人』を、若い人向けに編集し直したものです。もとになった本は、小さな出版社から出版され、何年もかかって口コミでじわじわと評判が広がり、ベストセラーになりました。今では多くの言語に翻訳され、環境や地球の未来を心配する人たちに広く読まれ、大切にされています。

この本を読んでいるあなたはおそらく、物心ついたときから、インターネットをはじめとする新しいテクノロジーを使いこなし、私が育った時代よりも格段に豊富な情報量の中で生きているはずです。海外の情報は指先のクリックひとつで手に入り、お目当ての物を探してあちらこちらの店を見てまわらなくてもオンラインショップで買ったものが玄関まで届く生活は、便利で快適です。でもその一方で、私が子どもだったころにはまだ周りにいくらでもあった原っぱは姿を消し、屋外で自然に接する機会は少なくなり、自然と人間の距離はずいぶん大きくなってしまったように感じます。

あふれるほどの情報の中には互いに矛盾するものも多く、大人たちの言うことは食い違い、混乱することもあるでしょう。いったい誰が、何のためにその情報を発しているのか——情報の背景にある事情まで考慮しながら情報の信憑性を確かめる、「メディア・リテラシー」が必要な時代です。誰の言うことを信じたらいいのかわからない、と思うこともあるはずです。みなさんの何倍もの年月を生きてきた私ですらそうなのですから、若いみなさんがそう感じても不思議はありません。

でも、混乱することだらけのこの世の中で、ひとつ確実なことがあるとしたらそれは、私たち人間が、この地球という惑星の自然の中で生かされているのだということ、自然が私たちに与えてくれる豊かな恵みがなければ私たちは生きていけない、ということです。ネイティブアメリカンの人びとが引き継いできた豊かな精神性には、そのことがしっかりと刻み込まれています。

ネイティブアメリカンなんて、遠いところに住む、自分とは関係のない人たちだと思うかもしれません。でも、私たち日本人だって、近代資本主義とグローバリズムに呑み込まれるまでは、豊かな里山で、自然と調和して暮らしていました。

「八百万（やおよろず）の神々」という言葉には、自然の万物のすべてに神様が宿っていると考えた昔の人たちの考え方が表れています。そのような考え方は、ネイティブアメリカンに限らず、自然とのつながりの中で生きていた世界中の人びとが共通してもっていたものなのだと私は思います。

私たち大人は、あなたたちが引き継ぐこの星を傷つけることばかりしてきました。地球の資源を無節操に使って枯渇させ、その結果引き起こされた気候変動、森林破壊、貧富の差の拡大。そのツケを押しつけられるみなさんに、私は一人の大人として申し訳なく思います。壊れかかっているこの地球を救い、あなたたちが大人になったときに、今よりも美しい、少なくとも今のままの地球があるかどうかは、この星の上に生きるすべての人間がかつての精神性を取り戻し、自然とのしっかりしたつながりを再び築けるかどうかにかかっています。そしてこの本には、そのために何をしたらいいのか、何ができるのか、そのヒントが詰まっています。まだ心がしなやかで、大きな可能性を抱えて生きているあなたたちだからこそ、今、ネイティブアメリカンの叡智に耳を傾け、この本を、未来を生きていく上での羅針盤としてくれればと願います。

2024年3月　三木直子

原注

この本に書かれたことはおもに、さまざまな人との会話やインタビューを含め、著者の個人的な体験に基づいています。特に断りがないかぎり、各章の情報はそうしたインタビューや書簡をもとにしています。

16　「落ちてきたスカイウーマン」は、口承で伝えられた物語、および『Skywoman: Legends of the Iroquois』（ジョアン・シェナンドアとダグラス・M・ジョージ－カネンティーオ著、Clear Light刊、1998年）からの翻案。

65　ナナブジョの物語は、口承で伝えられた物語、および『The Woodland Indians of the Western Great Lakes』（ロバート・E・リッツェンヘイラーとパット・リッツェンヘイラー著、Waveland刊、1991年）からの翻案。

83　「感謝のことば」の実際の文言は語り手によって異なります。この本で紹介したのは、ジョン・ストークスとカナワヒエントンによる『Thanksgiving Address: Greetings to the Natural World』（ニューメキシコ州コラレスにあるSix Nations Indian Museum and Tracking Projectによって1993年に出版され、広く普及しているバージョン）からのもの。

177　ナナブジョに与えられた最初の任務についての伝統的な教えに関しては、エドワード・ベントン－バナイの『The Mishomis Book: The Voice of the Ojibway』（Manitoba Education and Advanced Learning刊、Alternate Formats Library蔵、2015年）を参照。

255　マヤの創造神話は口承で伝えられたものからの翻案。

参考文献

Allen, Paula Gunn. *Grandmothers of the Light: A Medicine Woman's Sourcebook*. Boston: Beacon, 1991.

Awiakta, Marilou. *Selu: Seeking the Corn-Mother's Wisdom*. Golden, CO: Fulcrum, 1993.

Benton-Banai, Edward. *The Mishomis Book: The Voice of the Ojibway*. Winnipeg: Manitoba Education and Advanced Learning, Alternate Formats Library, 2015.

Berkes, Fikret. *Sacred Ecology*. 2nd ed. New York: Routledge, 2008.

Caduto, Michael J., and Joseph Bruchac. *Keepers of Life: Discovering Plants through Native American Stories and Earth Activities for Children*. Golden, CO: Fulcrum, 1995.

Cajete, Gregory. *Look to the Mountain: An Ecology of Indigenous Education*. Asheville, NC: Kivaki, 1994.（グレゴリー・カヘーテ著、塚田幸三訳、『インディアンの環境教育』、日本経済評論社、2009年）

Hyde, Lewis. *The Gift: Imagination and the Erotic Life of Property*. New York: Random House, 1979.（ルイス・ハイド著、井上美沙子＋林ひろみ訳、『ギフト――エロスの交易』、法政大学出版局、2002年）

Johnston, Basil. *The Manitous: The Spiritual World of the Ojibway*. Saint Paul: Minnesota Historical Society, 2001.

LaDuke, Winona. *Recovering the Sacred: The Power of Naming and Claiming*. Cambridge, MA: South End, 2005.

Macy, Joanna. *World as Lover, World as Self: Courage for Global Justice and Ecological Renewal*. Berkeley, CA: Parallax, 2007.（ジョアンナ・メイシー著、星川淳訳、『世界は恋人世界はわたし』、筑摩書房、1993年）

Moore, Kathleen Dean, and Michael P. Nelson, eds. *Moral Ground: Ethical Action for a Planet in Peril*. San Antonio: Trinity University Press, 2011.

Nelson, Melissa K., ed. *Original Instructions: Indigenous Teachings for a Sustainable Future*. Rochester, VT: Bear, 2008.

Porter, Tom. *Kanatsiohareke: Traditional Mohawk Indians Return to Their Ancestral Homeland*.

Greenfield Center, NY: Bowman Books, 1998.

Ritzenthaler, R. E., and P. Ritzenthaler. *The Woodland Indians of the Western Great Lakes*. Prospect Heights, IL: Waveland, 1991.

Shenandoah, Joanne, and Douglas M. George-Kanentiio. *Skywoman: Legends of the Iroquois*. Santa Fe: Clear Light, 1998.

Stewart, Hilary, and Bill Reid. *Cedar: Tree of Life to the Northwest Coast Indians*. Vancouver, BC: Douglas and MacIntyre, 2003.

Stokes, John, and Kanawahienton. *Thanksgiving Address: Greetings to the Natural World*. Corrales, NM: Six Nations Indian Museum and Tracking Project, 1993.

Suzuki, David, and Peter Knudtson. *Wisdom of the Elders: Sacred Native Stories of Nature*. New York: Bantam Books, 1992.

Treuer, Anton S. *Living Our Language: Ojibwe Tales and Oral Histories: A Bilingual Anthology*. Saint Paul: Minnesota Historical Society, 2001.

画像クレジット

12photography/Shutterstock, p. 22（左上）; Kazakov Maksim/Shutterstock, p. 22（右上）; Julia Sudnitskaya/Shutterstock, p. 22（左下）; Chad Zuber/Shutterstock, p. 22（右下）; Henri Koskinen/Shutterstock, p. 24; Flower_Garden/Shutterstock, p. 56（左）; valemaxxx/Shutterstock, p. 56（右）; Mari-Leaf/Shutterstock, p. 58; Sweet Memento Photography/Shutterstock, p. 66; jopelka/Shutterstock, p. 77; Ninetechno/Shutterstock, p. 106; Todd Strand/Independent Picture Service, p. 108; ClubhouseArts/Shutterstock, p. 119; Courtesy of the Steve Pigeon family, of Pigeon Family Baskets and Cultural Arts, p. 124; Herman Wong HM/Shutterstock, p. 126; Oregon Department of Forestry/flickr (CC BY 2.0), p. 156; Cavan Images/iStock/Getty Images, p. 160; Evelyn Harrison/Alamy Stock Photo, p. 183; Mageon/Shutterstock, p. 185; ShadeDesign/Shutterstock, p. 190; Erin Paul Donovan/Alamy Stock Photo, p. 191; Vishnevskiy Vasily/Shutterstock, p. 194; Philip Scalia/Alamy Stock Photo, p. 222; Wikimedia Commons (public domain), p. 230; NMTD MEDIA/Shutterstock, p. 235; Timothy Epp/Shutterstock, p. 238; IanChrisGraham/iStock/Getty Images, p. 239; TTphoto/Shutterstock, p. 267; pekkapekka/Shutterstock, p. 270; Laura K. Westlund, p. 273.

索引

【サ行】

【タ行】

【ナ行】

【ハ行】

著者

ロビン・ウォール・キマラー（Robin Wall Kimmerer）

母であり、科学者であり、その功績が高く評価される教授であり、ポタワトミ族のメンバーでもあるキマラーの初の著作『Gathering Moss』（『コケの自然誌』築地書館）は、ネイチャーライティングの秀作としてジョン・バロウズ賞を受賞。本書のもとになった第2作『Braiding Sweetgrass』（『植物と叡智の守り人』築地書館）には1万8000以上のAmazon評価がつき、各紙のベストセラー本に選ばれるなど高い評価を得ている。『Orion』『Whole Terrain』ほか数多くの学術誌にも寄稿している。ニューヨーク州シラキュース在住。ニューヨーク州立大学で環境生物学の特別教育教授として教鞭を執るほか、「ネイティブアメリカンと環境センター」を創設し、ディレクターを務めている。

翻案

モニーク・グレイ・スミス（Monique Gray Smith）

受賞歴をもつ小説家であり、コンサルタント。『Speaking Our Truth』『My Heart Fills with Happiness』『You Hold Me Up』『Lucy and Lola』『Tilly: A Story of Hope and Resilience』『When We Are Kind』ほか、8冊の著作がある。最新作『Tilly and the Crazy Eights』は、2021年に「カナダ・リーズ」（カナダ人が読むべき本を選ぶコンペティション）の候補作になった。クリー族、ラコタ族、スコットランド人の混血。昔からLək̓ʷəŋən族とW̱SÁNEĆ族の人びとが暮らしていた先祖伝来の土地に家族とともに暮らしている。

絵

ニコル・ナイトハルト（Nicole Neidhardt）

ナバホ族、Kiiyaa'áanii クランのアーティスト。ビクトリア大学で美術を学び、トロントにあるオンタリオ州立芸術大学で芸術修士号を取得。先住民族の世界観とその声を中心に据えた作品で、強く生き生きとした先住民族の未来の構築に貢献すべく活動している。教育と芸術を通して気候危機に立ち向かうGroundswell Climate Collectiveの共同創設者。ニューメキシコ州サンタフェ在住。

訳者

三木直子（みき　なおこ）

東京生まれ。国際基督教大学教養学部語学科卒業。外資系広告代理店のテレビコマーシャル・プロデューサーを経て、1997年に独立。海外のアーティストと日本の企業を結ぶコーディネーターとして活躍するかたわら、テレビ番組の企画、クリエイターのためのワークショップやスピリチュアル・ワークショップなどを手がける。訳書に『マザーツリー』（ダイヤモンド社）、『CBDのすべて』『不安神経症・パニック障害が昨日より少し良くなる本』（ともに晶文社）、『コケの自然誌』『錆と人間』『植物と叡智の守り人』（ともに築地書館）、ほか多数。

ネイティブアメリカンの植物学者が語る 10代からの環境哲学

植物の知性がつなぐ科学と伝承

2024年6月7日　初版発行

著者	ロビン・ウォール・キマラー
翻案	モニーク・グレイ・スミス
絵・カバーイラスト	ニコル・ナイトハルト
訳者	三木直子
発行者	土井二郎
発行所	築地書館株式会社
	〒104-0045 東京都中央区築地 7-4-4-201
	TEL 03-3542-3731　FAX 03-3541-5799
	https://www.tsukiji-shokan.co.jp/
	振替 00110-5-19057
印刷・製本	中央精版印刷株式会社
装丁・造本デザイン	吉野 愛

　ISBN 978-4-8067-1666-2

くわしい内容はホームページで。URL=https://www.tsukiji-shokan.co.jp/

●築地書館の本

◎総合図書目録進呈。ご請求は左記宛先まで。
〒一〇四-〇〇四五　東京都中央区築地七-四-四-二〇一　築地書館営業部

『植物と叡智の守り人』の著者による記念すべき第一作！

コケの自然誌

ロビン・ウォール・キマラー［著］　三木直子［訳］
二四〇〇円＋税

米国自然史博物館のジョン・バロウズ賞を受賞したネイチャーライティングの傑作。シッポゴケの個性的な繁殖方法、ジャゴケとゼンマイゴケの縄張り争い、湿原に広がるミズゴケのじゅうたん――。眼を凝らさなければ見えてこない、コケと森と人間の物語。

土と内臓

微生物がつくる世界

デイビッド・モントゴメリー＋アン・ビクレー［著］
片岡夏実［訳］　二七〇〇円＋税

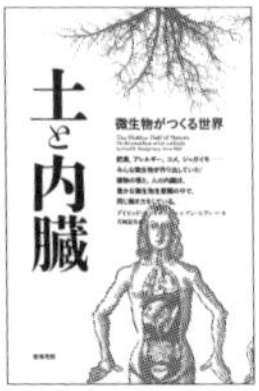

肥満、アレルギー、コメ、ジャガイモ――みんな微生物が作り出していた！　農地と私たちの内臓にすむ微生物への医学・農学による無差別攻撃の正当性を疑い、地質学者と生物学者が微生物研究と人間の歴史を振り返る。

ミクロの森

$1m^2$の原生林が語る生命・進化・地球

デヴィッド・ジョージ・ハスケル［著］　三木直子［訳］
二八〇〇円＋税

アメリカ・テネシー州の原生林の中。$1m^2$の地面に一年間通いつめた生物学者が描く、森の生き物たちのめくるめく世界。遺伝、進化、生態系、地球、そして森の真実――。全米アウトドア図書賞、ピュリッツァー賞最終候補作品に選ばれた傑作ノンフィクション。

木々は歌う

植物・微生物・人の関係性で解く森の生態学

デヴィッド・ジョージ・ハスケル［著］　屋代通子［訳］
二七〇〇円＋税

アマゾンの熱帯雨林の巨木から四〇〇年の命をつなぐ広島の盆栽まで。失われつつある自然界の複雑で創造的な生命のネットワークを、時空を超え、緻密で科学的な観察で描き出す。一四言語に訳されたジョン・バロウズ賞受賞作、待望の翻訳。